법상징학이란 무엇인가

법상징학이란 무엇인가

최종고 지음

아카넷

머리말

　법상징학(法象徵學, legal symbolics Rechtssymbolik)은 국내에는 별로 알려져 있지 않은 생소한 연구분야이다. 연원을 따지면 서양에서는 1910년대부터 법상징학이 법학에서 법철학 Rechtsphilosophie, 법사회학 Rechtssoziologie, 법사학 Rechtsgeschichte, 법미학 Rechtsaesthetik, 법심리학 Rechtspsychologie, 법기호학 Rechtssemiotik 등과 같이 기초법학의 한 장르로 형성되기 시작하였다. 그러나 열거한 다른 분야보다도 더욱 가려졌다 할까 학자들의 개인적 취미와 관심으로 머물고 대학 강단에서 가르쳐지거나 실용의 면에서는 미약한 모습을 견지해 왔다. 그러나 오리엔테이션이 잘 안 되었을 뿐이지 법상징학은 근원적으로 중요하고 생각하기에 따라서는 매우 친근한 분야같이 느껴진다.

　우리 나라에서는 법이라 하면 법전에 쓰인 깨알 같은 글씨와 그것을 집행하는 권위적이거나 고리타분한 법률가들의 모습을 연상하는 경우가 많다. 또 법학에서도 법을 매우 추상적인 개념의 조작이나 특수한 기술같이 상정하는 것처럼 보인다.

　그러나 법이란, 적어도 그것이 사회 생활 속에서 인간의 행동과 정신에 관계하는 것이라면, 결코 추상적 개념으로만 인식되는 것이 아니라 때로는 〈상징〉으로 나타나는 예가 많이 있다. 법은 한편으로는 제도요 기술(技術)이면서 다른 한편으로는 사상(思想)과 철학이다. 법철학자 라드브루흐 G. Radbruch가 표현한 바와 같이 법은 정의(正義)라는 법 이념을 향한 (넓은 의미의) 문화규범 Kulturnorm이기 때문에 법과 정의의 이념을 조형 미술로도 기시화할 수 있다. 인간은 추상적 명제보다 가시적 형상이나 상징을 볼 때 더욱 확실한 인식을 가질 수 있다. 법상징학은 법철학이나 법미학을 더욱 가시화하여 다양한 조형으로 법과 정의를 표현하는 학문이다. 법상징의 표현도 문학을 통한 상징, 조각을 통한 상징, 회화를 통한 상징, 음악을 통한 상징 등 여러 방법이 있지만 본 연구에서는 조각과 회화 등 조형 예술을 통한 상징 표현에 주관심을 두고 있다.

저자는 법사상사를 전공하는 학자로서 그 동안 역사 속에서의 법사상의 표현들을 여러 형식으로 접근하여 설명하려고 애써 왔다. 그런데 근년에 이를수록 한국인의 심성(心性)에 더욱 적합한 법사상을 수립하는 데에 관심이 기울어져 법상징학 내지 법미학에 흥미를 갖게 되었다. 한국인의 법사상은 결코 서양의 논리 중심, 개념 중심의 〈법철학〉만으로는 담기 어려운 정서적이고 〈미학적〉인 측면이 있다고 생각되기 때문이다. 개념이 할 수 없는 일을 상징이 할 수 있다고 믿는다. 현실적으로 사법시험과 관련하여 경직되게 고정화되어 있는 6법 중심의 해석법학에서 한 걸음 더 나아가 법학의 학문성을 조탁(彫琢)하는 데에도 필요한 것이라 판단된다. 법제도를 둘러싼 현실은 여러 가지로 제약되어 있지만 그럴수록 학문은 선구적으로 나아가야 막힌 현실도 언젠가는 타개될 것이라 믿는다.

이러한 문제의식에서 서양의 연구 업적들과 현황을 살펴보니 우리가 모르는 사이에 상당한 연구의 성과가 축적되어 왔음을 발견하게 되었다. 법상징학이나 법미학은 법과 대학의 대학원 과정이나 아니면 오히려 일반 교양인들에게 법의 의미를 가르치는 과목으로 정립시킬 필요가 있다고 판단된다. 저자는 수년간에 걸쳐 이 방면의 자료들을 세계적으로 섭렵하여 모으면서 점점 흥미를 느끼고 사명감을 느끼던 중 다행히 대우재단의 지원을 받게 되었다. 아직 동서양을 막론하고 이렇다 할 정형으로 체계화되지 아니한 이 분야를 선구적으로 지원해 준 대우재단에 진심으로 감사한다. 적어도 이 분야에 관한 한 세계 학계의 사정을 잘 알고 있는 저자로서 본 연구는 세계 최초의 종합적 체계서라고 자부한다. 특히 전혀 주목하지 못한 동양적 법상징에 대한 체계화는 시론(試論)인 동시에 학문적 성과라고 자부한다.

이 연구를 하는 동안 크게 보람을 느끼고 새로운 자극을 받은 것은 1995년 근대 사법 100주년을 맞아 새 대법원 청사를 신축하고 서울법대 근대법학교육 100주년 기념관을 건립한 일이다. 〈법원조형물 건립위원회〉의 위원으로 참석하면서 저자가 연구한 결과가 바로 반영될 수 있었던 것은 일생 잊을 수 없는 보람이었다. 그러나 책으로 완성하는 것은 시간이 걸려 이제야 상배하게 됨을 미안스럽게 생각한다.

저자는 이 연구를 하면서 특히 외국의 학자와 연구자들로부터 도움을 많이 받았다. 그 중 특별히 몇 분 언급하고 싶은 분은 저자와 비슷한 관심을 가진 유럽 법도상학회 Europäisches Seminar für Rechtsikonographie의 회원들, 특히 오스트리아 그라츠 대학의 코허 Gernot Kocher 교수, 독일 빌레펠트 대학의 쉴트 Wolfgang Schild 교수, 스위스 바젤 대학의 젤만 Kurt Seelmann 교수, 취리히 대학의 쇼트 Clausdieter Schott 교수, 하이델베르크 대학의 라우프스 Adolf Laufs 교수, 프라이부르크 대학의 홀러바흐 Alexander Hollerbach 교수, 프랑크 Rainer Frank 교수, 뷔르텐베르거 Thomas Würtenberger 교수 등이다. 일본의 삿포로 학원 대학의 스즈키 게이후(鈴木敬夫) 교수, 게이오 대학의 이와타니 주로(岩谷十郎) 교수, 에이치 여자 대학의 고쿠분 노리코(國分典子) 교수에게도 감사한다.

저자가 이 방면에 관심을 가진 학자로 알려져, 외국에 나갈 때면 슬라이드 강연도 하게 되어 더욱 유대를 갖게 된다. 그 동안 이런 기회를 통해 공통 관심을 기울여 준 미국 워싱턴 국회도서관 Library of Congress의 메디나 Medina 박사와 조성윤(趙聖潤) 박사, 하와이 동서센터 East-West Center의 스미스 Larry Smith 학장, 일본학 연구소 Center for Japanese Studies의 미니치엘로 Sharon Minichiello 소장, 버클리 Berkeley의 연합신학대학원 GTU의 딜렌버거 John and Jane Dillenberger 부부 교수, 하와이의 주 대법원장 로널드 문 Ronald Moon 판사와 법대 학장 포스터 Lawrence Foster 교수에게도 감사한다.

2000년 10월
최종고

차례

머리말 · 5

제1장 상징의 개념과 의의 · 15

1. 상징의 의의 · 15
   개념과 상징/16 상징과 기호/17 상징과 은유/20 상징과 우의/21 상징이란? · 23
2. 상징의 기능 · 27
3. 상징학의 연구 · 29

제2장 법상징학의 위치와 방법 · 35

1. 법상징학의 위치 · 35
   법철학과 법상징학/36 법미학과 법상징학/37 법사학과 법상징학/38 법도상학과 법상징학/39
2. 법상징학의 자료 · 39
   법전과 법서/40 정의화와 형벌도/40 우화와 풍자/41
3. 본서의 방법 · 41

제3장 법상징학의 발전 · 45

1. 아미라 · 46
2. 퀸스베르크 · 47
3. 슈뢰더 · 48
4. 페르 · 49
5. 라드브루흐 · 50
6. 미타이스 · 52

7 키쉬·54
　　8 에를러·55
　　9 뷔르텐베르거·56
　　10 코허·56
　　11 쉴트·57
　　12 위그모어·58
　　13 커버·59
　　14 케벨슨·60
　　15 유럽 법도상학회·61
　　16 취리히 대학〈법사미술연구소〉·62
　　17 동양의 연구자들·62

제4장 신화와 역사에서의 법상징·65

　　1 신화에서의 법상징·65
　　　　고대 이집트/68 유태 민족/70 고대 그리스/71 고대 로마/76 한국의 단군 신화/77
　　2 설화에서의 법상징(정의 이야기)·80
　　　　그리스도교적 테마/80 솔로몬의 재판/81 다니엘과 수산나/83 캄비세스 왕과 시잠네스 판사/84 프린느의 재판/85 유디스의 정의/86 오토 3세의 정의/88
　　3 근세에서의 법상징·90
　　4 현대에서의 법상징·91

제 5 장 서양에서의 법상징 · 95

1 유스티치아 조각상 · 95

프랑크푸르트의 정의의 우물/99 잘츠부르크의 유스티치아 상/101 뮌스터 시청의 유스티치아 상/102 레겐스부르크의 정의천/103 로텐부르크의 유스티치아 상/104 하나우의 정의의 여신상/105 보름스의 유스티치아 상/106 베를린의 유스티치아 상/107 뮌헨의 성 미카엘 상/108 뤼네부르크 시청의 유스티치아 상/108 오스트리아 법무부의 유스티치아 상/108 함부르크 시청의 유스티치아 상/109 라이프치히 제국법원/111 뮌헨의 사법궁전/112 부다페스트의 유스티치아 상/113 파리의 사법궁전/114 베를린 지방법원의 유스티치아 상/115 엘버펠트의 정의천/116 뮌헨 시청의 유스티치아 상/117 함부르크 고등법원/117 뒤셀도르프 상소법원/118 취리히 지방법원/119 프랑크푸르트 지방법원/119 브라운슈바이크 고등법원/119 미국 연방대법원/120

2 회화에서의 법상징 · 122

아우크스부르크의 유스티치아 상/122 작센슈피겔/123 네로를 밟고 있는 유스티치아 상/129 조토의 정의화/130 황새와 함께 서 있는 정의의 여신/137 뒤러의 동판화/138 라파엘의 정의화/139 홀바인의 유스티치아 상/141 비셔의 나체의 유스티치아 상/142 루카스의 유스티치아 상/142 부르크마이어의 목판화/143 도시의 유스티치아 상/143 게룽의 잠자는 유스티치아 상/143 겔리우스의 정의의 여신/145 〈정의의 전당〉으로서의 법원/149 유스티치아와 성모 마리아/152 로렌체티의「선정의 알레고리」/154 손이 잘린 판사들/161 브란트의『광대선』/162 엠블럼의 법과 정의/170 다비드의 경고화/177 고야의 정의화/178 클림트의「법학」/181 모로의 정의화/185 루오의 법관도/187 도미에의 사법풍자화/188 벤 샨의「사코와 반제티의 수난」/190

제6장 동양에서의 법상징 · 193

1. 중국에서의 법상징 · 193
   해태/193 반수가검(盤水加劍)/201
2. 일본에서의 법상징 · 201
   메기 퇴치도/202 호법의 개미/204 법회화/205 고마이누/207 최고재판소의 법미술/210 신체를 잃은 유스티치아/222 일본적 법상징/226
3. 한국에서의 법상징 · 228
   해태/228 용/242 봉황/245 까치와 까마귀/246 문자도/250 오봉산일월도/252 북/253 지부상소(持斧上疎)/254 대법원의 법상징/255 서울대 법대의 법학 도서관과「정의의 종」/270 대한변호사협회 회관의「법의 여신상」/274 헌법재판소의「헌법의 수호자상」/275 사법연수원의「정의의 여신상」/276 대검찰청의 해태상/276

제7장 사법상징과 국가상징 · 279

1. 세계 각국의 국기 · 280
   십자기/280 태양기/281 초생달기/281 성조기/282 삼색기/282 적성기(적기)/283
2. 대한민국의 태극기 · 283
3. 정치상징 · 290
4. 법복상징 · 291
   법의 존엄성의 표상/293 법관의 강직성 표상/294 법관의 고매한 기품 표상/294 항상성과 포용성 함축/294 법복으로서의 특징 표출/294 한국적 전통미 표출/295 실용성 도모/295

제 8 장 궁극적 정의의 상징 · 297

1 서양의 최후의 심판도 · 298
니콜로의 「최후의 심판」/301 조토의 「최후의 심판」/301 노트르담 성당의 「최후의 심판」 조각상/302 보슈의 「최후의 심판」/303 프라 안젤리코의 「최후의 심판」/304 반 데르 바이덴의 「최후의 심판」/305 미켈란젤로의 「최후의 심판」/306 로흐너의 「최후의 심판」/307 루벤스의 「최후의 대심판」/308 블레이크의 「최후의 심판」/309

2 동양의 지옥도 · 310
발설지옥/315 화탕지옥/316 도산지옥/316 정철지옥/318 거해지옥/318 독사지옥/318 무간지옥/319

3 동서양의 비교 · 326

제 9 장 결론—법상징학의 발전을 위하여 · 329
법상징의 필요/329 법상징의 해석/332 법과 예술의 대화/333 세계화와 법상징/334

참고문헌 · 337
찾아보기 · 351

제 1 장 상징의 개념과 의의

 우리가 법상징학(legal symbolics, Rechtssymbolik)의 본론으로 들어가기 전에 상징이라는 것이 무엇을 의미하는지, 또 그것과 비슷한 개념들과 어떠한 차이를 갖고 관계를 갖는 것인지 서론적으로 미리 알아볼 필요가 있을 것이다.[1]

1 상징의 의의

 본래 상징이란 심볼 symbol을 번역한 말로서 그 어원이 symballein으로 거슬러 올라간다. 그리스어로 동사에 해당하는 이 말의 뜻은 〈짝맞추다 put together〉이다. 이 말의 명사형은 symbolon인데 그 뜻은 신표 sign, 증표 token, 표상 mark 등에 해당한다. 일찍부터 그리스에서는 어떤 일로 헤어지는 사람들이 동전을 쪼개어 서로 나누어 갖는 풍습이

---

1) 상징학에 관하여는 Tzvetan Todorov, *Theories of the Symbol*(Cornell Univ. Press, 1982) : 이기우 옮김, 『상징의 이론』(한국문학사, 1995)의 개관과 Norbert Elias, *The Symbol Theory*(London, 1991)가 유익하다.

있었다. 다시 만날 때 그들은 깨어진 조각들을 서로 맞추어 봄으로써 그것을 하나의 신표(信標)로 삼았다. 이렇게 본다면, 상징은 우선 그 무엇에 대한 신표이며, 그것은 또한 두 개의 나누어진 요소를 가지고 있다. 그 하나는 주제에 대한 것이고, 다른 하나에 속한다는 것이 그것을 표상하는 다른 일면의 요소이다. 이 두 요소가 합치됨으로써 상징은 비로소 제 기능을 발휘하고 그 무엇을 대신하게 되는 것이다.[2]

(1) 개념과 상징

일반적으로 개념(concept, Begriff)이라 할 때는 어떤 사물이나 현상에 대한 직접적 설명을 뜻한다. 이것이 아니면 저것이고, 이것과 저것이 동시에 성립하면 모순이 되는 경우가 많다. 특히 법학에서는 대상에 대한 정확한 개념이 필요하기 때문에 〈개념법학 Begriff~jurisprudenz〉이라는 별명이 나올 정도로 개념이 중요한 역할을 한다.[3] 그러나 개념에만 매달리다 보면 변화하는 사물과 현상의 실체와 괴리되기 쉽고, 개념 자체의 추상성, 논리성, 폐쇄성에 갇혀 생생한 생명력을 잃어버릴 위험도 없지 않다. 법철학에서 논의하는 바와 같이 법을 규범적, 개념적으로만 접근할 때 풍부한 문화 현상과 사회 현실에서 괴리되는 결과에 이른다.

이에 비해 상징은 개념의 한계를 넘어서 사물과 현상이 의미하는

---

2) Alex Preninger(ed.), *Encyclopedia of Philosophy and Poetics*(Princeton Univ. Press, 1965), 823쪽 ; Annemarie Andirk-Kernen, *Über das Entstehen von Symbolen* (Zürich, 1994) ; Ronald W. Langadser, *Concept, Image and Symbol*(Berlin, 1991) 참조.
3) 개념법학 Begriffsjurisprudenz이란 말은 원래 독일의 법학자 예링 Rudolf von Jhering이 19세기 당시의 독일 판텍텐 법학 Pandektenwissenschaft이 〈개념의 하늘에서 im Himmel der Begriffe 내려올 줄 모른다〉고 꼬집어 사용한 풍자적 표현에서 출발하였다.

바를 더욱 폭넓게 조명할 수 있다는 장점을 갖는다. 개념적으로는 설명하기 어려운 것도 상징적으로 설명할 수 있는 경우도 있다.[4] 성서의 표현을 빌리면, 〈진리는 벌거벗고 세상 속으로 오지 않고 유형 types과 형상 images으로 왔다. 사람은 다른 방법으로는 진리를 받아들이려 하지 않는다. 인간은 이미지를 거쳐 진리 속으로 들어가야만 한다〉(빌립보서). 독일의 법학자 라드브루흐 G. Radbruch는 말하기를 〈상징은 독단에 우위하고 직관은 이론에 우위한다. 백 가지 깃발은 백 가지 연설보다 더 적절한 언어를 전달한다〉고 하였다.[5]

그렇다고 상징으로만 설명할 수 있다는 〈상징주의 법학〉이 될 경우에는 법학의 엄정성과 인간에 대한 구체적 권익 보호가 위태롭게 될 수도 있다.[6] 따라서 상징은 개념과 적당한 조화를 이루면서 특히 법문화의 해석에 전체적 테두리를 정하고 의미를 부여하는 데에 적극적으로 기여할 수 있을 것이다. 이것이 본론에서 다룰 법상징학의 내용이요 과제라 할 것이다.

(2) 상징과 기호

상징과 기호(sign, Zeichen)의 관계는 상징과 개념의 관계보다도 더 밀접하여 구분하기가 애매한 것처럼 보이기도 한다.[7] 상징은 어떤 때

---

[4] Jürgen Oelkers, *Das Symbol——Brücke des Verstehens*(Stuttgart, 1991); René Jorna, *Knowledge Representation and Symbols in the Mind*(Tübingen, 1990).
[5] G. Radbruch, 『법의 지혜 Aphorismen zur Rechtsweiheit』, 최종고 옮김(교육과학사, 1993), 137쪽. 원래 이 말은 G. Radbruch, *Republikanische Pflichtenlehre*(Kiel, 1926), 6쪽에서 나왔다.
[6] 법상징주의 형법학에 관하여는 유기천, 『형법학 : 총론강의』(일조각, 1968) 참조. 여기서 그는 Hans Vaihinger, *Philosophie der Als-ob*(Berlin, 1911)의 Als-Ob 철학을 상징과 관련하여 설명한다.
[7] 조르쥬 나타프, 『상징・기호・표지』, 김정란 옮김(열화당, 1987), 9-13쪽.

는 기호와 비슷하기 때문이다. 상징과 기호는 공통적으로 자신을 초월한 무엇인가 다른 것을 가리킨다. 예컨대 교차로에 있는 빨간 불빛의 신호는 모든 차량들의 정지를 지시한다. 그러나 그것은 하나의 기호이지 상징이라고 말하지는 않는다. 모든 상징은 자신을 초월하여 또 다른 하나의 의미 있는 실재 reality를 지시하는 것이다. 기호는 어떤 방법으로든지 그것이 지시하는 실제와 힘에 참여할 수 없지만, 상징은 비록 그것이 상징하는 것과 똑같은 것은 아니더라도 그 의미와 힘에 참여하는 것이다. 상징과 기호의 차이는 이처럼 상징을 특징짓는 〈상징화된 실재〉에 상징이 참여할 수 있다는 사실에 비해 기호는 그것을 특징짓는 지향적 실재에 참여할 수 없다는 사실이다.[8] 알파벳 문자의 A나 B는 기호로 쓰이지만 이것이 지시하는 음향에 참여하지는 않는다. 그렇지만 하나의 깃발은 그것이 표시하고 상징하는 국왕이나 국가의 힘에 참여하는 것이다. 그리하여 빌헬름 텔 시대 이후 오늘날 미국의 성조기, 대한민국의 태극기 앞에서 국민들은 어떻게 행동해야 할 것인가에 대하여 강력한 상징적 힘을 작용받는 것이다. 만일 깃발이 상징하는 것이 힘의 상징으로 참여하지 않는다면 이러한 국민들의 행위는 아무런 의미가 없고 우습게마저 보일 것이다.

　상징과 기호의 개념이 이러한 설명처럼 간단히 구별되는 것은 물론 아니다. 시대와 상황, 사안에 따라 이 두 개념은 밀착되고 혼용될 수도 있다. 수학자는 수학적 기호를 위하여 상징이란 용어를 침해하거나 희생시키기도 한다. 언어는 기호와 상징 사이의 차이를 나타내 주는 좋은 본보기이다.[9] 언어에서 하나의 말은 그것이 표현하려는 의미를 위한 기호이다. 책상이라는 말은 그 자체와는 다른, 즉 네 개의 다리와 그 위의 널판자, 거기에 놓여 있는 책과 종이, 그리고 사각형 혹은 원탁형과 같은 모양을 지시하는 하나의 기호이다. 이 기호는 〈책상〉이라

---

8) 같은 책, 9-10쪽. 그리고 Garth Gillan, *From Sign to Symbol*(Sussex, 1982).
9) 김용직 편, 『상징』(문학과지성사, 1988), 15쪽.

는 두 글자의 말과는 아무런 관계가 없다. 그렇지만 기호 이상의 말은 어느 언어 속에도 존재한다. 말이 기호로서 지시되는 그 무엇을 넘어서 그 이상의 내용 Connotation을 가지는 순간 그 말은 상징이 될 수 있다. 또한 언어에는 처음부터 기호 이상의 힘을 가지고 역할해 온 의식적(意識的), 종교적, 시적(詩的)인 것들도 있다. 이들 언어는 그것들이 표현되는 상황에서 다른 언어와 대치할 수 없는 내용을 가지고 있다. 이들 언어는 한정된 의미를 지시하는 기호만 되는 것이 아니라 그것이 참여하는 힘의 실재를 나타내는 상징도 된다.[10] 이러한 분야를 연구하는 것이 상징언어학 symbolic linguistics과 기호학 semiotics인데, 여기에서는 더 이상 깊이 들어갈 여유가 없다.[11]

상징에 대한 유럽에서의 관념적 접근은 아리스토텔레스와 아우구스티누스 이래 오랜 역사를 가지고 있다. 그러나 상징이 중심 개념으로 연구된 것은 낭만주의 Romantizismus 시대 이후라고 할 수 있다.[12] 상징주의와 관련되어 상징을 연구하는 학자들에게 상징은 비자의적인 것이다. 그 대상은 상징 과정 밖에서는 결코 파악할 수 없는 것으로, 그 대상을 상징 과정 밖, 즉 외계에서 파악할 수 있는 기호와 구별된다. 상징과 달리 기호는 자의적(恣意的)인 것이다. 즉, 어떤 동물을 우리가 〈사자 lion〉라고 부를 때, 그 사자라는 언어는 상징이 아니라 기호이다. 이때 그 동물을 〈사자〉라고 부를 것인지 아니면 〈라이언〉이라고 부를 것인지는 언어 사용자들 사이의 규약의 문제로서 자의적이라고 할 수 있는 것이다. 이에 반해 상징은 그 대상이 상징 과정과 융합되어 있는 것으로 외계에 없기 때문에 상징 과정을 경험하는 사람들에게 비자의적으로 드러난다. 예를 들어 해태(廌)를 정의(正義)의 상징이라고 말할 때 해태라는 외계의 동물 자체를 무어라고 부를 것인가가 문

---

10) 같은 책, 20쪽.
11) 김경용, 『기호학이란 무엇인가』(민음사, 1994) 참조.
12) 낭만주의의 상징에 관하여는 T. Todorov, 앞의 책, 223-264쪽 참조.

제되는 것이 아니라 해태라는 정의의 상징이 공동체의 의식 속에 성립하는 과정, 즉 상징 과정 속에 어떻게 천착되고 이해될 것인가가 문제되는 것이다. 해태가 정의(正義)의 상징이라는 것을 공동체의 새로운 성원이 학습받는 것은 바위를 가리키면서 〈저게 바위야〉라고 가리키는 것과 다른 차원이 요구되는 것이다. 상징의 학습은 공동체의 역사 속에 녹아 있는 의식 세계와 관념 세계가 정수되는 것이며, 정의라는 의식을 해태라는 조형적 상상물을 통해 외계로 드러내어 그 영속물을 보존하려는 작업인 것이다.

(3) 상징과 은유

상징은 흔히 비유, 그 가운데도 은유 metaphor와 매우 혼동되기 쉽다.[13] 상징과 비슷하게 은유 역시 그 전제로 주제어 혹은 주지(主旨)를 갖고 있기 때문이다. 일반적으로 원관념(原觀念)이 생략된 은유를 상징이라고 정의하기 쉽지만, 은유도 원관념이 생략된 예를 찾아볼 수 있다. 은유와 상징은 그 심상(心像) 제시에서의 차이점을 우선적으로 살펴볼 수 있다. 은유는 그 과정이 아무리 복잡하더라도 일단 유추(類推, Analogie)가 끝나면 심상(心像)의 테두리가 떠오름에 반해, 상징은 구체적으로 가리키는 바의 의미를 추출해 내기 어렵다.
또한 상징과 은유의 차이는 지적 수준이나 사회적 결정의 성립 여부로도 설명될 수 있다. 가령 사랑과 장미는 전혀 이질적인 두 의미 계열에 속한다. 그러나 장미는 사랑의 상징이 되는데, 장미의 의미화는 사랑으로까지 가능하게 만드는 힘이며, 지적 능력이며, 사회적 약정이

---

13) 상징과 은유에 관하여는 Wilber Urban, *The Principles of Symbolism*(London, 1951) : Morton W. Bloomfield(ed.), *Allegory, Myth and Symbol*(Harvard Univ. Press, 1981) : Gerhard Karz, *Metapher, Allegorie, Symbol*, 4. Aufl.(Göttingen, 1997).

다. 반면 〈능구렁이처럼 엉큼하다〉라는 말은 일종의 비유인데, 여기서 드러나는 바와 같이 〈능구렁이가 엉큼하다〉는 유추는 위의 예와 같은 고차원적인 유추라고 하기 어렵다. 다시 말하자면 능구렁이를 엉큼하다고 생각하게 만드는 데에는 능구렁이의 속성이 많이 작용하고 있다는 점이 다르다.

상징에서 두 사물의 연결은 아주 원초적이고, 〈마술적인〉 상태에서 이루어진다. 그리하여 실제로 상징 체계는 의식 주체일 뿐 말의 참뜻에서의 주체, 곧 객관적 실체가 되지는 못한다. 예를 들어 석가모니가 들어 보인 연꽃은 불교의 심오한 교리를 깨치게 만드는 상징이다. 그러나 그 실체성은 아무리 규명해 내려고 해도 논리의 테두리 밖에 속하는 면을 가진다. 다시 말하면 그것은 논증 불가능한 국면을 지니고 있다는 것이다. 상징이 사회적 약정이라는 것은 그 성립 요건이 공적인 데에 있는 것만을 뜻하는 것이 아니다. 상징은 일단 설정이 되면 사람들의 머릿속에서 작용한다. 그것은 그 자체로 체계를 이루어 공동체를 결속시키고, 그 성원을 공동체 내부로 끌어들인다. 이렇게 보면 상징은 비유에 비교가 되지 않을 정도로 기능적인 심상 체계임을 알 수 있다.[14]

(4) 상징과 우의

우의(愚意, Allegorie)는 기호와 상징으로 분류한다면 상징 속에 포함되는 것이라고 볼 수 있다.[15] 그러나 좁은 의미의 상징과 구별되는 것으로 볼 때 그 특징이 나타난다. 예를 들어 정의(正義)라는 간단하

---

14) 김용직, 「상징이란 무엇인가」, 김용직 편, 『상징』(문학과지성사, 1988), 21-25쪽.
15) 우의allegory에 관하여는 T. Todorov, 앞의 책, 265-275쪽: Walter Haug, *Formen und Funktionen der Allegorie*(Stuttgart, 1979) ; Stavrus Arabatzis, *Allegorie und Symbol*(Regensburg, 1998)도 참조.

게 파악하거나 표현하기 어려운 사고를 구체적으로 번역해 내기 위해 지옥도(地獄圖)나 지옥의 상황을 나타내는 다른 방식을 채택하는 것은 우의이다. 즉, 사고나 개념이 먼저이고 이를 구체적으로 나타낸 형상이 우의라 할 수 있다. 따라서 우의의 경우 그 지시 대상이 관념체로서 드러난다. 이에 반해 좁은 의미의 상징은 그 지시 대상이 전혀 없이 그 자체 의미의 덩어리로 드러나는 것이다. 즉, 상징은 그 자체 형상이며 관념은 원천인 것이다.

상징에는 언어적 상징 이외에 의식적 상징이나 도상적 상징이 포함된다. 예를 들어 도상적 상징인 추상화(抽象畵)의 경우를 보면, 추상화는 그것이 무엇을 지시하거나 의미하는 것이 아니라 그 자체가 의미이며 관념인 것이다. 의식적 상징으로 이슬람교도들이 메카의 방향으로 절을 하는 의식의 경우도 거기에는 어떤 지시적 요소가 있는 것이 아니라 그 자체가 하나의 사고이며 형상이며 관념인 것이다. 종교에서 상징이 빠진다면 무너진다 할 정도로 의식적 상징은 중요하다.[16]

상징과 우의를 대비시켜 정식화시킨 것은 괴테 J. von Goethe를 그 선두로 꼽을 수 있다. 그 후 낭만주의 미학자들에 의해 그 차이점이 더욱 자세히 성찰되었다. 상징이나 우의 모두 우선 표상 représenter 혹은 지시 désigner를 할 수 있다는 점에서 기호라는 공통의 성격을 지니고 있다.[17] 그러나 우의에서는 의미되어 있는 것의 인식을 겨냥해서 기호 표현적인 면이 순간적으로 횡단되나, 상징에서는 기호 표현적인 면은 고유한 가치를 보존하고, 불투명성을 간직한다. 말하자면 우의는 타동사적이고, 상징은 자동사적이다.[18]

---

16) Dan R. Stiver, *The Philosophy of Religious Language : Symbol and Story* (Cambridge Mass. 1996) ; Holger Saal, *Das Symbol als Leitmodell für religiöses Verstehen*(Göttingen, 1995) ; Bernard Cooke, *The Distancing of God : The Ambiguity of Symbol in History and Theology*(Minneapolis, 1990) 참조.
17) T. Todorov, 앞의 책, 274쪽.
18) 같은 책, 275쪽.

또 우의와 상징의 다른 차이점은 그 의미 작용의 과정에서 살펴볼 수 있다. 우의는 직접적으로 의미 작용을 하는 데 비해 상징은 간접적으로, 이차적 방식으로만 의미 작용을 한다. 다시 말하면 우의의 그것이 지각되는 면은 하나의 의미를 전달하는 것 이외에 존재 이유를 갖지 않지만, 상징은 우선 자기 자체로 거기 있으며, 그것이 의미 작용을 하고 있는 것이 발견되는 것은 제 2단계에 지나지 않는다.

마지막으로 괴테가 부여한 상징의 의미에서 보자면, 상징의 경우 개별(대상물)에서 보편으로 가는 이행 과정을 취한다. 다시 말하면 특수 개별적인 사례에서 일반 법칙을 보는 것이다. 따라서 상징적인 것은 대표적이며, 그리고 일반적인 언어 법칙의 표출로 간주될 수 있다.[19]

(5) 상징이란?

철학자 카시러 E. Cassirer는 인간을 〈이성적 인간 homo sapiens〉으로 정의하는 대신 〈상징적 동물 homo symbolicus〉로 정의하지 않으면 안 된다고 말하였다.[20] 인간은 언어적 형식, 예술적 심상, 신화적 상징 혹은 종교적 의식에 깊이 둘러싸여 있으므로 이러한 인위적 매개물에 의하지 않고서는 아무것도 볼 수 없고 또 알 수 없기 때문이다. 다른 동물과 비교할 때 오직 인간만이 상징적 상상력과 지성을 발전시켜 왔다고 말할 수 있다. 따라서 상징이란 인간 문화의 발현 양식이고 따라서 하나의 예술 사조나 제의 양식으로뿐만이 아니라 인간 자체를 설명하는 데에 핵심적 개념이라고 하겠다.

그렇다면 인간 문화에서 상징은 어떠한 기능을 담당하는가? 기능이

---

19) 이상은 대체로 T. Todorov의 상징 이론을 요약한 것임.
20) E. 카시러, 『인간이란 무엇인가』, 최명관 옮김(서광사, 1988), 51쪽. E. Cassirer 에 관하여는 S. Stensland, *Ritus, Mythos, and Symbol in Religion : A Study in the Philosophy of E. Cassirer*(Borgheim, 1986).

란 바로 물리적 경험으로는 접근할 수 없는 실재의 구조를 드러내는 데 있다고 말한 엘리아데 M. Eliade 의 통찰에서 상징의 기능을 요약적으로 제시할 수 있겠다. 엘리아데는 상징은 실재의 구조와 존재의 차원을 설명해 줄 뿐만 아니라, 인간이 살아가는 데 의미를 던져 주기도 한다고 말한다.[21]

〈상징은 소통의 객체이기도 하고 주체이기도 하다〉[22]는 말처럼 상징은 인간 경험의 어느 한 수준에서 단순하게 소통되는 것이 아니라 인간 경험의 여러 수준에서 복합적으로 소통되는 특성을 지니고 있다. 다시 말해 상징은 정적(靜的)이면서 동시에 인지적(認知的)이고, 실질적이면서도 존재론적이다. 본질적으로 상징은 인간 삶에서 감정의 영역을 인지적 측면 또는 존재론적 측면에서의 가장 중요한 영역과 연결시켜 준다. 이처럼 상징은 인간 경험의 총체를 효과적으로 소통시켜 주는 역할을 한다. 따라서 상징은 사유를 낳는다.[23] 즉, 상징의 현현으로부터 상징에 대한 반성이 일어나며, 이 반성은 언어와 사유의 연합을 내포하고 있다.

앞에서도 지적했듯이 상징의 고유한 특성 중의 하나는 그 다의성(多義性, Mehrdeutigkeit)이다.[24] 이는 상징이 동시적으로 표현하는 의미가 여러 가지임을 말한다. 바로 이런 이유 때문에 상징의 의미를 하나도 남김없이 모두 설명하기란 매우 어려운 일이다. 상징은 다양한 맥락을 가지며, 그 각각의 차원에 상응하는 가치를 지니고 있다. 따라서 만일 그 가운데 하나의 의미만을 〈근본적〉이고 〈가장 우선적〉인 혹은 〈본래적〉인 것이라고 주장한다면 하나의 상징이 내포하는 참된 메시지

---

21) M. 엘리아데,『상징・신성・예술』, 박규태 옮김(서광사, 1991), 33쪽 ; Mary L. Foster, *Symbol as Sense: New approaches to the Analysis of Meaning*(N. Y., 1980) 참조.
22) D. M. 라스무쎈,『상징과 해석』, 장석만 옮김(서광사, 1991), 23쪽.
23) 같은 책, 24쪽.
24) M. 엘리아데, 앞의 책, 35쪽.

를 포착할 수 없게 될 위험이 따른다. 상징이 우리에게 보여 주려는 것이 무엇이건 간에, 거기에는 실재의 다양한 차원을 이어 주는 통합성 integrity이 존재한다.

따라서 이러한 상징의 다의성은 해석의 문제를 불러일으킨다. 상징이란 하나의 의미 구성이며 역사적이고 문화적인 계기를 초월하는 준거 대상이다.[25] 하나의 정치 사회적 구성물로서의 상징은 인간의 욕구에 대한 반응이다. 그런데 그러한 욕구가 역사에서는 결코 완전히 실현되지는 않으므로 상징은 상상적으로 축조된 하나의 가설이 된다. 예컨대 정의(正義)란 어떤 상황에 주어져 있는 것이 아니다. 오히려 정의는 하나의 이상형(理想型)이고, 분석되는 상황에 부여되는 규범이라 할 수 있다.[26] 개념적 담론이 명백하고 자명한 것을 나타내는 반면, 상징적 담론은 불분명하지만 확실히 풍부한 의미를 지니고 있다. 개념적 담론은 그 낱말이 뜻하는 바를 정확하게 나타내려 한다. 왜냐 하면 그런 담론은 의도된 대상을 명백히 설명하기 때문이다. 〈내가 나무를 본다〉는 진술은 바로 그것을 의미한다. 그러나 상징은 단어나 사물을 넘어서 의미화하려고 의도하기 때문에 대부분 명백하지 못한 것처럼 보일 수도 있다. 바꾸어 말하면, 상징이란 어떤 하나의 단어나 대상에 여러 의미를 결합시킨다는 뜻에서 다양한 의미를 내포하고 있다. 상징은 인간 경험의 독특한 일면을 나타내며 그것과 연결되기도 한다. 유토피아적 상징 체계의 관점에서 정의로운 사회라는 상징 체계를 구성해 본다면 처음에 자신의 사회적 경험에 대한 전(前)반성적 이해와 반성적 이해를 대립시킨 것으로 이루어진다.[27]

---

25) T. Todorov, 앞의 책, 266쪽.
26) 정의론에 관하여는 H. 켈젠,『정의란 무엇인가』, 김영수 옮김(삼중당, 1982) : C. 페를만,『법과 정의의 철학』, 심헌섭·장영민 옮김(종로서적, 1986) : 최종고,『정의의 상을 찾아서』(서울대출판부, 1994).
27) T. Todorov, 앞의 책, 270쪽; Alan M. Olson(ed.), *Myth, Symbol and Reality* (Univ. of Notre Dame Press, 1980) 참조.

지금까지 상징의 해석에서의 다의성에 대해 살펴보았다. 그러나 〈상징은 그것이 속해 있는 텍스트를 벗어날 수 없다〉[28]는 말이 시사하듯이 특별히 주어진 영역에서 상징적인 형태를 분리시킴으로써 상징 해석의 맥락이 부여되는 것이 아니라, 오히려 설명되어야 하는 언어적 맥락 속에서 상징이 주어지는 것이다. 다시 말해 상징적 담론에 관한 사유는 바로 상징 언어 자체에서 시작되어야 한다. 상징 언어는 사유를 방해하기보다는 오히려 사유를 제공해 주는 특징을 가지고 있기 때문이다. 가령 우리가 그림을 감상했다고 한다면 그 그림과의 만남에 대한 의미를 전달할 만한 언어를 찾지 않으면 안 된다. 언어가 없다면 사유가 불가능하다는 것과 같은 의미에서 언어 속에 의식 주체 cogito가 스며 있는 것이다.[29]

이렇게 생각할 때 상징의 개념적 징표를 정리해 보면 다음과 같다. 첫째, 상징은 직접적인 지시체를 외계에 가지지 않는다. 둘째, 상징은 그 자체가 관념적 형성이다. 셋째, 상징은 언어 이외에도 의식(儀式)이나 도상 같은 방식으로 나타난다. 넷째, 따라서 상징은 동물들과는 다른 인간 특유의 산물이며 상징 연구는 이런 인간의 어떤 측면을 잘 드러내 줄 수 있는 방법이다. 이런 의미에서 상징에 대한 연구는 중요한 의미를 가진다. 법학이 대상으로 삼는 규범은 상징의 이런 측면, 즉 어떤 실체물이 아니라 관념적, 문화적, 정신적 산물이라는 것이다. 여기에 법학이 상징 연구와 관련됨이 이미 내포되어 있는 것이다.[30]

---

28) T. Todorov, 앞의 책, 271쪽.
29) D. M. 라스무센, 앞의 책, 117쪽.
30) G. 라드브루흐, 『법철학』, 최종고 옮김(삼영사, 1975), 151-155쪽; Albert Ehrenzweig, *Psychoanalytic Jurisprudence*, 1971, 독일어역은 *Psychoanalytische Rechtswissenschaft*, 1973; Ehrenzweig에 관하여는 최종고, 『하버드 스토리』(고려원, 1989), 31-34쪽.

2 상징의 기능

그렇다면 이러한 광범위한 의의를 갖는 상징은 어떠한 기능을 하는지 검토해 볼 필요가 있을 것이다. 첫째의 기능은 이미 위에 언급한 대로 상징은 그 자체가 아닌 무엇, 상징이 참여하는 힘과 의미를 표시한다. 이것은 모든 상징의 기본적 기능이라 할 수 있다. 이런 의미에서 상징적인 것은 대표적인 것, 전형적인 것이라고 표현될 수 있을지도 모른다. 상징은 다른 방법에서는 감추어지고 터득할 수 없는 실재의 여러 수평(水平)을 열어 보이기 때문에 더욱 그러하다.

예술적 상징을 들어 설명하면, 상징의 의미 속에 들어가려고 하는 만큼 실재의 수평을 열어 보이는 것이 예술의 기능이라는 사실을 더욱 깨닫게 된다. 문학, 미술, 음악에서, 다른 방법으로는 열어 보일 수 없는 실재의 수평을 상징이 열어 주는 경우가 허다하다. 만일 이것이 예술의 기능이라면 확실히 예술적 창조는 〈상징적 창조 symbolic creation〉라고 부를 수 있을 것이다. 한 폭의 풍경화를 본다 하더라도 그것이 결코 단순한 자연의 묘사에만 그치지 아니하고 상당한 상징성을 담고 있다는 사실은 길게 설명할 필요가 없을 것이다. 특히 동양의 산수화(山水畵)가 그러하다.[31] 시와 철학의 관계에서도 상징은 중요한 역할을 한다. 한 편의 시 속에 많은 철학적 관념을 집어넣으려는 유혹이 가끔 예술적 상징과 혼란을 빚는 경우가 발생한다. 문학 작품인 시에 딱딱한 철학적 개념을 직접 넣는다면 문학성이 파괴될 수 있지만 적당한 상징으로 변용하여 사용하면 더욱 깊은 문학성을 살릴 수 있는 것이다.

상징이 실재의 수평을 열어 보인다는 것은 영혼의 수평이라든가 내면적 실재의 수평이 열려 보여야 한다는 것을 의미한다. 이 〈열어 보

---

[31] 이에 관하여는 Roger Ames(ed.), *Nature in Asian Traditions of Thought*(N. Y., 1989).

인다 open up〉는 말은 한층 더 깊은 수평의 실재와 인간에 영혼을 접촉시킨다는 것을 뜻한다. 그런 의미에서 이 여는 작용을 상징이 할 수 있다고 한다면 상징은 다른 어떤 것과도 대치될 수 없는 것이다. 이런 뜻에서 상징은 다시 한번 개념이나 기호와 다른 것이다. 기호는 언제나 다른 것으로 대치될 수 있다. 만일 청색이 황색만큼 적당하지 못하다고 생각되면 언제나 황색으로 바꾸면 되는 것이고, 그렇게 바꾼다고 하여 아무런 손실이 있는 것이 아니다. 상징은 그것이 특별한 기능으로 사용되고 있는 한 다른 것과 바꿀 수 없는 것이다. 상징은 기호와는 달리 탄생하기도 하고 사망하기도 한다. 기호는 의식적으로 발명되고 제거될 뿐이다.

그렇다면 상징은 어떻게 탄생하고 사망하는 것일까? 이에 대해 많은 이론들이 있지만 심리학자 융 C. Jung이나 신학자 틸리히 P. Tillich 같은 이들은 상징은 집단적 무의식 group unconsciousness 혹은 단체적 무의식 collective unconsciousness에서 태어난다고 설명한다.[32] 상징은 어떤 일, 어떤 말, 어떤 깃발, 그것이 무엇이건 자신의 존재를 인정받는 집단으로부터 태어나는 것이다. 이런 의미에서 집단적 무의식은 상징의 모태라고 할 수 있고, 고의적으로 발명되는 것과는 다른 것이다. 어떤 사람이 상징을 발명하려고 해도, 가끔 이런 일이 있기는 하지만, 상징은 오로지 한 집단의 무의식이 그것에 대하여 승락할 때에만 상징이 되는 것이다. 이것이 상징으로 열어 보인다는 것을 의미하는 것이다. 또 상징에 대한 인간 집단의 내면 상황이 존재하는 것을 그만두는 순간 상징은 죽어 버린다는 것을 의미한다. 그래서 상징은, 융의 표현을 빌리면, 〈우리의 사고와 느낌에 대한 끊임없는 도전〉이다.[33] 그것은 아

---

32) C. Jung, "Archetypes of the Collective Unconscious," in *The Collected Works of C. G. Jung*(London : R & K. Paul, 1961), Vol. 9, Part I ; P. Tillich, *Theology of Culture*, ed. R. C. Kimball(Oxford Univ. Press, 1959), 10쪽 이하 : 김경수 옮김, 『문화의 신학』(대한기독교서회, 1971), 15쪽.

마도 상징적 작품이 강하게 자극을 주고 강렬하게 우리를 사로잡는 원인이기도 할 것이다. 어떤 종류의 상징적 표현들은 하나의 보편적 언어를 이루는데, 그것은 그 이미지와 의미가 여러 문명과 여러 집단에 걸쳐 비슷한 형태로 나타나기 때문이다. 그러한 언어를 형성하는 상징들은 내면적인 어떤 심리적 힘에 의한 자연스런 표현이다.

3 상징학의 연구

상징에 대한 연구는 서양에서도 영미 계통의 경험적 접근과 대륙 계통의 관념적 접근에 따라 다소 다르게 이루어져 왔다.[34] 상징의 의미도 그에 따라 다르게 사용될 수밖에 없었다. 이러한 차이점에도 불구하고 기호와 대비되는 상징의 일반적 특성은 경험적 접근이든 관념적 접근이든 외계의 실체를 직접 지시하는 개념이 아니라는 사실이다. 이에 대해 기호는 외계의 어떤 것을 직접 지시하는 것 내지 적어도 외계 사물에 대한 의식을 지시하는 것(후설 E. Husserl)로 이해된다.[35]

상징에 대한 대륙에서의 관념적 접근은 아리스토텔레스와 아우구스티누스 이래 오랜 역사를 가지고 있다. 그러나 상징이 중심 개념으로 연구된 것은 낭만주의 이후라고 할 수 있다.[36]

상징에 대한 연구는 칸트 I. Kant 철학에서도 의미를 갖지만,[37] 역사

---

33) C. 융,『사람과 상징』, 정영묵 옮김(까치, 1995).
34) 상징학의 연구사에 관하여는 James W. Heisig, Symbolism, *The Encyclopedia of Religion*, Vol. 14(N. Y. 1987), 198-208쪽 ; Manfred Lurker, *Beiträge zur Symbol, Symbolbegriff und Symbolforschung*(Baden-Baden, 1982) 참조.
35) E. Husserl, *Logische Untersuchugen*, Zweite Bd., Erster Teil, 4. Aufl.(1992), 7, 33쪽.
36) 낭만주의에 관하여는 T. Todorov, 앞의 책, 223-264쪽.
37) Andrea Marlen Esser, *Kunst als Symbol; die Struktur ästhetischer Reflektion in*

적 변천을 거치면서 몇 가지 측면으로 진행되어 왔다. 하나는 상징 연구의 시초라 할 수 있는 인류학적 방법과 프로이트 S. Freud를 대표로 하는 심리학적 방법, 그리고 뒤르켐 E. Durkheim을 필두로 하는 사회학적 연구 등으로 상징의 기원을 탐색하는 작업이었다. 이러한 연구에서 상징은 역사적, 심리적, 사회적 함축을 갖는 것으로 이해되었다. 상징을 이렇게 역사나 사회심리적 요인을 가진 것으로 설명하려는 이들의 연구는 인간의 상징적 상상력이 가지고 있는 창조적 기능에 집착하기 보다는, 상징 연구를 통해 역사나 사회, 인간의 정신을 규명하는 데 천착함으로써 후배 학자들에게 환원론이라는 비판을 받기도 하였다.

상징 연구의 초기에 중심이 된 환원론은 카시러의 상징론을 거치면서 서서히 반성되기 시작하였다.[38] 카시러에 의해 상징은 인간 활동의 부차적 산물이 아니라 인간의 기타 활동을 가능하게 하는 선언적 사유 능력으로 보상하게 되었다. 이런 의미에서 카시러는 인간을 상징적 동물로 정의하였는데, 다만 그의 연구는 과학을 더 큰 상징적 함축성을 가지고 있는 것으로 설정하였다. 이에 대해 상징을 과학으로는 도저히 이해할 수 없는 인간의 정신적 차원과 관계 있는 것으로 상정하는 융 등의 작업이 나타나 카시러의 단점을 상당 부분 보충하고 극복하였다.[39]

카시러는 상징을 일반적으로 어떤 특수한 형태의 감각적인 것 안에 정신적인 의미가 구현되어 있는 일체의 현상으로 파악하였다. 그에 따르면 우리의 경험에 주어지는 감각적 내용이 기호화되기 전에 의식은

Kants Theorie des Schönen(München, 1997) ; Donald Crawford, *Kant's Aesthetic Theory*(Madison, 1974) ; Ted Cohen/Paul Guyer(ed.), *Essays on Kant's Aesthetics* (Chicago, 1982) ; Paul Guyer, *Kant and the Claims of Taste*(Cambridge, 1979) ; Salim Kemal, *Kant and Fine Art*(Oxford, 1986) 참조.
38) Donald P. Verene(ed.), *Symbol, Myth and Culture : Essays and Lectures of Ernst Cassirer 1935-1945*(Yale Univ. Press, 1979).
39) C. Jung의 상징론에 관하여는 Carl G. Jung, Approaching the Unconscious, in *Man and His Symbols*, Carl G. Jung(ed.)(New York, 1968), 특히 1장.

본원적 상징 작용을 수행한다. 즉, 경험을 종합 및 통일하기 위해 의식은 시간·공간의 형식과 객관적 종합을 가능케 하는 표상 기능을 필요로 한다. 이 의식의 표상, 즉 상징적 표상은 표현, 직관 그리고 개념적 기능의 세 가지 이름으로 나타난다. 상징적 기능이 가장 분명하게 나타나는 것은 세 번째 유형인 개념적 기능이며, 이 상징의 기능에 따라 우리의 과학적 세계관이 구성된다. 따라서 상징은 예술, 문화, 종교의 상징(표현이나 직관)과 언어, 과학의 상징(개념적 기능)으로 구분될 수 있다.[40]

카시러의 이론을 이어받은 랭거 S. Langer는 이런 상징 연구의 학문적 두 차원의 가능함을 주장한다.[41] 랭거는 과학적 담론의 형식으로서의 언어는 추론적 상징으로, 종교, 신화, 예술 등 과학적 담화의 논리적 형식에 적합하지 않은 상징들은 표상적 상징으로 부른다. 상징을 단순히 관념 활동이라는 막연한 개념에서 우리는 추론적 상징과 표상적 상징이라는 두 가지 관념 활동의 차원으로 이동할 수 있다. 이것은 상징을 오히려 기호보다 넓은 의미로 파악하려는 입장을 전제한다고 할 수 있다. 즉, 추론적 상징과 추상적 상징 아래서 기호와 상징은 모두 포섭될 것이기 때문이다. 특히 추론적 상징의 경우, 실재를 정의하는 기호 없이는 관찰과 실험이라는 경험적 기반을 잃어버릴 수 있기 때문이다. 그러나 우리의 관심은 기호가 상징보다 넓으냐 아니면 상징이 기호보다 넓으냐 하는 논쟁이 아니다. 상징이라는 도구는 과학과 수학, 언어의 세계에서 사용되고 있는 것이 사실이며, 동시에 상징은 예술과 문화, 신화, 종교의 영역에서 사용되고 있는 것도 사실이다. 즉, 언어 관용상 상징은 과학의 영역에서도 이용되고 다른 영역에서도 이용될 수 있는 것이다.

상징에 대한 경험적 접근의 대표적 학자인 퍼스 J. Peirce의 경우, 인

---

40) E. Cassirer, 앞의 책.
41) Susan Langer, *Philosophy in a New Key*(New American Lib., 1954), 특히 2장.

간이 사용하는 자연 언어를 하나의 기호 체계로 이해하고는 넓은 의미의 기호를 세 가지 요소로 분석하고 있다.[42] 즉, 퍼스는 기호 sign, 그 대상 object 및 그 의미 interpretent 의 상호 관계를 기호화 과정의 주체로 보고, 기호를 모두 세 가지 그룹으로 나누고 있다. 그에 따르면 기호란 도상 icon이거나 지시 index이거나 또는 상징 symbol의 어느 하나이다. 지시는 좁은 의미의 기호로서 그것이 가리키는 사물이나 사실 정황과 직접적으로 물리적 관계를 맺는다. 즉, 어떤 물리적 대상의 자리를 대신하는 기능을 수행한다. 도상이란 그것이 표시하는 대상과 어떤 유사성을 갖는 것으로 일종의 묘사이다. 조형 예술의 산물은 대체로 도상(圖像, Iconographie)으로 이해될 수 있을 것이다. 상징이란 그것이 표시하는 것과 어떤 유사성을 띠거나 물리적 관계를 갖지 않는다. 상징이 기호로서 기능하는 것은 그것이 표시하는 대상에 대한 이미지가 상징 사용자들 사이에 일치하기 때문이다. 이렇게 이해할 때 상징은 외계의 사물과 관련 없는 관념적 혹은 의식적 사태와 관련되는 것이다. 퍼스는 이런 상징의 실용적인 사용을 강조한다. 상징은 우리가 사물 그 자체는 아닌 사물과 사물의 관련성 혹은 관념성을 드러내고 의사 소통을 하기 위한 도구가 된다는 것이다. 또한 상징은 관념적 학문의 도구로서 자주 사용될 수 있다. 기호논리학의 경우나 과학에서의 수식(數式) 등은 그 예라 할 것이다.

문제는 상징에 관한 연구, 즉 상징학 Symbolik에서 상징이 어떤 지위를 차지하는가이다. 신화나 종교 혹은 정신분석 등에서 상징을 사용하는 것은 상징에 대한 해석을 통해 어떤 목표에 도달하기 위해서이다. 즉, 상징은 상징학에서 학문의 대상으로 사용된다. 이에 반해서 기호논

---

42) James Peirce에 관하여 Roberta Kevelson의 연구가 많이 나오고 있다. Roberta Kevelson(ed.), *Peirce and Law*(P. Lang, 1991) ; Reberta Kevelson, *Peirce, Science, Signs*(P. Lang, 1996). 그리고 R. Kevelson(ed.), *Law and Aesthetics*(Frankfurt & N. Y., 1992) 참조.

리학과 같은 과학에서의 상징 연구는 다른 양상을 보인다. 이때 사용되는 상징은 그 자체가 대상이 아니라 학문적 도구로서 사용된다. 즉, 상징을 연구하는 것이 아니라 상징을 통해 연구하는 것이다. 전통 논리학의 사변적 특성이 기호논리학을 통해 한 차원 높은 수준의 명료화를 터득했으며, 과학이 수학적 도식의 발달에 힘입은 것 등은 이런 예라 할 것이다. 즉, 상징을 통해 학문을 할 수도 있는 것이다. 물론 추론적 상징학은 모두 상징을 사용하는 학문이고, 표상적 상징학은 모두 상징을 대상으로 하여 그 의미를 해석하는 학문인 것은 아니다. 그러나 상징이 학문적 연구의 대상이 아니라 방식, 즉 주제로 등장할 수 있다는 점을 주목하는 것은 의미 있는 일이다.

프랑스의 리쾨르 P. Ricoeur도 악 das Böse의 상징을 중심으로 상징 연구에 중요한 기여를 하고 있다.[43] 우리 나라에도 그의 저서 『악의 상징』이 번역·소개되었지만,[44] 서양에서 상징 연구에 많이 논의되고 있다.

폰타나 D. Fontana는 『상징의 비밀 The Secret Language of Symbols』(1993)에서 이렇게 말한다. 〈상징은 인간 본질의 심오한 표현이다. 상징은 모든 시대, 모든 문명에 있어 왔거나 구석기 시대 동굴 벽화에서 처음 나타난 이후 문명과 함께 발전해 왔다. 그러나 상징은 단순한 문화적 인공물(人工物) 이상의 것이다. 올바른 문맥 안에 있을 때면 그것은 여전히 우리에게 힘차게 말을 걸고, 우리의 지성, 정서, 영혼에게 얘기한다. 상징 연구는 인류 자체에 대한 연구이다〉.[45]

설명을 하다 보니 다소 복잡하고 장황하게 되었지만, 결국 폰타나의

---

43) Paul Ricoeur, *Interpretation Theory: Discourse and the Surplus of Meaning*(Taxas, 1976) ; *Hermeneutics and Human Sciences*(Cambridge, 1981) ; *Die lebendige Metaphor*(München, 1986) ; Ursula I. Meyer, *Das Symbol gibt zu denken: eine Untersuchung zur Symbol-interpretation bei Paul Ricoeur*(Aachen, 1990) ; Ch. E. Reagan, *Studies in the Philosophy of Paul Ricoeur*(Athens(Ohio), 1978) 등 참조.
44) P. 리쾨르, 『악의 상징』, 양명수 옮김(문학과지성사, 1995).
45) 데이비드 폰타나, 『상징의 비밀』, 최승자 옮김(문학동네, 1998), 8쪽.

말로 결론을 삼을 수 있을 것 같다. 법상징학에 접근하면서 상징이 무엇인가를 서론적으로 대충 알면 족한 것이지 상징학에서의 복잡한 이론을 소화하는 일은 또 하나의 다른 과제라 할 것이다. 그리고 여기에서 상징의 의미를 규명하려고 하다 보니 개념, 기호, 은유, 우의 등과 구별을 강조하게 되었지만, 사실 현실 속에서 이러한 개념들이 명확히 구별되어 사용되기보다는 복합적으로 두루뭉실하게 사용되는 경우가 훨씬 많다고 하겠다. 상징에 대한 강조가 개념과 현실의 이분법적(二分法的) 사고같이 오해되어서는 안 될 것이다. 오히려 상징은 개념과 현실 속에 깊이 내재해 있는 것이요, 그 속에서 살아 활동할 때 그 존재 가치가 드러나는 것이라 하겠다.

제 2 장 법상징학의 위치와 방법

 법상징학이라는 새로운 장르가 학문적으로 어떤 위치를 차지하며, 그에 대하여 어떠한 방법론으로 접근하고, 그것은 어떤 자료를 기초로 하는가에 대하여 대체적으로 검토해 볼 필요가 있다.

1 법상징학의 위치

 법상징학은 학문적으로 어떤 위치에 놓이는가? 그 번지수를 안다 할까 〈자리매김〉을 하는 것이 법상징학 연구의 첫번째 과제라 할 것이다. 법상징학은 말할 필요도 없이 고도의 종합 과학적 성격을 띠는 분야이기 때문에 더욱 그 위상에 관하여 확인 작업이 필요하다. 우리는 틸리히 P. Tillich가 말한 대로 서로 다른 것과의 경계선 Grenze에서 가장 명민한 인식을 가질 수 있는 것이다.[1]

---

1) Paul Tillich, *Auf der Grenze*, 5 Aufl.(Stuttgart, 1971), 13쪽. P. Tillich에 관하여는 Richard Grigg, *Symbol and Empowerment: Paul Tillich's Post-theistic System*(Macon, 1985).

(1) 법철학과 법상징학

법철학(legal philosophy, jurisprudence, Rechtsphilosophie)은 철학적으로 법의 본질, 목적, 효력 등을 규명하려는 학문 분야이다.[2] 법철학이 법학의 한 분야이냐 철학의 한 분야이냐에 관하여 각각 주장이 있지만, 법을 철학적으로 설명한다는 점에서 법학과 철학의 종합 과학인 점은 부인할 수 없다. 그런데 철학 Philosophie이라는 것은 따지고 보면 상당히 광범위하고 막연한 개념이기 때문에, 존재론 Ontologie, 인식론 Epistemologie, 형이상학 Metaphysik 이외에 윤리학 Ethik, 미학 Aesthetik은 따로 분화되어 발전되고 있다. 이와 같이 법철학도 법윤리학 Rechtsethik과 법미학 Rechtsaesthetik을 분화시킬 수 있는데, 국내에서는 이처럼 세분화되어 대학에서 강의되지는 못하고 있는 실정이다.[3] 다만 외국의 연구 세계에서는 이러한 전문화의 방향으로 나아가 적지 않은 책과 논문들이 나오고 있다.

그럼에도 불구하고 법상징학은 법철학과 밀접한 내면적 연관성을 갖고 있다. 상징 symbol 이라는 것이 이미 철학적으로 중요한 용어이고, 상징론에 관한 이론은 철학을 빼고 불가능할 것이다. 더구나 상징을 언어 상징의 방향으로 이해한다면, 기호학 Semiotik을 비롯하여 언어철학 Sprachphilosophie, 논리학 Logik 등과 관련하여 끝없는 연구 분야를 이루어 나갈 수 있을 것이다.[4] 그렇지만 법철학에 너무 과중한 책임을 지우는 것도 학문의 전문화적 발전을 저해하는 것이므로 법윤리학, 법미학과 함께 법상징학도 가능한 한 독자적으로 연구해 봄직하다고 생각된다. 법철학이 사변적으로 되기 쉬운 위험성을 법상징학은 가시적

---

2) 심헌섭, 『법철학』 I(법문사, 1982).
3) 다만 서울법대에서 〈법과 윤리〉가 강의되고 있다. 최종고, 『법과 윤리』(경세원, 2000 증보판) 참조.
4) D. M. 라스무센, 『상징과 해석』, 장석만 옮김(서광사, 1991) 참조.

인 도상(圖像)을 써서 방지할 수도 있을 것이다. 법철학자 라드브루흐 G. Radbruch가 도상에 기초한 법철학을 새로 저술하려고 했던 것은 매우 시사하는 바 있다.[5] 그리고 미국에서 〈법과 경제 Law and Economics〉 혹은 〈법의 경제적 분석 economic analysis of law〉의 연구 방법에 대항하여 〈법과 문학 law and literature〉 운동이 대두되어 인문학으로서의 법학을 강조하고 있는 것도 눈여겨볼 만하다.[6]

(2) 법미학과 법상징학

법철학보다도 법미학 Rechtsaesthetik은 더욱 세분화된 전문 분야인데, 사실 지금까지 법미학은 크게 주목받아 오지 못하였다.[7] 일반적으로 생각하면 가장 합리와 논리, 개념을 중요시하는 법학이 아름다운 것, 정서적인 것을 추구하는 미학과 관련하게 된다는 것은 납득하기 어려운 점도 없지 않다. 그러나 그렇게만 생각한다면 다시 〈개념법학〉화할 위험이 있고, 법과 정의도 정서와 감정을 함께 가진 인간과 문화에 관한 사항이라는 사실을 알면 긴 설명을 할 필요도 없이 법미학의 가능성과 중요성을 깨닫게 될 것이다. 아름다움을 무시하는 것이 과연 정의인가 하는 물음을 던져 보면 법미학의 연구가 필요함을 절감하게 될 것이다. 예컨대 서양에서는 독일의 라드브루흐가,[8] 동양에서는 중국의

---

5) G. Radbruch, *Briefe II, Gesamtausgabe*(1995), 200쪽.
6) 자세히는 강진철, 「법과 문학」, 『현대사회와 법의 발달』, 양승두 교수 회갑기념논집(홍문사, 1994) ; R. Posner, *Law and Literature*, 1988; 안경환, 『법과 문학 사이』(까치, 1995) ; James B. White, "What can a Lawyer Learn from Literature," *Harvard Law Review*, vol. 102, 1989.
7) 최종고, 『법과 미술』(시공사, 1995) ; 최종고, 「법과 미술의 만남」, ≪미술세계≫ 1994년 8, 9월호.
8) G. 라드브루흐, 『법철학』, 최종고 옮김(삼영사, 1975), 151-155쪽; G. 라드브루흐, 『도미에의 사법풍자화』, 최종고 옮김(열화당, 1994); 최종고, 『G. 라드브루흐 연구』(박영사, 1995).

우칭슝(吳經熊, John C. H. Wu)이 이 방면에 선각적 안목으로 길을 터 놓았다.[9]

법미학은 미학적 이론으로 법적 미를 설명하는 방향으로 들어가는 데에 비해, 법상징학은 그런 이론틀에서 자유롭게 각종 자료와 방법으로 법의 상징을 추구한다는 점에서 차이가 난다고 하겠다. 특히 본서에서 법상징학을 법미학의 이론보다는 가시적, 조형적 상징물과 관련하여 설명하려고 하기 때문에 더욱 그 차이를 느낄 수 있을 것이다. 그렇지만 앞서 말한 대로 법상징학은 기본적으로 법과 정의(正義)를 넓은 의미의 아름다움에 봉사한다는 뜻에서 추구하기 때문에 법미학과 밀접한 내면적 관련이 있다고 하겠다.

(3) 법사학과 법상징학

지금까지 법상징학의 분야에 주도적 역할을 해 온 학자들은 대부분 법사학자(法史學者)들이었다. 사실 철학, 법학, 신학 등이 각각 중요하지만 역사 속에 모두 포함된다고 할 수 있고, 법학의 모든 분야는 결국 법사학 Rechtsgeschichte에서 축적된다고 할 수 있다. 따라서 법사학의 영역에서 문자와 회화 및 기타 가시적 자료들을 통하여 다양한 법상징에 관한 연구를 할 수 있는 것은 자연스런 일이다. 독일의 고법서 『작센슈피겔 *Sachsenspiegel*』에서 그 좋은 예를 보듯이 법사학적 자료에서 많은 법상징을 추출해 낼 수 있다.

그러나 법상징학은 이러한 과거의 법사학적 자료에만 국한되는 것은 아니고, 법상징이라는 관점에서 오늘날 그리고 미래를 향하여 새롭고 풍부한 자료를 창출해 나아갈 수도 있을 것이다. 이런 의미에서 법

---

9) 우칭슝, 『정의의 원천』, 서돈각 옮김(박영사, 1978); 최종고, 『위대한 법사상가들』 II(학연사, 1992), 405-462쪽.

상징학은 법사학의 배경을 가지면서 선도해 나가는 기능을 갖는다고 할 것이다.[10]

(4) 법도상학과 법상징학

법도상학 Rechtsikonographie이란 법과 정의에 관한 도상 icon, 즉 그림과 조각을 연구하는 분야이다. 그 속에 상징과 우의 Allegorie, 풍자 Karikatur 등 여러 가지가 들어 있기 때문에 어떤 면에서는 법상징학과 일치되는 부분도 상당히 크다고 할 수 있다. 서양에는 법상징학회는 없지만 유럽 법도상학회 Europäisches Seminar für Rechtsikonographie와 국제 법기호학회 International Association for Legal Semiotics가 있다.[11] 본 연구에서 도상학을 중요시하여 서술하겠지만, 반드시 상징학이 도상학에만 국한되는 것은 아니다.

2 법상징학의 자료

법상징학은 법을 상징하는 일체의 유형, 무형의 자료를 포괄하여 연구하는 학문이다. 따라서 그에 관한 자료는 어떤 특정한 구획 설정이 불가능하도록 법을 상징하는 모든 자료에 해당된다. 그것은 물론 법에 관한 자료만이 아니라 심지어 동화, 전설, 만화, 문학, 역사, 종교 등 무제한적이며, 그 속에서 법과 정의를 상징하는 것이라면 아무것이나 수집하면 되는 것이다. 그럼에도 불구하고 지금까지 이 분야에 관하여

---

10) A. Erler, Rechtssymbolik, *Handwörterbuch zur Deutschen Rechtsgeschichte*(이하 *HRG*로 약칭), Bd. 4, 1986, 381-384쪽.
11) 1995년 프랑스 보르도 대학에서 열린 국제법기호학회 International Association of Legal Semiotics의 주제는 〈Images of Justice〉였다.

연구한 학자들의 연구 성과에 따르면 다음과 같은 자료들을 일차적으로 지적할 수 있다.

(1) 법전과 법서

오늘날의 법전(code, Gesetzbuch)은 그림 하나 들어 있지 않고 활자로만 되어 있으며 고도의 추상적인 법 개념들을 사용한 〈가장 무미건조한〉 책으로 되어 있다. 그러나 옛날의 법전들은 유명한 『작센슈피겔』에서 보듯 그림을 곁들였을 뿐만 아니라 그 표현에도 상당히 풍부한 상징성과 교훈성, 가시성이 들어 있었다. 그래서 라드브루흐는 법전의 용어만 분석해도 그 법전이 발달한 정도를 파악할 수 있다고 하였다.[12] 발달 여부는 차치하고 어쨌든 법전과 법서 속에 나타난 상징성을 찾는 일이 법상징학의 중요한 과제임은 두말할 필요가 없다.

(2) 정의화와 형벌도

서양에서는 동양에 비해 자연에 못지않게 인간의 인물과 활동상을 회화와 조각에 담아 왔다. 그 가운데 법과 정의를 상징하는 회화를 정의화 Gerechtigkeitsbild라고 부르고, 형벌에 관한 회화를 형벌도 Strafbild라 한다. 형벌은 동서양을 막론하고 인간 생활의 질서를 지키는 일이기 때문에 우리 나라를 포함하여 각국에 형벌도들이 있다.[13] 그러나 정의화는 상당히 추상적인 정의 관념을 상징하는 독특한 이름이기 때문에 서양에서만 발달하였고, 동양의 정의화 내지 정의상(正義像)은 서양적 법 관념 내지 정의 관념과 전혀 다른 전통으로 발달해 왔다. 이

---

12) G. 라드브루흐, 『법철학』, 최종고 옮김(삼영사, 1975), 152-153쪽.
13) Wolfgang Schild, *Alte Gerichtsbarkeit*(München, 1980) ; 최종고, 「미술로 본 형벌(형벌도)」, 『법과 미술』(시공사, 1995), 155-170쪽.

러한 것을 지금까지 전혀 조명해 보지 못하였는데, 이제 법상징학의 분야에서 동서양 비교 법문화론의 관점에서 이를 수집하고 체계화할 학문적 지평을 확보하게 되었다. 이를 다른 이름으로 부르면 법도상학에 해당함은 위의 설명에서 보았다.

(3) 우화와 풍자

법률가는 예언자들의 무덤을 파는 족속이라는 예수 Jesus의 표현을 빌리지 않더라도 대부분 그 시대의 법률을 이용하여 이익을 챙기는 〈법률 상인 law merchant〉 내지 〈법 기술자 legal technician〉들이라 할 수 있다. 이러한 법률가의 생리를 예술가들은 예리하게 관찰하고 문학과 미술의 형식으로 적절히 표현한다. 그 중에 가장 대표적인 장르가 우화와 풍자화라 할 수 있다. 도미에 H. Daumier의 사법풍자화와 루오 G. Roualt, 벤 샨 Ben Shahn의 그림은 법과 정의의 본질을 극명하게 보여주는 것이다. 법문화가 발달한 연륜이 깊어질수록 법률가와 예술인, 언론인들이 각종 형식으로 법에 대하여 표현하는 퇴적물들이 많이 생긴다. 여기에서 법상징학은 다양하고 풍부하게 발전될 수 있다.

3 본서의 방법

한국에서뿐만 아니라 전세계적으로 〈법상징학〉이라는 제목을 붙여 단행본 연구서로 쓰는 최초의 책인 본서에 대하여 방법론을 얘기하자면, 우선 어떠한 기존의 체제도 없다는 사실에서부터 출발한다. 그 동안 서양에서 이루어진 법상징학 연구는 독일에서는 주로 법사학(法史學)의 한 분야로 행해졌고, 최근 영미 법학계에서는 법철학과 관련지으면서 방법론이 아직 형성되지 않은 것처럼 보인다. 저자는 이러한 외국 학계의 동향을 관찰하면서, 나름대로 종합하여 체계화를 시도해 보려고 한다. 법사학과 법철학, 나아가 법사회학과 법인류학 등 방법론이 다른 분야들을 종합한다는 것이 말처럼 쉬운 일은 아니지만, 학제적 interdisciplinary 연구로서의 구성과 체계화를 시도해 보고자 하는 것이다.

왜 이러한 시도를 하느냐에 대하여는 위에서도 잠시 언급하였지만, 법이라는 것이 과연 무엇인가에 대해 더욱 근본적으로 총체적으로 접근할 필요가 있다는 생각에서이다. 그 동안 법철학에서는 법을 너무 추상적인 개념과 논리로만 설명하려 하였고, 법사학이나 법사회학, 법인류학에서는 법을 너무 사실로만 파악하려 하였다는 점을 지적하지 않을 수 없다. 저자는 법을 바르게 파악하려면 법의 규범적 면과 사실적 면을 잘 종합하여야 한다고 생각한다. 법상징학은, 상징이라는 말을 또 하나의 추상적 개념으로 받아들일 수도 있지만, 그것이 지나치게 언어적 상징으로 이해되지 않는 한 가시적이고 사실적인 소재 속에 이념과 규범이 담기는 종합태가 될 수 있다고 생각한다. 라드브루흐는 즐겨 〈이념의 소재 규정성 Stoffbestimmtheit der Idee〉이라는 말을 하였는데,[14] 법이념, 정의도 문화와 민족, 국가의 소재 stoff 에 따라 달리 표현될 수 있다는 것이 법상징학의 출발점이라고 할 수 있다. 그래서 굳이 방법론을 서양 법학계의 흐름과 관련하여 이름붙이자면, 법을 법이념에 봉사하는 의미 있는 실제 die Wirklichkeit, die den Sinn hat, der Rechtsidee zu dienen라 정의한 라드브루흐처럼 일종의 문화법철학 Kulturrechtsphilophie 내지 문화의 법철학 Rechsphilosophie der Kultur의 일환이라 할 것이다.[15]

이렇게 본다면 저자가 구상하는 법상징학의 지평은 한편으로는 법철학, 법사학, 법사회학, 법인류학 등의 분야들을 연결시키면서 다른

---

14) G. 라드브루흐, 앞의 책, 37쪽.
15) 같은 책, 62쪽.

한편으로는 역사학, 철학, 미술사 등 다른 분야들까지도 접촉하는 광범위한 연구 과제라고 할 수 있다. 그렇지만 한 장르를 구축한다는 것은 언제나 다른 분야에서의 연구들을 원용하지 않으면 안 되는 것이다. 모든 연구는 다른 연구의 보조 수단이 될 수 있고, 또 그래야만 학문이 함께 발전해 나갈 수 있다고 믿는다.

법상징학의 고유한 방법론이 무엇이냐는 물음에 대해 저자는 독일의 헌법사가 후버 E. Huber 교수가 자신의 헌법사의 방법론을 따지는 학자들에게 대답했다는 다음과 같은 말을 떠올린다. 〈천 개의 다리를 가진 곤충 Tausendfüßler의 다리는 각각 놀지만 가는 곳은 있다.〉[16] 그 가는 곳이란 어디일까? 궁극적으로 법이란 무엇인가를 찾는 것이다. 우리가 법철학이니 법사학이니 법사회학이니 이름을 붙이고 〈연구〉하는 것은 모두 궁극적으로 법이란 무엇인가를 찾고 설명하자는 노력이고 몸부림이다. 본서는 〈상징〉에 의존하여 법을 찾아나서는 또 하나의 지적 모험이다.

---

16) 1979년 Ernst Rudolf Huber 교수 댁에서 저자에게 들려 준 말. 최종고, 『법사(法史)와 법사상(法思想)』(박영사, 1980), 67쪽 참조.

제 3 장 법상징학의 발전

 법상징학은 생각보다 상당히 오래 전부터 배태되었다. 법학과 상징학을 연결시켜 법상징학으로 표현하기 이전부터 법학에서 여러 상징과 기호들이 사용되었다. 오늘날 의미의 상징학 Symbolik은 대체로 유럽에서는 낭만주의 Romantik에서 출발한 것으로 지적된다.[1] 낭만주의의 본질은 과거 지나간 것들에서 아름다움을 찾고 의미를 형성시키는 것인데, 지난 것의 의미는 상징으로 부각되기 쉬운 것이다. 낭만주의의 법학적 표현이라 할 수 있는 역사법학파 Historische Rechtschule에서 제자 그림 J. Grimm이 『법에 있어서 시 *Von der Poesie im Recht*』(1816)를 낸 것이나 기르케 O. von Gierke 같은 학자가 『독일 법에 있어서 유머 *Der Humor im Deutschen Recht*』(1871) 같은 책을 낸 것이 그 예라 할 것이다. 바코펜 J. Bachofen, 클라게스 Klages, 프로이트 S. Freud, 융 C. Jung, 아들러 A. Adler 등은 정신 세계에서 상징이라는 새로운 차원을 전개시켰다. 그러나 이들 이전에 이미 괴테 J. von Goethe는 상징에 대하여 다음과 같이 독특한 정의를 내린 바 있다. 〈상징은 사물이 되지 않고 사물

---

1) A. Erler, Rechtssymbolik, *HRG*, Bd. 4(1986), 381-384쪽.

이다. 그리고 정신적 거울에 연결된 형상이며, 대상과 동일한 것이다
Das Symbol ist die Sache, ohne die Sache zu sein, und doch die Sache,
ein im geistigen Spiegel zusammengezogenes Bild und doch mit dem
Gegenstand identisch〉.[2]

이러한 상징의 관념을 법에 연결시켜 법상징으로 표현한 것은 어디에서 출발한 것일까? 야콥 그림 Jakob Grimm은 아직도 이 단어를 알지 못했던 것처럼 보인다. 그는 〈고유한 법의 감각적 요소들 sinnliche Elemente des einheimischen Rechts〉이라는 표현을 그의 유명한 『법고사학 *Rechtsaltertümer*』에서 여러 번 사용하였다.[3] 법상징학이란 말은 20세기에 들어서면서 사용되기 시작하였다. 아래에서 그 중요한 연구자들의 순서대로 법상징학의 발전 과정을 살펴보려 한다.

1 아미라

카를 폰 아미라(Karl von Amira, 1848-1930)는 1848년 3월 8일 독일 아샤펜부르크 Aschaffenburg에서 태어났다. 그의 아버지는 뮌헨의 판사였다. 1867년에 고등학교를 졸업하고, 1871년에 뮌헨 대학에서 법학을 공부하여 졸업하고 국가 시험에 합격하였으나 역사적 관심으로 교수가 되기 위해 북게르만법의 권위인 콘라트 폰 마우러 Konrad von Maurer 교수의 제자가 되었다. 1873년에 「고대 노르웨이의 강제 집행 절차」로 법학 박사 학위를 받았고, 1874년에는 「고대 저지 독일법에 있어서 상속 순위와 친족 구성」으로 교수 자격을 얻었다. 1875년에 프라이부르

---

2) 같은 책, 381쪽에서 재인용. 괴테와 상징에 관해서는 Christoph Jost, *Das Ich als Symbol: Überlegungen zum Kunstcharakter von Goethes-kleineren autographischen Schriften*(Frankfurt, 1990).
3) 같은 책, 382쪽.

크 대학 교수가 되어 1892년까지 머물렀다. 1892년의 뮌헨 대학 교수로 옮겨 거기에서 은퇴하고, 1930년 6월 22일 뮌헨에서 사망하였다. 게르마니스텐에 속하는 그는 북게르만법을 엄격한 문헌학적 기초에 의하여 재구성하고, 법제사와 일반 문화사와의 연결을 강조하였다. 법고고학 Rechtsarchäologie의 장르를 개척하였고, 특히 채무 Schuld와 책임 Obligation의 연구에서 두 개념의 구별을 처음으로 명백히 하였다. 저서로『게르만법사의 목적과 수단 Über Zweck und Mittel der germanischen Rechtsgeschichte』(1876),『북게르만 채무법 Nordgerma-nisches Obligationsrecht』(2 Bde., 1882-1896),『게르만법 강요 Grundriß des germanischen Rechts』(1913) 등이 있다.[4] 독일에서의 법사학과 법상징학의 밀착성을 기초 놓은 학자라 하겠다.

2 퀸스베르크

에버하르트 프라이헤르 폰 퀸스베르크 Eberhard Frh. von Künßberg는 1811년 2월 28일 오스트리아의 포르히 Porchy에서 태어났다. 빈 대학에서 법학을 공부하고 뮌헨 대학으로 옮겨 아미라의 강의를 듣고 많은 영향을 받았다. 슈뢰더 R. Schröder의 초청으로 하이델베르크의『독일법률용어사전 Deutsches Rechtswörterbuch』의 편찬에 참여하였으며, 1917년에 슈뢰더가 사망하자 그 책임을 맡게 되었다. 1910년에 법제사로 교수 자격을 얻었다. 1924년부터 하이델베르크 학술원, 1928년부터 프로이센 학술원의 교수가 되었다. 그가 죽을 때까지 세 권의『독일법률용어사전』이 편찬되었고, 슈뢰더의『독일 법제사 Deutsche Rechtsgeschichte』교과서를 계속 개정 출판하였다. 퀸스베르크의 저작은 법 언어, 법고고

---

4) G. Schubart-Fikentscher, Karl von Amira, HRG, Bd. 1(1971), 146-148쪽.

학, 민속학 등과 깊이 관련되어 있었다. 마르부르크를 중심으로 하는 독일 언어 지도 deutsche Sprachatlas의 편찬에 참여하였고, 그 50주년 기념식에서는 법언어지리학 Rechtssprachgeographie을 강연하기도 하였다. 그는 오늘날도 언어학자들 사이에서 경청하는 법언어지리학 Rechtswörtergeographie 창시자이다. 특히 법제사와 민속학의 연관성을 강조하여 그가 이룩한 법민속학 rechtliche Volkskunde의 기초는 그 후 바더 K. Bader, 메르츠바허 F. Merzbacher, 발틀 H. Baltl, 크라머 K. Kramer 등에 의해 계승되었다. 그의 학문적 업적은 비교문화학 vergleichende Kulturwissenschaft의 배경을 갖고 있고, 그의 법사학은 다인적(多因的) 고찰 방법 polykausale Betrachtungsweise에 근거하였다. 법은 사회 생활의 다양한 현상 형태로 경제와 문화와 연결된 것으로 보았다. 1934년에는 『작센슈피겔 Sachsenspiegel』을 편집해 내기도 하였다.[5]

3 슈뢰더

리하르트 슈뢰더 Richard Schröder는 1838년 6월 19일 트렙토우 Treptew에서 판사의 아들로 태어났다. 베를린 대학에서 법학을 배우고 1861년에 「중세에서의 혼인 재산법」으로 박사 학위를 받았다. 본 대학에서 교수 자격을 얻고 1866년에 교수로 임명되었다. 뷔르츠부르크 대학에서 단 F. Dahn 교수의 후임이 되었고, 1882년에 슈트라스부르크 대학, 1885년에 괴팅겐 대학에 있다가, 1888년에 하이델베르크 대학으로 옮겨 평생 이곳에서 지내다가 1917년 1월 3일 그곳에서 사망하였다. 하이델베르크 학술원, 뮌헨 학술원, 암스테르담 학술원의 회원이었다.

---

5) R. Schmidt-Wiegand, Eberhard Fhr. von Künßberg, *HRG*, Bd. 2, 1975, 1264-1267 쪽.

무엇보다 그의 『독일 법제사 교과서 Lehrbuch der Deutschen Rechtsgeschichte』(1884)가 유명하여 1905년까지 5판을 거듭하였고 6판 이후부터 퀸스베르크가 공저 형태로 개정하였다.

법상징학과 관련하여서는 몇 가지 중요한 논문을 발표하였는데, 「독일 왕 선출의 역사 Zur Geschichte der deutschen Königeswahl」(1881), 「마르쿠스 기둥에 새긴 게르만 법상징 Germanische Rechtssymbolik auf der Marcussäule」(1903), 「키일 항구에서의 소유권 Das Eigentum am Kieler Hafen」(1905) 등이 그것이다. 이들에 대한 평가는 『독일 법제사 사전 HRG』에 에를러 A. Erler 교수가 쓴 항목에 자세히 서술되어 있다.[6]

4 페르

한스 페르 Hans Fehr는 1874년 9월 9일 스위스에서 태어났다. 베른 대학에서 법학을 공부하고 「상트 갈렌 St. Gallen에서의 국가와 교회의 관계」로 법학 박사 학위를 받았다. 1904년에는 라이프치히 대학의 조옴 R. Sohm에게서 교수 자격을 얻고 1907년에 예나 대학에 독일 법제사 교수로 취임하였다. 그 후 할레 대학, 하이델베르크 대학으로 옮겼다가, 1924년부터 베른 대학 교수로 머물렀다. 1961년 11월 21일 베른에서 사망하였다. 그는 『독일 법제사 Deutsche Rechtsgeschichte』(1921), 『그림 속의 법 Das Recht im Bilde』(1923), 『법과 현실 Recht und Wirklichkeit』(1972), 『법에서의 시 Die Dichtung im Recht』(1937), 『법에서의 비극 Die Tragik im Recht』(1946) 등 많은 저술을 남겼다.

그는 법사가이면서 미술과 시에 조예가 깊은 향취 높은 저술들을 많이 발표하였다. 특히 『그림 속의 법』은 1920년대 초반에 이미 호화

---

6) A. Erler, Richard Schröder, HRG, Bd. 4(1986), SS. 1503-1550쪽.

로운 그림과 상징이 풍부하게 포함된 저술로서 법상징학 내지 법미술학의 지평을 선구적으로 높여 주었다. 이 저서는 오늘날까지도 이 방면의 연구자에게 필독의 서적으로 애독되며 본 연구에도 많이 참고되고 있다.[7]

5 라드브루흐

우리에게 법철학자로 알려진 구스타프 라드브루흐 Gustav Radbruch는 법상징학 내지 법미학 Rechtsaesthetik의 발전에도 크게 기여했다. 우선 그가 법은 〈법 이념에 봉사하는 의미 있는 실제 die Wirklichkeit, die den Sinn hat, der Rechtsidee zu dienen〉[8]라 파악하고 문화 관계적 개념으로 일종의 문화법철학을 수립하는 데에서 근본적으로 나타난다. 이런 면에서 그는 같은 신칸트주의 철학에서 출발하였지만, 켈젠 H. Kelsen과는 사뭇 다른 취향의 법철학을 수립했던 것이다.[9] 그는 1878년 11월 21일 뤼벡에서 태어나 뮌헨, 라이프치히, 베를린에서 법학과 철학을 공부하고 1902년에 하이델베르크 대학에서 박사 학위와 교수 자격을 취득하였다. 1910년에 낸 『법학 입문 Einführung in die Rechtswissenschaft』과 1914년에 낸 『법철학 강요 Grundzüge der Rechtsphilosophie』에서 이미 법을 문화철학적으로 파악하였는데, 이러한 가치 관계적 법 이해는 매우 상징성을 포함한 것이다. 1914년부터 쾨니히스베르크 대학, 1919년부터 키일 대학에서 가르치다가 1921년과 1923년 사이에는 바이

---

7) 필자는 1995년에 Heidelberg 대학의 Universitätsarchiv에 소장된 Hans Fehr-Nachlaß를 검토한 바 있다.
8) G. 라드브루흐, 『법철학』, 최종고 옮김(삼영사, 1975), 62쪽.
9) 최종고, 『법사상사』(박영사, 1997), 329-334쪽; 『G. 라드브루흐 연구』(박영사, 1995).

마르 공화국의 에베르트 Friedrich Ebert 대통령 아래서 두 번 법무부 장관을 지냈다. 그런 가운데에서도 사형을 폐지한 이른바 라드브루흐 형법 초안(1922년)과 『사회주의의 문화 이론 Kurturlehre des Sozialismus』(1992)을 저술하였다. 1926년 하이델베르크 대학 교수로 초빙되어 법철학과 형법을 강의하면서 1932년에는 『법철학 강요』를 전면 개정하여 제3판을 『법철학 Rechtsphilosophie』이라는 새 이름으로 출간하였다. 나치 정권의 수립과 함께 1933년 교수직에서 추방되어 12년간의 어려운 시기를 지나, 1945년에 히틀러 정권의 패망과 함께 교수로 복직하여 하이델베르크 대학의 법과 대학장직에 취임하였다. 1948년에 은퇴하여 만년의 지복을 누리다 1949년 11월 23일 사망하였다.

그의 수많은 저작은 법철학과 법학 방법론에서 시작되어 형법학, 범죄학, 형법사를 포함하여 정치, 종교, 미술사, 문화사의 여러 분야에 광범위하게 미치고 있다.[10] 『형법 강화 Elegantiae Juris Criminalis』(1938), 『인격과 사상 Gestalten und Gedanken』(1945), 『영국법의 정신 Der Geist des englischen Rechts』(1947, 손주찬 역), 『법철학 입문 Vorschule der Rechtsphilosophie』(1948, 서돈각 역) 그리고 자서전 『마음의 길 Der innere Weg』(1951, 최종고 역), 『법지혜의 잠언 Aphorismen zur Rechtsweisheit』(1963, 최종고 역) 등이 있고, 특히 미술과 법상징에 관하여 뜻있는 저술로는 그의 딸 레나테 Renate가 미술사를 전공하여 박사 논문으로 쓰다가 알프스 산에서 추락하여 중단된 것을 아버지가 계속 써 출판한 『미술로 본 중세와 근세 사이의 독일 농민의 지위 Der

---

10) 독일에서는 1987년부터 『라드브루흐 전집 Gesamtausgabe』이 카우프만 A. Kaufmann 교수의 기획으로 총 20권으로 출간 중에 있다. 이에 관한 평가로는 A. Hollerbach 교수의 매권 출간될 때마다의 서평이 있다. 특히 제5권 *Literatur und Kunsthistorische Schriften*, bearbeitet von Hermann Klenner(1997)에 관한 A. Hollerbach의 서평 Rezension, *Juristische Rundschau*, 1998, H. 10, S.(439)가 크게 참고된다.

Detusche Bauerstand zwischen Mittelalter und Neuzeit』와 프랑스의 화가 도미에 H. Daumier의 풍자화를 해설한 『사법의 풍자화 *Karikaturen der Justiz*』(최종고 역)가 있다. 라드브루흐는 만년에 알시아투스 A. Alciatus 의 엠블럼에 기초한 〈그림으로 된 법철학 Rechtsphilosophie aus Bildern〉 을 저술하려는 계획을 가졌으나 이루지 못했다. 라드브루흐는 그의 『법철학』에서 특별히 〈법의 미학〉이라는 독립된 장을 설정하고, 법은 조형 예술을 이용하여 표현될 수 있다고 강조하였다. 아마도 법상징학 을 법철학 내지 법학 방법론으로 기초 놓는 데에 가장 중요한 역할을 한 학자라 할 것이다.[11]

6 미타이스

하인리히 미타이스 Heinrich Mitteis는 1889년 11월 26일에 독일에서 로마 법 교수 루드비히 미타이스 Ludwig Mitteis의 아들로 태어났다. 1912년 라이프치히 대학을 졸업하고, 이듬해 동 대학에서 법학 박사 학위를 받았다. 제1차 대전이 발발하자 만 4년간 군에 복무하였다. 이 때까지 음악과 법학의 어느 것을 천직으로 삼을까 망설였는데, 전쟁과 잔혹하고도 〈비예술가적〉 세태가 법학을 택하도록 결심하게 하였다. 1919년에 페르의 지도 아래 할레 대학에서 교수 자격을 얻었다. 1920 년 쾰른 대학 교수가 되었고, 1924년에 스승 페르의 후임으로 하이델 베르크 대학 교수가 되었다. 1933년 나치가 등장하여 11월에 법과 대 학장직에서 파면되었으나 여러 인사의 도움으로 바이얼레 K. Beyerle의 후임으로 뮌헨 대학 교수로 옮겼다. 그러나 거기서도 견디지 못하여 감시가 엄한 독일을 떠나 1935년에 볼텔리니 H. Voltelini의 후임으로 오

---

11) 총체적으로는 최종고, 『G. 라드브루흐 연구』(박영사, 1995).

스트리아 빈 대학으로 옮겼다. 1938년에 오스트리아도 독일 제국에 합병되자 그에게 보호 구금의 처분이 내려졌다. 나치 정부는 〈입막기작전 Mundtotmachung〉으로 그를 조그만 로스토크 대학 교수로 좌천시켰다. 그는 독일이 패전할 때까지 이곳에서 조용히 보냈다. 전쟁이 끝나자 1946년 잠시 베를린 대학으로 갔다가 프랑크푸르트 대학, 하이델베르크 대학, 괴팅겐 대학, 튀빙겐 대학 및 빈 대학으로부터의 초빙을 거절하고, 1948년 4월에 다시 뮌헨 대학 교수로 옮겼다. 이때부터 6년간 남은 힘을 다하여 연구에 전력하였다. 법제사가로서 자연법론을 강력히 주장하는 법철학자로서의 면모를 더하여 많은 청년 대학생들에게 감명을 주었다. 1947년부터 ≪사비니 법학지 Savigny-Zeitschrift≫의 편집 대표자로서 독일 법사학계를 위하여 헌신적으로 노력하였다. 바이에른 아카데미 회원으로서, 1950년부터는 그 원장으로서 단지 법사학계만이 아니라 문화, 학술 전반에 걸쳐 대단한 기여를 하였다. 1952년 초에 스위스 취리히 대학의 초청에 의하여 그곳으로 옮겼지만, 학계의 중심에서 떨어져서는 자기의 힘을 모을 수 없다고 생각하여 동년 여름학기부터 다시 뮌헨 대학으로 돌아왔다. 수주간을 뮌헨에서 보낸 그는 강연 도중 쇠약의 증세가 발단하여 몇 주 앓다가 1952년 7월 23일 63세로 사망하였다. 그의 묘는 뮌헨의 숲 공동묘지에 있다. 그의 저서로 『법사학의 존재 가치에 관하여 Vom Lebenswerte der Rechtsgeschichte』 (1947)[12] 및 『자연법론 Über das Naturrecht』(1948), 그의 논문들을 모은 『역사에서의 법 이념 Die Rechtsidee in der Geschichte』(1957)이 있다.[13] 1989년 11월 2일부터 3일까지 그의 탄생 100주년을 기념하는 추모 심포지엄이 뮌헨에서 개최되었다.[14]

---

12) H. 미타이스, 「법사학의 존재가치에 관하여」, 『위대한 법사상가들』 II, 최종고 옮김(학연사, 1985), 328-341쪽.
13) A. Erler, *Heinrich Mitteis, HRG*, Bd. 3(1984), 614-617쪽 ; 최종고, 하인리히 미타이스, 『위대한 법사상가들』II(학연사, 1985), 315-341쪽.

7 키쉬

구이도 키쉬 Guido Kisch는 1889년 1월 22일 프라그에서 유태인의 가계에서 태어났다. 1915년에 라이프치히 대학에서 교수 자격을 얻고, 1920년에 쾨니히스베르크 대학에서 시작하여 1922년에 할레 대학 교수가 되어 1933년까지 머물렀다. 그러나 나치의 유태인 박해가 시작되자 가족과 함께 미국으로 망명하여 1937년 뉴욕 에히브리 연합 대학을 설립하고 교수로 있었다. 1942년에서 1946년까지는 미국 노트르담 대학의 협력 교수로, 1949년에는 스웨덴의 룬트 대학 객원 교수로 있었다. 그 사이에 객원 강사로 강의한 곳은 1949년에 암스테르담·라이덴·우트레히트 대학, 1952년과 1960년 사이에는 프랑크푸르트·체루기아·빈·프라이부르크·뮌스터·마인츠·볼로냐·슈트라스부르크·브뤼셀·시에나·쾰른·취리히·토론토·바젤 대학 등이었다. 1959년 이후 미국 컬럼비아 대학의 명예 강사가 되었고, 미국 유태인 연구 아카데미 부원장(1953-1958) 등 명예직을 많이 지냈으며, 괴테상을 포함하여 수많은 상과 명예 학위를 받았다. 만년에는 스위스 바젤에 와서 살다가 1985년 12월에 사망하였다. 그는 독일 법제사, 유태인사 등에서 많은 업적을 내었는데, 특히 작센슈피겔 연구와 휴머니즘 법학 연구가 많이 알려져 있다. 저서 가운데 『작센슈피겔과 성경 Sachsenspiegel and Bible』(1941), 『중세 독일에서의 유태인 The Jews in medieval Germany』(1949), 『휴머니즘과 법학 Humanismus und Jurisprudenz』(1955), 『에라스무스와 그 시대의 법학 Erasmus und die Jurisprudenz seiner Zeit』(1960), 『대학과 유태인 Die Universitäten und die Juden』(1961), 『휴머니즘과 법학의 인물과 문제점 Gestalten und Probleme aus Humanismus und Jurisprudenz』(1968) 등 여러 저서가 있다. 1975년에는 자신의 자서전

---

14) Peter Landau, *Heinrich Mitteis nach Hundert Jahren 1889-1989* (München, 1991).

『한 법사가의 생로(生路) Der Lebensweg eines Rechtshistorikers』라는 책을 내어 자신의 풍부한 생애와 함께 법사학의 향취를 풍겨 주고 있다. 법상징학과 관련해서는 특히『메달 예술에서의 법과 정의 Recht und Gerechtigkeit in der Medaillenkunst』(1955)에서 메달에 새겨진 법과 정의, 그리고 법률가의 모습을 광범위하게 수집하여 분석하고 있다.

8 에를러

아달베르트 에를러 Adalbert Erler는 1904년 1월 1일 독일 키일에서 태어났다. 1928년에 그라이프스발트 대학에서 박사 학위를 받고, 1939년 프랑크푸르트 대학에서 사강사로 출발하여 1941년 슈트라스부르크 대학의 교수가 되었다. 1946년에 마인츠 대학으로 옮겼다가 1950년에 프랑크푸르트 대학 교수가 되어 계속 이곳에 있다가 1970년에 은퇴하였다. 독일 법제사, 교회법, 민법이 그의 전공 분야이다. 저서로『중세 도시에 있어서 민법과 조세 의무 Bürgerrecht und Steuerpflicht im mittelalterlichen Städtewesen』(1939),『알자스에서의 나폴레옹 정교 협약 Das napoleonische Konkordat im Elsaß』(1948),『중세 법 생활에서의 슈트라스부르크 성당 Das Straßburger Münster im Rechtsleben des Mittelalters』(1954) 등이 있고, 1964년부터『독일 법제사 사전 Hand-Wörterbuch zur Deutschen Rechtsgeschichte』을 편찬하는 데에 지도적 역할을 하였다. 그외에도『교회법 Kirchenrecht』(1965),『독일 법제사 자료집 Quellen zur Vorlesung Deutsche Rechtsgeschichte』(1959) 등 많은 저술을 하였다. 에를러는 특히 이 법제사 사전에 법상징학에 관한 여러 항목들을 맡아서 집필하였다. 1992년 4월 19일 사망하였다.[15]

---

15) 자세한 Nachruf는 Gerhard Dilcher, Adalbert Erler(1889-1989), *Zeitschrift der Savigny-Stiftung für Rechtsgeschichte*(GA), Bd. 110(1993), 680-692쪽.

9 뷔르텐베르거

토마스 뷔르텐베르거 Thomas Würtenberger는 1907년 10월 7일 스위스 취리히에서 화가의 아들로 태어났다. 1939년에 프라이부르크 대학 강사로 출발하여 1940년에 에를랑겐 대학 원외 교수가 되었다가 1942년에 교수가 되었다. 1946년에 마인츠 대학으로 옮겼다가 1955년에 프라이부르크 대학 교수로 부임하여 1973년에 은퇴하고서도 이곳에 머물러 있다. 형법과 형사학이 전공인 그는 1955년부터 1973년까지 동 대학 부설 형사학 및 행형학 연구소 Institut für Kriminologie und Strafvollzugskunde 소장을 지냈다. 아버지가 화가여서인지 그도 법과 예술, 특히 미술 위조 Kunstfälschertum에 관한 독특한 연구 성과를 내었다. 저서로『미술 위조 *Kunstfälschertum*』(1941),『독일 형법학의 정신적 상황 *Die geistige Situation der deutschen Strafrechtswissenschaft*』(1957),『사회적 법치 국가에서의 형사 정책 *Kriminapolitik im sozialen Rechtsstaat*』(1970),『뒤러: 예술가・법・정의 *A Dürer : Künstler, Recht, Gerechtigkeit*』(1971) 등이 있다. 1977년에 70세 기념 논집으로 증정받은『문화・범죄・형법 *Kultur, Kriminalität, Strafrecht*』에 생애에 관한 서술이 있다.

10 코허

게르노트 코허 Gernot Kocher는 현재 오스트리아의 그라츠 대학의 법제사 담당 교수로 법도상학 Rechtsikonographie 내지 법상징학을 학문적으로 체계화하고 이론화하는 중추적 역할을 하는 학자이다.『판고법(判告法) 절차에서의 판사와 법장(法杖) 전달 *Richter und Stabübergabe im Verfahren der Weistümer*』(1971),『오스트리아 법제사 *Oesterreichische*

Rechtsgeschichte』(1995), 『오스트리아와 독일 사법사 *Oesterreichische und deutsche Privatrechtsgeschichte*』(1978) 등 많은 저술을 내었고, 그의 근년의 저서 『법에서의 기호와 상징 *Symbole und Zeichen im Recht*』(1992)은 그의 다년간에 걸친 연구의 결정으로 법상징학의 분야를 독립된 연구 분야로 승격시키는 데에 결정적 역할을 하였다. 유럽 법도상학회를 창립하여 주도적 활동하고 있다.[16]

11 쉴트

볼프강 쉴트 Wolfgang Schild는 1946년에 오스트리아에서 태어났다. 빈 대학에서 법학과 철학을 공부하고 1968년에 박사 학위를 받았다. 뮌헨 대학의 카우프만 A. Kaufmann 교수에게서 1977년에 교수 자격을 얻었고, 현재 빌레펠트 대학에서 형법과 법철학의 담당 교수로 있다. 그는 현재 독일어권에서 법과 미술을 연결시켜 연구하는 법상징학 내지 법도상학에서 가장 정력적인 저술 활동을 하고 있다. 로텐부르크에 있는 형사 박물관 Kriminalmuseum에 지도적 조언자 역할을 하면서 그 해설서도 발간하였고, 『옛 사법 *Alte Gerichtsbarkeit*』(1980), 『유럽 미술사에 비친 법과 정의 *Recht und Gerechtigkeit im Spiegel der Europäischen Kunst*』(1988), 『법과 정의의 미술 *Bilder von Recht und Gerechtigkeit*』(1995) 등의 아름다운 저술들을 내어 놓았다. 음악 분야에도 조예가 깊어 특히 바그너 R. Wagner 연구가로도 인정을 받고 있으며, 실로 법과 미술과 음악을 연결시켜 법미학의 분야를 개척해 나가고 있다. 유럽 법도상학회에서도 중요한 역할을 하고 있다.[17]

---

16) 1996년 6월 16일 암스테르담 대학에서 열린 유럽 법도상학회에서 만났을 때 그라츠 대학에서 동양의 법상징학에 관한 강연을 해 달라고 초청하였다.
17) 1996년 6월 16일 암스테르담 대학에서 열린 유럽 법도상학회에서 만난 이후 그

12 위그모어

존 헨리 위그모어 John Henry Wigmore는 1863년 3월 3일 샌프란시스코에서 부유한 목재상의 아들로 태어났다. 엄격한 성공회 신도인 부모와는 달리, 종교적 양육에 반항하여 교회에는 나가지 않았으나 생활은 기독교적 규율과 도덕을 준수하는 것이었다. 하버드 로스쿨에서 홈즈 O. Holmes 등과 사귀었고, 로스쿨을 수석으로 졸업하였다. 1889년 일본 게이오 대학의 교수, 1893년 노스웨스턴 대학 교수가 되었고 그곳에서 1943년 4월 20일 죽을 때까지 50년 동안 머물렀다. 이 밖에도 그는 미국교수연합회 회장(1916), 육군 장교 등 다양한 분야에서 활동하며 많은 영예를 누렸다. 파운드 R. Pound 등 많은 법학자들이 그를 당대 최고의 법학자라고 부른 이유는 그의 많은 뛰어난 저술 활동(증거법, 비교법학, 불법행위법, 군대법, 국제법, 일본사, 항공법, 범죄학 등 다양한 분야에 걸친)에 기인한 것이다. 특히 『증거론 The Treatise on Evidence』 (1907-1915)은 발간 이후 현재까지도 그를 대체하거나 그와 비견할 만한 책이 안 나올 정도로 그 분야를 지배하고 있다. 이 외에도 『세계법 체계의 파노라마 A Panorama of the World's Legal Systems』(1928), 『정의의 만화경 A Kaleidoscope of Justice』(1941) 등에서 세계의 여러 국가와 법문화들을 섭렵하여 설명할 뿐 아니라 귀중한 법 도상과 법전들을 사진과 그림으로 실어 법상징학의 지평을 열어 주었다.[18] 1977년에 로울프 W. Roalfe에 의해 위그모어의 전기가 출간되었다.

의 연구 문헌 목록을 보내오는 등 교류를 계속하고 있다.
18) 특히 『정의의 만화경』에 나오는 세계의 문화권의 정의의 만화경도(漫畵鏡圖)는 그 구성이나 색채 배합이 매우 독창적이고 신기하다. 이미 고인이 되었기 때문에 왜 그런 디자인을 했는지 현재로서는 접근하기 힘들다. 그러나 필자는 법상징학에 관한 슬라이드 강연을 할 때마다 이 만화경도를 즐겨 사용한다. 이에 관하여는 최종고, 「정의의 만화경」, 『하버드 스토리』(고려원, 1989), 290-292쪽.

13 커버

로버트 커버 Robert M. Cover는 1943년 보스턴에서 태어났다. 1965년에 프린스턴 대학에서 문학사 학위를 받고, 1968년에 뉴욕의 컬럼비아 대학에서 법학 석사 학위를 받았다. 1968년에서 1971년 사이에는 컬럼비아 대학에서 가르쳤고, 1971년부터 1972년까지는 예루살렘에 있는 히브리 대학에서 교환 교수로 미국학을 가르쳤다. 1972년에 예일 로스쿨의 교수가 되었고, 1982년에는 법 및 법사학 담당 켄트 총장 교수 Chancellor Kent Professor of Law and Legal History가 되었다. 1967년에 결혼하여 1남 1녀를 두었는데, 1972년부터 예일 로스쿨에서 가르치다가 1986년 9월 14일에 젊은 나이로 아깝게 사망하였다. ≪예일 로 저널 The Yale Law Journal≫ 96권 8호(1987)에는 학장 칼라브레시 G. Calabresi의 추모사와 함께 그에 대한 추모 특집이 바쳐졌다. 커버는 『절차 Procedure』(1988), 『절차의 구조 The Structure of Procedure』(1978), 『제소된 정의 Justice Accused』(1975) 등의 저서와 「폭력과 언어 Violence and Word」(1986), 「정의의 민담 The Folktales of Justice」 등 20여 편의 학술 논문을 썼다. 커버의 도상학에 대한 관심은 『탈무드 Talmud』의 〈신의 손도장 the signature of God〉이란 구절을 읽으면서 시작되었다고 고백한다. 그는 정의의 민담 folktales of justice이라 하여 유스티치아 Justitia의 이미지, 재판관의 이미지, 재판 행위의 이미지에 관하여 많은 담론을 엮어 나갔다. 그는 이것이 재판관의 역할, 정의의 기능, 법의 의미를 이해하는 데에 필요한 〈수레 vehicle〉가 된다고 하였다. 현재 예일 로스쿨에서 ≪법과 인문학 저널 Journal of Law and Humanities≫이 발간되고 있는데, 이러한 학문 연구의 기초를 수립하는 데 커버의 공헌이 컸던 것으로 평가된다.[19]

---

19) 필자는 법상징학에 관한 영미권 법학계에서의 근년의 연구는 거의 커버 교수의 성과에 높은 평가를 주고 있음을 본다.

14 케벨슨

로베르타 케벨슨 Roberta Kevelson은 현재 미국의 법기호학과 법미학의 분야에서 가장 정력적으로 활동하고 있는 여류 학자이다. 브라운 대학에서 철학 박사 학위를 받고 1977년부터 2년간 예일 대학에서 포스트 박사 과정을 밟으면서 법기호학 legal semiotics을 개척하였다. 1984년에 펜실베이니아 주에 〈법, 정부와 경제를 위한 기호 연구소 Center for Semiotics Research for Law, Government and Economics〉를 설립하여 소장으로 활동하고 있다. 대학에서는 철학을 강의하며 세계 법철학 및 사회철학회 IVR에도 깊이 참여하고 있다. 저서로는 『기호의 체계로서의 법 The Law as a System of Signs』(1988), 『퍼스, 패러독스, 실천: 이미지, 충돌 그리고 법 Peirce, Paradoxes, Practice: The Image, the Conflict and the Law』(1990) 등이 있고, 『법과 미학 Law and Aesthetics』(1992), 『법전과 관습 Codes and Customs』(1993), 『정의의 눈 Eyes of Justice』(1993) 등의 책을 편집해 내었다. 또한 〈기호와 인간 과학 Semiotics and the Human Sciences〉 총서의 주편집인으로 활동하기도 한다. 그녀는 주로 퍼스의 철학에 기초하여 법을 기호학과 미학의 관점에서 상징적으로 접근하고 있다.[20]

---

20) 필자는 1995년 6월 16-20일 볼로냐 대학에서 열린 세계 법철학 및 사회철학회 IVR에서 만나 법상징학과 법미학에 관한 대화를 나누었다. 최초의 논문 하나만 소개하면 R. Kevelson, "Justice as Artifice and Sign," in *Law, Justice and the State*(ed.), by Alexander Peczenick & Mihael Karlsson, Archiv für Rechts- und Sozialphilosophie Beiheft No. 58(Stuttgart, 1995), pp. 80-88.

15 유럽 법도상학회

이상과 같은 개별적 학자들의 선구적 노력에 의하여 기초된 법상징학은 오늘날에는 정식으로 학회까지 결성되어 공동 연구가 이루어지고 있다. 유럽에는 1988년에 유럽 법도상학회 Europäisches Seminer für Rechtsikonographie가 결성되어 매 2년마다 학회를 개최하여 여러 학자들이 연구 결과를 발표하고 학술적 담론을 가진다. 이 학회의 창설에는 오스트리아 그라츠 대학의 코허 교수와 독일 빌레펠트 대학의 쉴트 교수가 주도적 역할을 하였다. 제1차 회의는 오스트리아의 그라츠 대학에서 개최되었고, 제2차 회의는 1990년에 독일의 빌레펠트 대학에서, 제3차 회의는 1992년 스위스 취리히 대학에서 개최되었다.

필자는 1996년 6월 16일-19일까지 암스테르담 대학에서 개최된 제4차 회의에 참석했는데, 20여 명의 참가자들이 비교적 화기애애한 분위기에서 슬라이드를 사용하여 다양한 법상징에 관한 발표를 하는 것을 보았다.[21] 이 회의의 전체 주제는 〈지배와 법 Herrschaft und Recht〉이었는데, 서양에서도 옛날에는 지배자인 황제나 왕이 법의 제정과 집행에 막강한 영향을 미쳤기 때문에 미술을 통하여도 풍부한 상징으로 표현되었음이 검토되었다. 첫 발표는 코허 교수가 「지배 내용의 시각적 유형론 Visuelle Typologie der Herrschaftinhalte」이란 제목으로 왕과 황제의 미술 상징을 유형화하여 보여 주면서 설명하였다. 두 번째 발표는 코펜하겐 대학의 탐 D. Thamm 교수가 「재판관과 입법자로서의 국왕 Der König als Richter und Gesetzgeber」을 발표하였고, 세 번째로는 쉴트 교수가 「지배자의 신체 혹은 인체 Leib oder Körper des Herrschers : Zur Ikonographie des Herrscherbildes」라는 발표를 하였다. 쉴트 교수는 신의 형상대로 지음 받은 인간의 신체와 인체를 구별하여, 지배자인 국왕을

---

21) 최종고, 「유럽 법미술학회」, 《시민과 변호사》 1996년 8월호, 93-103쪽.

얼마나 신체 아닌 인체로 그리느냐에 따라 지배자의 도상(圖像)을 유형화하는 독특한 시각을 제시하였다. 오후에는 독일 올덴부르크 Oldenburg에서 온 셸레 F. Scheele 박사가 「올덴부르크 시(市)의 인장과 기(旗)Siegel und Fahne in der Stadt Oldenburg」를 발표하였다. 올덴부르크는 작센슈피겔 법전으로 유명한 도시로, 인장과 기를 독특하게 발전시켜 온 역사를 눈으로 볼 수 있었다. 마지막으로는 베커 I. Becker 박사가 「북홀랜드와 시청들 Nordholland und seine Rathäuser」을 발표하였는데, 그것은 다음 날 방문할 시청들에 나타난 법과 정의의 상징 미술품들을 미리 소개해 주는 형식의 발표였다.

16 취리히 대학 〈법사미술연구소〉

필자가 관찰한 범위에서 현재 법상징에 관한 자료를 가장 많이 체계적으로 소장하고 있는 곳은 스위스 취리히 대학의 법사학 연구소 Institut für Rechtsgeschichte에 부속된 법사미술연구소 Bildstelle für Rechtsgeschichte이다. 현재 쇼트 C. Schott 교수가 소장으로 있으며, 각종의 법미술 자료를 전산 처리하며 소장하고 있다. 필자는 1996년 5월에 이곳을 방문하여 동서양의 법미술에 관한 강연과 대담을 나누었다.

17 동양의 연구자들

앞에서도 시사되었듯이 법상징에 대한 학문적 연구는 역시 서양에서 발달하였지 동양에서는 근년에 이르기까지 전무하다시피 하였다. 필자는 1995년에 『법과 미술』(시공사, 1995)을 내어 놓았으며, 그 후 일본에서 게이오 대학의 모리 세이이치(森征一), 이와타니 주로(岩谷

十郞), 니시가와 리에코(西川聖惠子), 오다 쓰야(太田達也), 가타야마 나오야(片山直也), 기타이 이치오(北居功) 교수 등이 관서(關西) 학원대학의 무라카미 유타카(村上裕), 에이치(愛知), 여자 단기 대학의 고쿠분 노리코(國分典子), 일본 여자 대학 부속 고등학교 교사 히아사이 데노리(日朝秀宜) 등의 학자들과 한 편씩의 논문을 모은 『법과 정의의 이코놀로지』(경응대 출판부, 1997)가 나왔다. 특히 이와타니 교수는 일본의 최고재판소의 장식화(裝飾畵)를 설명한 것을 영어로 서양 학계에 발표하였다. 필자도 1995년에서 1998년까지 〈법상징의 동서양 비교〉를 슬라이드 강연으로 미국 국회도서관 Library of Congress, 스위스 취리히 대학, 바젤 대학, 미국의 하버드 로스쿨, 컬럼비아 대학, 하와이의 일본학 연구소 Center for Japanese Studies와 동서 센터 East-West Center 등지에서 영어와 독일어로 발표하였다. 서양 학계에는 전혀 알려져 있지 않은 동양의 법상징과 정의의 상징을 서양과 비교적 안목에서 소개하고 분석하는 것은 뜻있는 연구 작업이라 할 것이다. 언젠가는 이러한 내용이 본격적인 저서로 출간되어 서양어권에서도 읽혀져야 할 것이다.

이상에서 법상징학이 대체로 법학 안에서 법사학과 법철학과 관련지으며 발전해 온 과정을 살펴보았다. 그리 대중적이지도 못하고 실용적이지도 못하지만 몇몇 연구자들의 열정과 집념으로 차츰 하나의 독립된 연구 영역을 이루게 되었음을 볼 수 있다. 이러한 서양에서의 연구사를 동양에도 결부시켜 세계적 수준에서의 법상징학 연구가 앞으로의 과제라 하겠다.

제 4 장 신화와 역사에서의 법상징

1 신화에서의 법상징

인간사(人間事)의 거의 모든 기원은 신화로 거슬러 올라간다. 신화는 한 마디로 정의 내리기 어렵고, 학자들도 각각 다르게 설명하고 있다. 신화란 말은 〈mythos〉에서 나온 〈myth〉라는 말을 번역한 것이고, 〈mythos〉라는 것은 인류가 원시 시대부터 여러 사물에 대하여 생각하고 얻어 오던 이야기를 뜻하는 것이다.[1]

독일 프라이부르크 대학 철학 교수 뮐러 M. Müller는 〈신화는 하나의 큰 착오, 즉 의식적이 아니라 무의식적인 오해, 인간 정신의 본성으로 말미암아 그리고 무엇보다도 인간 언어의 성질로 말미암아 생기게 된 오해 이상의 다른 아무것도 아니다〉라고 말하였다.[2] 신화가 〈언어의 병 the disease of language〉이라고 보는 뮐러와 쿤 A. Kuhn 같은 비교언

---

1) 이윤기, 『뮈토스』, 고려원, 1995 ; James Liszka, *The Semiotic of Myth : a Critical Study of the Symbol*, Indiana Univ. Press, 1989.
2) Max Müller, *Symbolos: Versuch einer genetisch-objektiven Selbstdarstellung und Ortbestimmung*(München, 1967), 1쪽.

어학자들의 실증주의적 입장에 대해 카시러 E. Cassirer는, 〈신화는 언어, 시, 예술 및 초기의 역사적 사상과 분리될 수 없는 것이다. 과학도 논리적인 시대에 도달하기 전에 신화적 시대를 통과하지 않으면 안 되었다. 신화는 단순히 미신이나 망상의 집적(集積)이 아니다. 그저 혼돈된 것이 아니고 그것은 체계 혹은 개념의 형식이다. 그러나 한편 신화의 구조를 합리적인 것으로 특징짓는 것은 불가능할 것이다. 그 개념 형식이란 새로운 표현 양식을 발견하였는데 그것은 곧 상징적 표현이다. 이것은 인간의 모든 문화적 활동, 즉 신화와 시, 언어, 예술 종교 및 과학에 있어서 공통 분모이다〉[3]라고 말하였다.

사실 신화의 내용은 문명화된 인간의 과학적이고 합리적인 사고로는 도저히 납득하기 어려운 경우가 많다. 자연 법칙에 어긋나고, 어떤 관념이나 일상적인 경험으로 볼 때 황당무계하다고 생각되는 것들이 많이 있다. 그러나 그러한 신화가 역사적 사실성을 가지고 있는가가 중요한 것이 아니다. 신화가 형성되는 당시 선조들의 의식과 가치는 신화에 녹아들어 갔고, 신화는 다시 이후의 문화에 정신적 기초가 되어 왔다는 사실만 인정하면 되는 것이다.[4]

신화를 보는 입장에는 첫째, 신화를 상징과 구전되는 성격으로 인해 잘못 표현된 역사적 사실로 파악하려는 역사학파 die historische Schule 가 있다. 둘째, 그리스의 소크라테스나 아리스토텔레스 이래로 제기된 것으로 자연 현상의 비유라고 보는 입장이 있고, 셋째, 신화의 기능을 중요시한 문화인류학 또는 사회학적 관점이 있다. 신학자 불트만 R.

---

3) Ernst Cassirer, *Philosophie der Symbolischen Forschung*, 2. Aufl.(Damstadt, 1954) ; *Wesen und Wirkung des Symbolbegriffs*, 6 Aufl.(Darmstadt, 1977) ; *Symbol, Technick, Sprache*(Hamburg, 1985) ; *Symbol, Myth and Culture*, ed. by Donald P. Verene(Yale Univ. Press, 1979).
4) J. J. Bachofen, *Der Mythos von Orient und Occident*(München, 1926); B. Malinowski, *Myth in Primitive Psychology*(1926) : 서영대 옮김, 『원시신화론』(민속원, 1996) ; Gerhard Larcher, *Symbol, Mythos, Sprache*, Annweiler(1988) 참조.

Bultmann은 성서 해석에서의 신화적 표현들의 비신화화 Entmythologisierung를 강조하였다.[5] 신화가 역사적 기록일 경우도 있고, 자연 현상의 비유적 해석일 수도 있지만, 그 이전에 신화는 신앙, 종교 의식, 도덕, 사회 생활의 규범으로서 문화적, 사회적 기능을 가지고 있었다.[6]

그리고 또 정신분석학적 입장을 들 수 있다. 신화는 프로이트 S. Freud의 『토템과 터부 Totemismus und Tabu』의 발표를 계기로 정신분석학의 연구 대상이 되었다. 프로이트는 신화를 설명하면서 인간의 모든 사고나 행동이 무제한적 성적 동기나 기타 원시적이며 자기 중심적인 동기에 전적으로 지배되던 태고 시대를 상정한다. 문화의 점차적인 발달에 따라 사회의 질서 유지의 필요에 따라 이러한 원시적 노골적인 동기들을 의식적 영역에서 추방하게 되었고, 그에 따라 욕구 충족을 공상이라는 대체적인 방법에 의해 모색하게 되었는데, 그 과정에서 신화가 나오게 된 것이라고 설명한다. 즉, 신화 형성의 원동력은 인간이 지니는 억압된 감정 충돌 및 이들과 결부되는 무의식과의 심리적 복합체라는 것이다.[7]

제1장에서 설명한 바와 같이 융 C. Jung도 프로이트와는 좀 다른 각도에서 신화와 상징에 관한 연구를 기울였다.

민족마다 신화가 있고 많은 신화학 내지 신화 이론이 있지만 여기에서는 법과 정의에 관한 신화를 살펴보도록 한다.[8]

---

5) R. Bultmann, *Glauben und Verstehen*, Bd. I-III(Tübingen, 1965) ; *Neues Testament und Mythologie*(München, 1985).
6) 신화의 기능에 대하여는 조지프 캠벨, 『신화의 힘』, 이윤기 옮김(고려원, 1992). 그리고 Manfred Lurker, *Symbol, Mythos und Legende in der Kunst*(Baden-Baden, 1984).
7) S. Freud, *Civilization and its Discontents*(N. Y., 1961).
8) 신화에 있어서의 법과 정의에 관하여는 Erik Wolf, *Griechisches Rechtsdenken*, Bd. I(Frankfurt, 1950).

(1) 고대 이집트

법과 정의를 가시적으로 보여 주는 신화는 이집트 민족에게서 인상적으로 나타났다.[9] 그들은 마트 Ma'at라는 여신으로 진리·질서·정의를 상징하였다(그림 4-1). 마트는 태양신 레 Re의 딸이며, 지혜의 신 토트 Thoth의 부인이다. 『사자(死者)의 서 Book of the Dead』에는 마트 여신이 죽은 자의 심장을 꺼내 저울에 다는 모습이 나타난다(그림 4-2).[10]

사람이 죽으면 아누비스 Anubis에게 인도되어 〈심판의 방〉으로 들어간다. 마트는 같은 저울 한쪽에는 죽은 자의 심장을 얹고 다른 한쪽에는 마트의 깃털을 얹어 저울질을 한다. 이때 균형을 이루어야 그 죽은 자는 불멸을 얻게 된다. 아누비스가 무게를 달고 토트가 기록한다. 삼키는 괴물 아무트 Amut는 토트를 주시하고 있다. 만약 균형을 이루지 못했다는 심판 결과가 나오면 죽은 자의 심장은 아무트에게 삼켜지고, 다시 태어나지 못하는 영혼은 죽음을 맞게 된다.[11]

이처럼 이집트 신화에서 최후의 심판이 진리와 정의의 여신 마트에 의해 실감나게 표현되고 있다. 흥미 있는 것은 마트 여신의 머리에는 공작의 깃털이 꽂혀 있고 신들의 모습은 짐승과 새의 머리 모양을 하고 있는데, 아무트는 괴물로 상징되고 있다는 사실이다. 동양의 해태나 용과 비교할 때 아무트는 정의롭지 않은 자의 심장을 삼켜 버리는 존재로 그려지고 있는데, 어쨌거나 여기에도 법과 정의를 상징하는 동물이 등장하고 있는 것이다.

---

9) Clara E. Clement, *Legendary and Mythological Art*(London, 1994).
10) Klaus Koch, "Sädaq und Maat: Konnektive Gerechtigkeit in Israel und Ägypten?," Jan Assmann u. a.(hrsg.), *Gerechtigkeit*(München, 1998). 37-64쪽.
11) 자세히는 T. G. Allen, *The Egytian Book of the Dead*(Chicago, 1960); Albert Champdor, *Das Ägyptische Totenbuch in Bild und Deutung*(Berlin, 1977).

그림 4-1 고대 이집트의 마트 여신

그림 4-2 고대 이집트의 『사자(死者)의 서』에 실린 「영혼의 재판」도

(2) 유태 민족

이스라엘 민족은 법을 유일신인 야훼가 모세에게 내린 규범으로 상징하였다.[12] 그들은 법을 신과 인간 사이의 계약으로 파악하고, 이 계약에 충실한 것이 정의이며 그것에 위배될 때 부정의로 징벌을 면치

그림 4-3 미켈란젤로의 「모세」상

---

12) 유태인의 법사상에 관하여는 최종고, 『법사상사』(박영사, 1999), 15-16쪽; Jacob Neusner, *Torah: From Scroll to Symbol in formative Judaism*(Philadelphia, 1985).

못하는 것으로 생각되었다.

모세가 십계명을 받는 모습이 여러 작품에 나타나는데, 저 유명한 로마의 빈콜리 성당에 있는 미켈란젤로의 「모세 Moses」 상은 이마에 두 뿔을 가지고 있다(그림 4-3).[13] 여러 해석이 있지만 일반적으로 당시 성서 해석이 잘못되어 모세가 시내 산에서 내려올 때 두 뿔이 났더라고 이해한 데서 비롯되었다고 설명된다. 프로이트는 그 뿔을 섹스 심볼로 해석하고 있다.[14] 필자는 후에 얘기할 해태상의 일각수(一角獸) 이미지와 관련하여, 미켈란젤로의 「모세」 상은 인성(人性)과 수성(獸性)을 결합하여 표현한 작품으로 뿔은 정의와 법의 상징이라고 해석하고 싶다.[15]

(3) 고대 그리스

그리스인들은 정의를 여신으로 상징했는데, 테미스 Themis는 현존하는 질서의 건설자로 상정되었다. 아이게우스 Aigeus 왕에게 신탁(信託)을 내리는 테미스의 그림이 남아 있다. 제우스와 테미스의 딸 디케 Dike가 오늘날 우리가 생각하는 정의의 형상에 가까운 여신이다(그림 4-4).[16] 기원전 520년경 그리스의 항아리에 디케가 불의의 여신 아디키

---

13) H. George, "Moses der Gesetzgeber," in A. Gelber(Hrsg.), *Moses*(Berlin, 1905), 53-69쪽; Franz-Joachim Verspohl, "Der Moses des Michelangelo," *Städel-Jahrbuch*, Bd. 7(Frankfurt, 1979), 155-176쪽.
14) Yosef Hayim Yemshalmi, *Freuds Moses: Endliches und Unendliches Judentum* (Berlin, 1991).
15) 최종고, 『법과 미술』(시공사, 1995).
16) Themis와 Dike에 관하여는 Jane Harrison, *Themis: A Study of the Social Origin of Greek Religion*(London, 1963); Hartwig Frisch, *Might and Right in Antiquity*(N. Y. 1976); Rudolf Hirzel, *Themis, Dike und Verwandtes: ein Beitrag zur Geschichte der Rechtsidee bei der Griechen*(Leipzig, 1907); Tadashi Otsuru, *Gerechtigkeit und Dike: der Denkweg als Selbstkritik in HeideggersNietzsche-Auslegung*(Würzburg, 1992)도 흥미 있는 논문이다.

그림 4-4　고대 그리스의 「디케」상

아 Adikia를 무찌르는 그림이 그려진 것이 있다(그림 4-5). 복수(復讐)의 여신 네메시스 Nemesis도 주목할 만하다.[17]

그리스 신화는 우주 속에서의 신들의 출현과 그들의 인간과의 관계에 관하여 전개되는 일대 드라마이다. 많은 신들이 있는 가운데 테미스와 디케가 정의의 여신으로 나타난다. 호머 Homer는 테미스에 관하여만 얘기하고 헤시오도스 Hesiodos는 테미스가 디케의 어머니라고 한다. 그 후 아낙시만드로스 Anaximandros, 헤라클레이토스 Heracleitos, 파르메니데스 Parmenides 등이 더욱 자세한 언급을 하였다. 테미스와 디케는 여성적 형상이다. 이 둘은 제우스 Zeus, 아테나 Athena, 아폴론 Apollon과 함께 활동한다. 테미스와 디케는 충고, 규정, 관습, 정의의 신으로 〈인격화〉되어 나타난다. 다만 테미스는 호머 이전의 신으로서 아직 형상을 갖추지 않은, 보이지 않는, 생각으로만 있는 여신이라고 관념되었다. 테미스는 「파리스의 판결 Paris-Urteil」에서 외에는 거의 잘 등장하지 않는다.[18] 테미스는 땅의 여신 가이아 Gaia처럼 모신(母神)의 하나이다. 그렇지만 후일 그리스 항아리 같은 데에 여성의 모습으로 형상화되어 표현된다. 즉, 테미스도 디케처럼 하나의 개념신에서 인격신으로 바뀐 것이다. 따라서 이 두 형상적 신들을 추상화한 오늘날의 개념으로 이해하려 한다면 오해하게 될 것이다.[19]

디케는 제우스와 테미스 사이에서 올림푸스에서 탄생하였다. 그 자매는 에이레네 Eirene와 에우노미아 Eunomia, 튀케 Tyche이다. 에이레네는 평화의 신이며, 에우노미아는 행복의 신이고, 튀케는 우연의 신이다. 디케는 처녀이다. 올림픽 경기에서 그녀는 성스런 힘의 원천으로

---

17) Otto Kissel, *Die Justitia: Reflexionen über Symbol der Gerechtigkeit*(München, 1984), 23쪽.
18) 「파리스의 판결 Paris-Urteil」에 관하여는 Annegret Friedrich, *Das Urteil des Paris im Bild und seine Kontext um die Jahrhundertwende*(Marburg, 1997); Inge Himud-Sperlich, *Das Urteil des Paris*(München, 1977).
19) Erik Wolf, *Griechisches Rechtsdenken*, Bd. I(Frankfurt, 1950), 46-52쪽.

그림 4-5 디케가 아디키아를 쳐부수고 있다. 즉, 정의가 불의를 물리치고 있다.
        기원전 520년경 작품.

숭배되었다. 디케의 모양은 빛나고 성스럽고 아름답다. 그녀는 인간 사이에서 활동하기 위하여 아버지 제우스의 충고와 보호를 받는다. 그녀는 검은 구름과 안개 속에 숨어서 그녀가 미워하는 사람들에게는 재앙을 내린다. 무례한 사람은 보이지 않게 소리 없이 추적하여 벌한다. 제우스의 왕관 위에 앉아 인간의 모든 행동을 관망한다. 디케는 인간의 질서를 유지하기 위하여 경계를 하기도 한다. 자매인 에이레네와 에우노미아, 그리고 후에는 딸 헤시키아 Hesikia와 함께 신과 인간의 사회를 구분하면서 지켜 준다. 평온과 질서가 항상 함께 있다. 빛나는 얼굴, 모든 어둠을 꿰뚫어보는 눈길, 이곳 저곳 옮겨다니는 활동이 그녀의 특징이다. 이러한 속성에 근거하여 그리스 법사상에 대해 볼프 E. Wolf 교수는 다음과 같은 몇 가지 특징이 있다고 설명한다.[20]

첫째, 법이란 스스로 관철되어야 한다.
둘째, 법은 법으로 머물러야 한다.
셋째, 법은 마지막으로 나타나야 한다.

재판하는 디케 옆에 네메시스 여신이 서 있다. 이들은 같은 곳에 같은 것으로 보상한다. 네메시스가 비교하고 계량하는 것은 그러나 행복이나 권력이 아니라 불행과 책임이다. 따라서 우리는 네메시스를 복수의 여신이라 부르는 것이다. 그것도 원초적으로는 정의를 실현하는 방식이라 할 것이다.

이처럼 다양한 그리스 신화의 발전한 법사상과 법 관념이 유럽의 법사상에 일찍 영향을 미쳐, 오늘날까지도 정의의 여신상을 생각하면 그리스의 테미스와 디케로 거슬러 올라가는 것이다.[21]

---

20) 같은 책, 53-68쪽.
21) 그리스 미술의 중요성에 관하여는 Johann J. Winckelmann, *Gedanken über die Nachahmung der griechischen Lehre in der Malerei und Billdhauerkunst* (1755). 이

(4) 고대 로마

고대 로마 시대에는 칼과 저울을 든 유스티치아 Justitia 상이 알려져 있지 않았다. 그리스인처럼 법의 여신이나 정의의 인격화 같은 것이 없었다. 로마 제국이 확장되면서 그리스 신화의 영향을 받아 디케 여신에 기초하여 로마에서의 정의의 여신 유스티치아의 관념이 보급되었다. 기원후 13년에 아우구스투스 Augustus 황제가 1월 8일을 〈유스티치아를 위한 기념일〉로 선포하였다. 로마인들은 점점 형평(衡平)의 여신 에퀴타스 Aequitas를 인격화하면서 여성의 모습에 가까워졌는데, 저울과

그림 4-6 로마 시대 가내 제단에 새겨진 정의의 여신상들. 독일 쾰른의 로마 게르만 박물관 Römisch-Germanisches Museum 소장.

고전적 연구서는 우리 나라에서도 번역되었다.

권표(權標)를 들고 있었지만 칼을 가진 모습은 아니었다.[22] 이 유스티치아 상이 서양 미술사에서 어떻게 변천해 왔는지에 대해서는 후의 설명에서 자세히 보게 될 것이다.

(5) 한국의 단군 신화

단군 신화에 나오는 법상징을 보기 전에 우선 단군 신화에 관한 원전의 본문을 자세히 보기로 하자.『삼국유사(三國遺事)』에 보면 다음과 같이 기록되어 있다.

위서(魏書)에 이르되 지금으로부터 2000년 전에 단군왕검(檀君王儉)이 있어, 도읍을 아사달에 정하고 나라를 개창(開創)하여 조선(朝鮮)이라 일컬으니 고(高)와 동시라 하였다. 고기(古記)에 이르되, 옛날에 환인(桓因)의 서자(庶子) 환웅(桓雄)이 있어, 항상 천하에 뜻을 두고 인세(人世)를 탐내거늘, 아버지가 아들의 뜻을 알고 삼위태백(三危太白)을 내려다보매 인간을 널리 이롭게 할 만한 자라 이에 천부인(天符印) 세 개를 주어, 가서 다스리게 하였다. 웅(雄)이 무리 3000년을 이끌고 태백산 꼭대기 신단수(神檀樹) 밑에 내려와 여기를 신시(神市)라 이르니 이가 환웅 천왕이다. 풍백(風伯), 우사(雨師), 운사(雲師)를 거느리고, 곡(穀), 명(命), 병(病), 형(刑), 선악(善惡) 등 무릇 인간의 360여사를 맡아서 인세에 있어 다스리고 교화하였다. 그때 곰 한 마리와 호랑이 한 마리가 같은 굴에서 살며 항상 신웅(神雄)에게 빌되 원컨대 화(化)하여 사람이 되어지이다 하거늘, 한번은 신이 신령스러운 쑥 한 자래와 마늘 20개를 주고 이르기를 너희들이 이것을 먹고 100일 동안 일광을 보지 아니하면 곧 사람이 되리라 하였다. 곰과 범이 이것을 받아서 먹고 기(忌)하기 삼칠일 만에 곰은 여자의 몸이

---

22) Otto Kissel. 앞의 책. 20-22쪽.

되고 범은 능히 기하지 못하여 사람이 되지 못하였다. 웅녀는 그와 혼인해 주는 이 없으므로 항상 단수(壇樹) 아래서 축원하기를 아이를 배어지이다 하였다. 웅이 이에 잠깐 변하여 결혼하여 아들을 낳으니 이름을 단군왕검이라 하였다. (왕검이) 당고(唐高)에 즉위한 지 50년인 경인(庚寅)에 평양성(지금의 西京)에 도읍하고 비로소 조선이라 일컫고, 또 도읍을 백악산 아사달에 옮기었는데, 그곳을 또 궁(宮) 홀산(忽山), 또는 금며달(今㫆達)이라고도 하니 치국(治國)하기 1500년이었다. 주(周)의 호왕(虎王) 즉위기묘(卽位己卯)에 기자(箕子)를 조선에 봉하매, 단군은 장당경(藏唐京)으로 옮기었다가 후에 아사달에 돌아와 숨어서 산신(山神)이 되니, 수(壽)가 1908세이었다.[23]

이 『삼국유사』 외에 『제왕운기(帝王韻紀)』에도 다음과 같은 기록이 있다.

처음에 어느 누가 나라를 열었던고. 석제(釋帝) 손자 이름은 단군(檀君)이라. 본기(本紀)에 다음과 같이 적혀 있다. 상제(上帝) 환인(桓因)에게 서자(庶子)가 있었는데, 이름을 웅(雄)이라 하였다. 환인이 웅에게 말하기를 〈삼위태백에 내려가 인간을 이롭게 할 수 있겠는가?〉라고 하였다. 그래서 웅이 천부인 세 개를 받고, 귀신 3000을 거느려 태백산 마루턱 아래로 내려오니, 이 분을 단웅천왕(壇雄天皇)이라고 한다. 손녀로 하여금 약을 먹고 사람이 되게 하여 단수신(壇樹神)과 혼인시켰다. 아들을 낳아 이름을 단군이라 하였는데, 조선의 땅을 차지하여 왕이 되었다. 그러므로 신라, 고구려, 남북옥저, 동북부여, 예와 맥이 모두 단군의 후손인 것이다. 1038년을 다스리다가 아사달에 들어가 산신(山神)이 되어 죽지 아니하였다. 요(堯) 임금과 같은 해 무진년에 나라를 세워 순(舜)을 지나 하국(夏

---

23) 일연, 『삼국유사』, 이병도 옮김(광조문화사, 1973).

國)까지 왕위에 계셨다. 은나라 무정(武丁) 8년 을미년에 아사달에 입산하여 산신이 되었으니, 나라를 누리기 1028년. 그 조화 석제(釋帝) 환인이 유전한 일. 그 뒤 164년만에 어진 사람 나타나서 군신제(君臣制)도 마련했다.[24]

이상 두 텍스트를 비교해 보면 대체로는 비슷하지만 차이가 나는 점도 있다.[25] 그러나 이 자리에서 이것을 상론할 필요는 없고, 단군 신화에 나오는 상징들만 살펴보려 한다. 여기에 나오는 상징물로는 범과 곰, 천부인(天符印), 거울, 비, 칼 등의 동물과 물건이 있고, 다소 관념적 상징으로 하늘님, 환웅이라는 권력, 3이라는 숫자 그리고 홍익인간(弘益人間)이라는 건국 이념 내지 한국인의 이념적 인간상이 제시되고 있다. 홍익인간은 오늘날에도 대한민국 헌법의 전문(前文)과〈교육법〉제1조에 나타나는 표현이다. 이 중에서도 천부인 세 개가 무엇인가에 대하여 학자들의 해석이 구구한데 대체로 칼, 저울, 방울이라고 해석하고 있다.[26] 어쨌든 한국의 건국 신화인 단군 신화 역시 카오스 속에서 질서의 국가로 형성되면서 상당히 풍부한 법상징 내지 정의 상징을 포함하고 있다고 할 것이다.

---

24) 이승휴,『제왕운기』, 박두표 옮김(을유문화사, 1974).
25) 이에 관한 연구로는 장주근,『한국 신화의 민속학적 연구』(집문당, 1995); 김무조,『한국 신화의 원형』(신라서원, 1996); 정경희,『한국고대사회문화연구』(일지사, 1990).
26) 임기중,「천부인에 대하여」,『한국판소리·고전문학연구』, 강한영교수 고희기념 (1983), 383쪽; 이병윤,「단군 신화의 정신분석」,≪사상계≫, 1963년 11월호, 259쪽;『한국문화상징사전』(동아출판사, 1994), 43-48쪽.

2 설화에서의 법상징(정의 이야기)

정의가 인간의 행동에 관련된 덕이라고 한다면 여기에는 수많은 전설과 설화, 동화와 이야기들이 형성될 수 있다. 법이니 미술이니 문학이니 하는 모든 것이 궁극적으로는 인간이 만든 편의적 구분이고 실제에 있어서는 이런 것들이 모두 융합되어 있는 것이다. 이러한 무한정 넓은 문화 영역 속에 법과 정의에 관련된 것들도 적지 않은데 이것을 일반적으로 학자들은 정의 이야기(Gerechtigkeitserzählung, tales of justice)라고 부른다. 특히 미국의 노스캐롤라이나 대학 위그모어 J. Wigmore 교수는 세계의 정의에 관한 이야기들을 모아『정의의 만화경 *The Kaleidoscope of Justice*』(1941)이라는 이름으로 출판하였고, 예일대학의 커버 R. Cover 교수는 정의의 이야기를 주로 유태 민족의 설화 전통에서 섭렵하였다. 실로 법과 정의에 관한 설화들은 동서양에 헤아릴 수 없이 많이 있다. 아래에서는 특히 미술과 관련하여 종종 다루어지는 테마들을 중심으로 가장 중요한 것들을 몇 가지 소개하고자 한다.

(1) 그리스도교적 테마

따지고 보면 인간의 정의는 지상에서 불완전한 것이기 때문에 궁극적으로는 신 자체가 정의로운 행동으로 상정된다. 특히 최후의 심판 이래 산 자와 죽은 자를 심판하는 재판장으로 상징된다. 절대적 정의의 상징과 대조적으로, 지상의 재판관들이 지녀야 할 덕성과 그 반대인 법 왜곡과 오판 그리고 뇌물 등을 금지하는 의미의 설화와 그림들이 많이 형성되었다. 또한 신의 아들인 예수 그리스도가 이 지상의 모든 불의를 대신하여 재판받는 피고인의 모습으로 묘사되었다. 예수는 생전에 현장에서 붙잡힌 간음녀에게 대하여〈누가 먼저 돌을 던지겠느냐)는 물음으로 관용과 사면의 정신을 표명하였다. 서양의 법정에서 성서가 오랫동안 선서의 징표로 사용되어 왔고 십자가를 벽에 걸어 두는 전통이 이루어져 왔다. 이처럼 예수는 지상의 법과 법률가에게 자기 반성의 표준으로 인용되어 왔다. 이렇게 법에 대해 종교적 차원에서, 친밀하면서도 지상적인 것으로서의 한계를 조명하기도 하였다.[27] 서양 문화사에 대해 그리스도교를 빼면 설명할 수 없듯이 법상징학에도 그리스도교와 관련된 것이 많이 있다. 물론 이것을 세계적 차원으로 넓혀 법과 종교의 상징으로 보면 더욱 풍부하고 흥미 있는 주제가 될 수도 있다.

(2) 솔로몬의 재판

유태 민족의 여러 영웅 중에서 현명한 재판관으로 솔로몬 왕이 등장한다. 구약 성서 열왕기상 3장에 나타난 솔로몬 왕의 재판은 가장 유명한 정의 이야기의 하나이다. 어느 날 창녀 둘이 솔로몬 왕에게 나타나 〈임금님, 이 여자와 저는 한집에 살고 있습니다. 제가 아이를 낳을 때 이 여자도 집에 있었습이다. 그런데 제가 해산한 지 사흘째 되던 날 이 여자도 아이를 낳았습니다. 집에는 우리 둘만 있었습니다. 그런데 그날 밤 이 여자는 자기의 아들을 깔아 뭉개어 죽였습니다. 그러고 나서 이 여자는 한밤중에 일어나 이 계집 종이 잠자는 사이에 제 곁에 있던 제 아들을 가져가 버렸습니다. 제 아들을 가져다 자기 품에 대고 죽은 자기 아들을 제 품에 놓고 간 것입니다. 날이 밝아서야 그 아이가 제 몸에서 낳은 아이가 아닌 것을 알았습니다〉라고 말하였다. 그러자 다른 여자가 〈무슨 말을 하느냐? 산 아이는 내 아이이고 죽은

---

27) 여기에서 법철학 Rechtsphilosophie을 넘어 법신학 Rechtstheologie이 논의된다. 자세히는 최종고, 「프로테스탄트 법신학의 사상」, 『법사상사』(박영사, 1999), 379-409쪽.

그림 4-7 다비드의 「솔로몬의 재판」

아이가 네 아이야〉라고 우겼다. 그렇게 그들은 왕 앞에서 말싸움을 벌였다. 그때 솔로몬 왕이 입을 열어 큰 칼 하나를 가져오라고 하였다. 신하들이 왕 앞으로 칼을 가져오자 왕은 〈그 산 아이를 둘로 나누어 반 쪽씩 가지게 하라〉고 하였다. 그러자 산 아이의 어머니는 〈임금님, 이 아이를 저 여자에게 주시고 아이를 죽이지만은 마십시오〉라고 하였다. 그러자 다른 여자는 〈어차피 내 아이도 아니고 네 아이도 아니니 나누어 갖자〉고 하였다. 그러자 왕은 〈산 아이를 죽이지 말고 처음 여자에게 주어라. 그가 참 어머니이다〉라고 하였다. 온 이스라엘이 솔로몬 왕의 이 판결 소식을 듣고 왕에게 하느님의 슬기가 있어 정의를 베푼다는 것을 알고는 모두들 왕을 존경하고 두려워하였다. 이 이야기는 그 후 수많은 문학 작품과 미술 작품, 심지어 신성 로마 황제의 왕

관에까지 묘사되어 사랑받는 테마가 되었다.[28]

(3) 다니엘과 수산나

구약 성서 다니엘 13장 1절에서 64절에는 다니엘의 수산나에 대한 판결 이야기가 전개되고 있다. 부유한 유태인의 아내 수산나는 정원에서 목욕을 하는 것을 즐겼다. 이것을 안 두 사람의 장로가 이것을 엿보고 자기들과 관계하지 않으면 그 집의 남자 몸종과 관계했노라고 소문을 내겠다고 협박하였다. 물론 결백한 수산나는 이 협박을 물리쳤고

그림 4-8 틴토레토의 「수산나의 목욕」

---

28) W. Pleister/W. Schild(hrsg.), *Recht und Gerechtigkeit im Spiegel der Europäischen Kunst*(Köln, 1988), 151-155쪽.

장로들은 수산나가 불륜 행위를 했다고 널리 소문을 퍼뜨렸다. 간통죄는 사형에 해당하는 중죄였다. 이 소식을 들은 예언자 다니엘은 〈당신들은 증거와 심문 없이 이스라엘의 딸을 정죄하였소. 두 장로가 수산나에게 거짓 증언을 하였소〉라고 하였다. 다니엘은 그들에게 〈두 증인을 각각 데려오시오. 내가 직접 들으리다〉라고 했다. 다니엘은 장로들에게 각각 수산나가 간음한 현장의 나무 밑으로 데려가 달라고 했다. 한 장로는 소나무로 데려갔고, 한 장로는 느릅나무로 데려갔다. 거짓이 드러나자 사람들은 환호하였다. 오히려 두 장로는 모세의 율법대로 처벌받았다. 이 이야기는 현명하고 정당한 재판 절차를 통하여 실체적 진실을 발견하는 것이 정의임을 명백히 보여 주고 재판관의 진실 발견 의무를 일깨워 준다. 이 이야기는 많은 화가들에 의해 그려졌는데, 1550년대에 틴토레토 Tintoretto가 그린 「수산나의 목욕」, 반 다이크 Van Dyke가 그린 「수산나와 장로들」(1620-1621) 등의 작품이 유명하다.[29]

(4) 캄비세스 왕과 시잠네스 판사

헤로도투스 Herodotus, 막시무스 V. Maximus 그리고 1658년 고트프리트 J. Gottfried는 『역사 연대기 Historische Chronica』에서 시잠네스 Sisamnes 판사에 대한 캄비세스 Kambyses 왕의 처벌 이야기를 적고 있다. 이 이야기는 1342년의 『로마사 Gesta Romanorum』에도 〈나쁜 판사의 교훈 Lehre von den schlechten Richtern〉으로 기록되어 있다. 페르시아의 판사인 시잠네스는 돈을 믿고 부정의로운 판결을 내렸다. 이 사실을 안 캄비세스 왕은 그를 살가죽을 벗겨 죽게 했다. 그 가죽을 시잠네스가 재판할 때 앉던 재판석에 깔게 하고, 그 아들을 판사에 임명

---

29) G. Duchet-Suckaux, *The Bible and the Saints: Flammarion Iconographic Guides*(Paris/New York, 1994), 318-319쪽.

해 그 위에 앉게 했다. 아들 오타네스 Otanes 판사는 아버지의 가죽 위에 앉아서 인간적으로는 고통스러웠으나 그것을 극복하면서 바른 판결을 내리는 판사 생활을 했다. 1498년에 화가 다비드 G. David에 의해 그림으로 그려져 더욱 유명해진 이야기이다.[30]

(5) 프린느의 재판

기원전 4세기경에 그리스의 고급 매춘부인 프린느 Phrine는 부(富)와 위트 그리고 아름다움을 가지고 있었다. 그녀는 매력과 명성으로 많은 전설들의 대상이 되었다. 프린느는 알렉산더 대왕에 의해 파괴된 테베스 Thebes의 벽을 다시 짓기를 제안했다. 그러고는 복원된 곳에 〈알렉

그림 4-9 「프린느의 재판」

---

30) 작품과 자세히는 최종고,『법과 미술』(시공사, 1995), 132쪽.

산더 대왕에 의해 파괴되었고, 창녀인 프린느에 의해 복원되었다〉라고 새겨 줄 것을 요구했다. 프린느는 고소되었고 공판에서 사형 선고를 받았다. 엘루시아 축제 때 프린느는 옷을 벗고 사람들이 지켜보는 가운데 바닷가로 들어가 신을 모욕했던 것이다. 그녀의 공판에서 그녀는 아테네의 연설가이자 군사적 지도자이며 그녀를 또한 사랑했던 히페리데스 Hyperides 장군에 의해 변호받았다. 그는 공판에서 그녀의 옷을 벗겨 가슴을 드러내게 하고 사람들에게 보였다. 법정에 있던 사람들은 그녀의 나체의 아름다움에 감동되어 그녀를 석방시켜 주었다. 이 그림은 정의의 미와 긴장을 보여 준다고 하겠다.

(6) 유디스의 정의

구약 성서 외경(外經) 유디스서 Book of Judith에 따르면, 기원전 2세기경 마카베아 시대에 팔레스틴의 조그만 마을이 바빌로니아의 네브카드네자르 왕의 장군 홀로페르네스 Holofernes에 의하여 점령당하였다. 이때에 만나세스 Manasses의 미망인 유디스 Judith가 조국을 구하기 위하여 용감하게 적진으로 갔다. 홀로페르네스는 그녀의 아름다운 용모와 재치 있는 언어에 반하였다. 유디스는 잔치를 베풀고 홀로페르네스를 취하게 만든 뒤 품고 있던 칼로 목을 끊었다. 이 이야기는 많은 화가들에 의하여 작품화되었는데, 그 중 르네상스 시대의 만테냐 Mantegna, 도나텔로 Donatello의 작품이 알려져 있다. 그러나 가장 유명한 작품은 현재 러시아 상트 페테르부르크의 에르미타즈 미술관 Hermitage Museum에 소장되어 있는 조르조네 Giorgione의 약 1500년경의 작품이다(그림 4-10). 이 작품에서는 적장의 끊어진 머리를 발로 밟고 큰 칼을 들고 있는 유디스의 모습이 마치 정의의 여신 유스티치아처럼 부각되고 있다.

그림 4-10 조르조네의 「유디스의 정의」

(7) 오토 3세의 정의

일반적으로 서로마 제국의 멸망(476년)에서 아메리카 신대륙의 발견(1492년)까지의 1000년을 인문주의자들은 중세 middle age, mittelaltertum 라고 불렀는데, 보기에 따라서는 〈암흑의 1000년〉이기도 하지만 반대로 낭만과 경건의 시대이기도 하였다. 호이징가 J. Huizinga는 〈중세의 가을〉이라는 표현을 쓰기도 하였지만, 대체로 기독교의 세력 아래 학문과 예술이 지배당하던 긴 세월이었다. 이 시대에 법의 존재는 신의 명령대로 성실과 명예와 평화를 유지해 나가는 원리를 의미하였다. 법사가들은 중세의 법이 한편으로는 엄격하고 다른 한편으로는 부드러운 양면을 갖고 있었다고 한다.[31] 독일의 『작센슈피겔 Sachsenspiegel』에서 잘 볼 수 있듯이 중세 법에는 일반인들이 알 수 있도록 가시적 상징으로 표현하는 예가 많았다. 『작센슈피겔』에 대하여는 뒤에서 자세히 논하겠다. 중세의 법사상가인 아우구스티누스 Augustinus(353-430)에서부터 토마스 아퀴나스 Thomas Aquinas(1225-1274)에 이르기까지 주로 교부(教父)들에 의하여 법 이론과 법사상이 표현되었다. 기독교 신학의 울타리 안에서 여러 상징들을 사용하여 설명하는 것이 많았다.[32]

오토 Otto 3세는 신성 로마 제국의 황제로서 그의 사촌을 교황으로 성취한 막강한 황제였다. 최초의 게르만족 교황인 그레고리 Gregory 5세가 그였는데, 로마의 귀족 크레센티우스 Cresentius의 반란으로 축출되었다. 오토 황제는 로마로 진군하여 크레센티우스를 체포하여 처형하고 교황 그레고리 5세를 복위시켰다. 1470년경에 화가 바우츠 D. Bouts가 그린 「오토 3세 황제의 정의 Justice of Empor Otto Ⅲ」가 있

---

31) 자세히는 최종고, 『법사상사』(박영사, 1999), 57-58쪽.
32) 자세히는 Hannelore Sachs, *Christliche Ikonographie in Stichwörter*, 5 Aufl. (München, 1994) ; Karl von Amira, *Der Stab in der germanischen Rechtssymbolik* (München, 1909).

그림 4-11 바우츠의 「오토 3세의 정의」

는데, 이 그림은 12세기 역사가인 고드프라이 Godferey의 서술을 르네상스풍의 회화로 그린 것이다(그림 4-11). 왕비와 간통을 한 귀족이 처형된 후, 왕비가 직접 그 끊어진 간부(姦夫)의 목을 들고 황제 앞에서 무릎을 꿇고 있는 모습을 인상적으로 그리고 있다. 이것은 실제로 있었던 역사적 사실을 정의의 상징으로 만들어 가는 과정을 나타내는 작품이라 하겠다.

3 근세에서의 법상징

흔히 르네상스 Renaissance 종교 개혁 Reformation, 그리고 로마법의 수용 Rezeption의 3R로 시작된다고 하는 근세는 한마디로 1000년 동안의 중세를 뛰어넘어 고대 그리스 로마의 인간 중심주의의 문화와 예술을 복구시키려는 움직임에서 비롯하였다. 따라서 법에서도 고대의 상징들이 다양하게 개별화되어 재현되었다.

특히 상징의 중요성은 17, 18세기의 낭만주의 Romantik와 함께 고조되었다. 낭만주의는 문학, 미술, 음악의 전 분야에 걸친 문화사적 현상으로, 엄격한 고전주의에 반항하여 객관보다 주관을, 지성보다 감정을 중요시하고, 개성을 존중하고 정서적으로 자유를 추구하여 상상에 이르는 무한한 동경을 나타낸 풍조였다. 이러한 낭만주의 사조는 법학에도 영향을 미쳐 이른바 역사법학파 historische Rechtsschule를 형성시켰다. 낭만주의는 한마디로 역사와 전통 속에서 아름다운 것, 올바른 것, 성스러운 것을 찾아내려는 노력이었다. 이러한 문화적, 정치적 낭만주의는 점점 근대적 의식에 눈뜨고 있는 사람들의 마음에 공명되어 모든 정신 문화의 영역에 영향을 주었다. 그리하여 법에서도 많은 법상징들이 새롭게 추구되고 설명되었다. 그림 J. Grimm(1785-1863)이 『법에 있어서 시 Von der Poesie im Recht』(1816)와 『독일 고대법 Deutsche

Rechtsaltertümer』(1828), 『판고법(判告法, *Weisthümer*)』(1840-1863) 등의 방대한 저술을 통하여 수많은 법상징을 발굴하였다. 기르케 O. Gierke (1841-1921) 역시 『독일 법에 있어서 유머 *Humor im Deutschen Recht*』(1871), 『독일 단체법 *Das Deutschen Genossenschaftsrecht*』(4권, 1868-1913)에서 독일 법 전통에서의 아름답고 정의롭고 성스러운 것을 찾아 상징화하려는 노력을 기울였다. 유럽의 법제사에 나타나는 수많은 물건, 행위, 기록들이 법상징학에서 구체적으로 연구되는 자료들이다. 이에 대하여는 법제사가 페르 H. Fehr의 『그림 속의 법 *Das Recht im Bilde*』(1923)을 비롯하여 근년에 나온 쾨블러 G. Köbler 교수의 『독일 법사에서의 그림 *Bilder aus der deutschen Rechtsgeschichte*』(1988), 코허 G. Kocher 교수의 『법에서의 기호와 상징 *Zeichen und Symbol des Rechts*』(1992) 등에서 체계화되어 잘 서술되어 있다. 그렇기 때문에 본서에서는 이들 연구들에서 다룬 수백 종에 이르는 법상징물들을 하나하나 역사적으로 추적하면서 설명할 여유가 없다. 우리로서는 법상징학이 무엇보다도 역사 속에서 풍부한 자료를 추출할 수 있는 학문이고, 그 당시 역사 속에서 활발하게 적극적으로 활동하고 영향을 미친 사실(史實)이었다는 점만 인식하면 될 것이다.

4 현대에서의 법상징

흔히들 현대에는 상징의 의미와 역할이 축소되었고 법은 무미건조하게 논리적 체계로만 구성되는 것으로 알려져 있다. 그렇지만 현대법의 세계에서도 상징의 역할이 완전히 사라졌다고 볼 수 없다. 어느 면에서는 무미건조하고 경직된 법 구조와 법 논리를 타파하기 위하여 상징의 역할이 더욱 중요하며, 법상징의 가치가 더욱 돋보인다고 볼 수 있다.

미국의 법원에서 내려지는 판결문들을 분석해 보면 상당히 많은 고전과 상징들이 인용되고 있음을 발견할 수 있다. 한 예로 1986년 미국 대법원에서 미국 대 호크 판결(United States v. Loud Hawk, 106 S. Ct. 648)의 판결문을 보면, 파웰 Powell 판사는 수정 헌법 제6조의 신속한 재판을 받을 권리는 기소나 구금되지 아니한 피의자로 인해 발생한 소송 지연의 경우에는 적용되지 아니한다고 판시하면서 호머의 『오디세이 Odyssey』를 인용하였다. 피고인의 신속한 재판의 요구는 페넬로페의 자수(刺繡)를 연상시킨다고 표현하였다. 생사 불명인 남편 오디세이의 귀환을 기다리는 페넬로페는 구혼자들의 성화 어린 요구에 자신이 짜고 있는 베를 완성하면 구혼에 응하겠다고 약속하였다. 낮 동안에는 열심히 짜는 한편 밤에는 남몰래 짠 실을 도로 풀어 주었다. 파웰 판사는 이러한 역사적 사실을 상징적으로 판결문에 적절히 인용하였던 것이다.[33]

우리 나라의 판결문에는 미국과 같은 역사적 배경과 지혜의 원천을 밝혀 주는 고전의 인용이 부족하지만 가끔은 상징적 표현이 나타나고 있다. 수년 전 전국민과 세계의 주목 속에서 진행된 5·17 쿠데타 사건 재판에서 전두환·노태우 두 전직 대통령에 대하여 재판장 권성(權晟) 판사는 〈항장불살(降將不殺)〉이라는 고사성어(古事成語)를 빌려 항복한 장군과도 같은 두 전직 대통령에게 사형을 면제하는 상징적 논리를 구사하였다.

이처럼 현대를 사는 우리의 법 현실과 법 집행에서도 상징은 동떨어진 것이 아니라 때로는 법의 경직성을 완화시키고 논리의 막다른 골목에서 탈출구를 찾거나 생명력을 부여해 주는 역할을 하면서 계속 작용하고 있다 할 것이다. 특히 사법 권력과 정치 권력에 대한 상징의

---

33) 안경환, 「미국 연방 대법원 판결문에 나타난 서양 고전 작품」, 《저스티스》 제27권 1호, 1994년, 10쪽.

비판적 기능은 법상징학이 살아 있는 중요한 기능의 한 측면이라 하겠다. 이에 대해서는 뒤에서 다시 따로 설명하기로 한다.[34]

---

34) 참고로 W. Schild, *Bilder von Recht und Gerechtigkeit*(1995). 그리고 Robert Cover, "The Folktales of Justice: Tales of Jurisdiction," *Capital University Law Review*, vol. 14, 1985 참조.

제 5 장 서양에서의 법상징

서양에서의 법상징 가운데 조형 예술을 통한 법상징은 조각과 회화를 통하여 표현되었다. 이 순서대로 살펴보도록 한다.

1 유스티치아 조각상

정의(正義, justice)는 진리, 자유, 평화, 사랑 등과 같은 덕목의 하나이면서도 특징을 달리하기 때문에 조형으로서도 독특하게 표현되었다.[1] 서양에서는 위에 얘기한 대로 그리스 로마 시대부터 계속하여 많은 예술 양식을 통하여 조형화되어 왔다. 그 중에서도 가장 가시적인 것은 시청과 법원 등에 세워진 유스티치아 Justitia 조각상들이다. 인간은 어디서나 정의를 동경하는 마음을 작품으로 만들어 세우기를 그치

---

1) 자세히는 Otto Kissel, Die Justitia ; *Reflexionen über Symbol der Gerechtigkeit* (München, 1984) ; 그리고 이 책에 관한 좋은 서평으로 Klaus Günther, "Justitia : Kunstgeschichte für Rechtshistoriker," Rechtshistorisches Journal, Bd. 5, 1986, 6-14쪽 ; 최종고, 『정의의 상을 찾아서』(서울대출판부, 1994).

지 않았던 것이다. 어느 면에서는 그림보다도 조각이 더욱 강렬한 느낌을 주고, 많은 사람이 쉽게 볼 수 있다. 프랑크푸르트의 시내 한복판 뢰머베르크 Römerberg에 선 유스티치아 상을 비롯하여, 함부르크 시청, 뮌헨, 뉘른베르크, 하이델베르크 등 수많은 곳에 서 있는데, 수백 년 오래 된 것들도 있고, 취리히 지방법원, 브라운슈바이크 고등법원처럼 근년에 해 세운 것들도 있다.

정의의 여신상은 대체로 한 손에 저울, 한 손에 칼을 쥐고, 눈을 안대(眼帶)로 가리고 있다. 그러나 자세히 관찰해 보면 작품마다 모양이 다르고 느낌도 다르다. 어떤 것은 눈을 가리고 있고, 어떤 것은 눈을 뜨고 있고, 어떤 것은 졸고 있고, 어떤 것은 칼을 쳐들고 있고 어떤 것은 내리고 있고, 추상같이 무섭거나 화를 내고 있는 모습도 있고, 미소를 띠거나 아예 세상의 모든 불의에 체념한 듯 잠들어 있는 모습도 있다. 각 국가, 사회가 처해 있는 상황 속에서 정의의 모습을 알레고리컬하게 표현했던 것이다. 이것이야말로 법률가나 법학자가 할 수 없는 예술가의 독특한 센스와 특권이라 할 것이다. 예컨대 라이프치히 제국법원 Reichsgericht 건물에는 막대기를 부수어뜨리고 분노한 유스티치아 상이 서 있고, 프랑스 파리의 사법궁정 Palais de Justice에는 정의를 상징하는 인체(人體)들의 모습이 여러 동작으로 둘러 새겨져 있다.

정의의 여신상 유스티치아는 실로 오랜 역사를 가진다. 2000년 이상 사람들은 정의의 대하여 글로 쓰고 그림으로 그리고 조각으로 해 세워 왔다. 단순한 하나의 서양 문명의 기술품 이상으로 그것은 종교와 유사하기도 하고 정치와도 비슷한 아이콘 icon이었다. 유스티치아는 서양 문명에서 유일한 아이콘은 아니었다. 오히려 그것은 대체로 여성의 형상으로 덕목과 악덕들의 이미지를 나타내는 시리즈 속에 하나로 표현되었다. 다른 이미지들도 그러하지만 정의의 아이콘도 고대의 여신에게서 비롯되었다. 그러나 여신들의 의미가 힘을 잃고 그리스도교회가 세력을 얻게 되자 유스티치아의 형태도 변질되어 갔다. 유스티치아는 불편부당하게 공평하기 위하여 눈을 가리는 것으로 표현되었다. 어떠한 아이콘도 구체적인 것보다는 애매성을 띠고 있다. 구약 성서에서 앞을 못 보게 늙은 아브라함을 속여 큰아들 이삭Isaac이 축복을 받은 것처럼, 눈으로 볼 수 없음이 맹목(盲目)의 가능한 잠재성을 보여 주는 것이다. 보지 않으면 두려워하지 않는다. 어떤 형체에도 매력을 느끼지 않는다. 눈을 가렸기 때문에 무의식적 호감의 미묘함도 제거할 수 있고 의식적 통찰의 가능성도 제거된다. 유스티치아는 눈을 가렸다는 것뿐이지 눈이 멀었다는 것은 아니다. 그것은 재판 절차의 비판적 차원이 제시되고 있음을 뜻하기도 한다. 풍자화가들은 가끔 이러한 측면을 파악하여 유스티치아가 불편부당함을 의식적으로 피하여 눈가리개를 살짝 들고 내다보는 모습으로 그리기도 한다. 눈가림은 눈이 먼 것과는 반대로 자제 self-restraint를 의미하기도 한다. 마음만 먹으면 달리 행동할 수도 있지만 그렇게 하지 않는 것이다. 눈가리개를 쳐들려는 유혹은 속이려는 유혹이 아닐 수도 있다. 참으로 자질 있는 인격의 가장 강한 유혹은 보려는 유혹이라 할 수 있다. 따라서 재판 절차는 정의의 눈가림이라 할 수 있다.[2]

그런데 런던의 올드 베일리 Old Bailey 법원 꼭대기에는 눈을 뜬 정의의 여신상이 세워져 있다. 이 정의의 여신은 〈처녀 같은 행태로 옷을 입은 채 엄격하며 두려운 용모를 하고 있으며, 예리한 눈빛으로 위엄과 존엄을 보여 외경을 느끼게 한다. 그것은 사악한 자를 두려워하게 하고 선한 자에게 용기를 준다. 선한 자와 그 친구들에게는 친근한 측면을 보여 주지만 사악한 자에게는 준엄한 얼굴로 보인다〉.[3]

고대에는 정의의 여신은 눈을 똑바로 뜬 모습을 하고 있었다. 눈을 가리는 것은 1494년 독일에서 처음으로 표현되었다. 즉, 바젤의 브란트 S. Brant의 『광대선 Das Narrenschiff』에서 광대가 정의의 여신의 눈을

---

2) Robert Cover, *The Structure of Procedure*(1979), 25쪽.
3) Emblem의 Justitia에 관한 설명(자세히는 이하 Emblem에서 서술).

가리는 삽화가 유명한 화가 뒤러 A. Dürer에 의해 그려졌다. 이 책은 중세적 질서에 대한 비판과 풍자를 담은 것으로 정의의 기능을 다하지 못하는 것을 비꼬는 얘기도 들어 있다. 판단의 부재와 부정의를 풍자하고 흉내내는 것, 법원의 무지와 부정직을 비판하는 것이었다. 뒤편에 서 있는 사람은 같은 목적을 위하여 봉사하며, 적대적이고 해악적인 말썽꾸러기로 상징된다.[4]

1510년에 제정된 『밤베르크 법전 Bambergensis』에도 목판화가 들어 있는데, 다섯 명의 판사가 광대의 모자를 쓰고 눈가리개를 하고 있다. 위에 설명이 붙어 있는데 〈이 눈 가린 바보들의 나쁜 버릇은 바른 것과는 반대로 판결을 내리는 것〉이라고 적혀 있다.[5] 교회 재판을 대신하고 있던 세속 재판에 대한 이러한 비판을 교회는 격려해 주었다. 16세기는 종교개혁, 로마법수용, 규문절차, 인쇄 기술의 발명과 함께 법적 변화도 격심한 때였기 때문에 비판받을 것들이 많이 있었다.[6] 사실 16세기의 독일 목판화들을 보면 무시무시한 고문 장면들을 그리고 있어 정의가 눈을 가린 것같이 보인다.

이러한 원래의 눈가림의 의미가 수세기 지나는 동안 변질되어 갔다. 어느 샌가 눈가림은 큰 것과 작은 것을 구별하지 않는 불편부당성(不偏不党性)을 확보하는 본질적 특성같이 여겨지게 되었다. 〈남을 판단하지 말고 사람을 존경하지 말라. 선물을 받지 말라. 선물은 현명한 자의 눈을 멀게 하고 정의의 말을 왜곡시킨다〉는 출애굽기 16장 19절의 표현이 후일 미국 변호사 협회의 윤리장전 Ethical Code에까지 반영되었다.[7]

---

4) 자세히는 Thomas Würtenberger, *Albrecht Dürer-Künstler, Recht Gerechtigkeit* (Frankfurt, 1971).
5) Bambergensis는 Johann von Schwarzenberg(1465-1528)에 의해 편찬된 *Bambergische Halsgerichtsordnung*, 1507.
6) 최종고, 『서양법제사』(박영사, 1997), 187-189쪽.
7) 미국 변호사 윤리 장전의 제정 경위에 대하여는 최종고, 『법과 윤리』(경세원,

어쨌든 눈가리개는 불편부당성의 상징으로 정착되었다. 정의의 눈가리개는 자신의 손 안에 있는 칼과 저울도 볼 수 없다. 칼과 저울과 눈가리개의 일관성 없는 배치는 알레고리적 성격을 띠면서도 문제로 의식되고 있다. 정의의 공평성은 그녀의 처녀 같은 모습에서 근본적으로 상징된다. 불편부당성의 상징으로서의 눈가리개는 본질적인 것이 아니다. 그리스의 고대 철학자 크리시푸스 Chrysippus는 말하기를 〈그녀(정의)는 순진성의 상징으로 처녀의 타이틀을 갖고 있고, 어떠한 사물에도 아첨하려는 언어를 갖고 있지 않다〉고 하였다.[8] 눈가리개는 정의의 얼굴에 표정을 숨겨 사악한 자에게 공포를, 선한 자에게 용기를 자극시키는 목적을 이행하지 못한다. 그래서 뉴욕의 변호사 시먼즈 A. Simmonds는 앞으로 정의의 여신상의 조각은 오히려 눈가리개를 없애야 한다고 주장하기도 한다.[9] 물론 이것은 어떤 면에서 당위적 요청이고, 그 시대 그 국가가 갖는 정의의 상황에 맞추어 어떻게 표현할지는 예술가의 자유이다.

아래에서 제작 연대별로 정의의 여신상의 중요한 작품들을 검토해 보기로 한다.[10]

(1) 프랑크푸르트의 정의의 우물

서양의 정의의 여신상 중에서도 어쩌면 가장 유명하고 대표적 작품으로 알려진 것은 독일 프랑크푸르트 Frankfurt. a. M.의 뢰머베르크 Römerberg 광장에 서 있는 〈정의의 우물 Gerechtigkeitsbrunnen〉 상이라

2000, 증보판), 310-315쪽.
8) Andrew Simmonds, The Blindfold of Justice, *American Bar Association Journal*, vol. 63, 1977, 1164쪽에서 재인용.
9) 같은 책, 1164쪽에서 재인용.
10) 자세히는 Otto Kissel, 앞의 책 참조.

그림 5-1 프랑크푸르트의 뢰머베르크에 서 있는 정의의 여신상

할 것이다(그림 5-1). 우물은 1542년에 만들어졌고 정의의 상은 1611년에 요한 호흐아이젠 Johann Hocheisen에 의해 사석(沙石)으로 제작되어 세워졌다. 그러나 그 후 파괴되어 1887년에 오늘날의 청동상으로 다시 만들어 세웠다. 이 정의의 여신상은 왼손에 저울을 비스듬히 쳐들고 오른손에 칼을 비켜 든 채 눈을 가리지 않고 바로 뜨고 앞을 주목하여 보고 있다. 발을 한 발 내딛어 움직이려는 듯한 동적인 분위기가 매우 생동감 있게 보이는 작품이다.[11]

(2) 잘츠부르크의 유스티치아 상

오스트리아의 음악 도시로 알려진 잘츠부르크 Salzburg 구시청 Altes Rathaus에 세운 유스티치아 대리석상은 1618년에 건립되었다(그림 5-2). 그러나 그 제작자는 알려져 있지 않다. 유스티치아는 의자에 앉아 왼손에 저울을 아래로 들고 있고, 오른손으로 큰 칼을 쳐들고 있다. 눈을 바로 뜨고 있고, 다소 앞으로 나오는 듯한 자세로 동적인 느낌을 주며, 유스티치아의 머리와 옷 모양이 다소 갑옷과 같은 느낌을 주는 것이 인상적이다.

그림 5-2 잘츠부르크의 구시청에 세운 유스티치아 대리석상

---

11) 저자는 프랑크푸르트에 갈 때마다 이 정의의 여신상을 방문하여 사진으로 찍는데, 서양의 많은 유스티치아 상 가운데서는 가장 표준적인 작품같이 마음이 끌린다. 독일의 TV 뉴스 시간에 사법부의 재판을 보도할 적에 비치는 로고 화면에도 이 작품이 기초가 된 것을 보았다.

(3) 뮌스터 시청의 유스티치아 상

독일 베스트팔렌 Westfalen 주의 뮌스터 Münster 시청에 세운 유스티치아 상은 1620년경에 제작된 것으로만 알려져 있고 그 제작자의 이름은 모른다(그림 5-3). 앞에서 본 두 유스티치아 상이 모두 눈을 뜨고

그림 5-3 뮌스터 시청에 세운 유스티치아 상

있는 것에 비해 이 상은 눈을 가리고 있으며, 양손에 저울과 칼을 들고 부동 자세로 무표정하게 서 있는 것이 특징이다.

(4) 레겐스부르크의 정의천

독일 레겐스부르크 Regensburg의 시청 앞에 서 있는 정의천(正義泉, Justitia-Brunnen)은 1659년에 레오폴드 힐머 Reopold Hilmer에 의해 제작

그림 5-4 레겐스부르크 시청 앞에 만들어 세운 정의천

되었다(그림 5-4). 다소 비너스 상을 연상시키는 듯한 우아한 모습의 여성상으로, 왼손에 저울을 내려 들고 오른손에 자그만 칼을 들고 서 있다.

(5) 로텐부르크의 유스티치아 상

독일의 전통적 도시 로텐부르크 Rothenburg 시청에 1681년에 이름 미

그림 5-5 로텐부르크 시청에 서 있는 유스티치아 상

상의 작가에 의하여 유스티치아 상이 세워졌다(그림 5-5). 그 옆에는 사피엔티아 Sapientia 상이 함께 세워졌다. 이 유스티치아 상은 다소 음악의 여신상을 연상시키는 우아한 여성의 모습으로, 진지하게 눈을 바로 뜨고 있고, 왼손으로 저울을 쳐들고 있으며 오른손으로 칼을 마치 악기를 들듯 굽혀 들고 있다.

(6) 하나우의 정의의 여신상

독일의 프랑크푸르트에서 가까운 하나우 Hanau 시청 앞에 선 정의의

그림 5-6 하나우 시청에 있는 정의의 여신상

여신상은 17세기 작품으로, 그 작가도 이름을 알 수 없다(그림 5-6). 청동상으로, 허리가 늘씬한 아름다운 여신이 비스듬히 고개를 돌려 왼손에 커다란 저울을 쳐다보며 들고 있고 오른손에 칼을 아래로 내려 들고 있는데, 마치 춤을 추는 듯한 율동미를 보여 주는 독특한 작품이다.

(7) 보름스의 유스티치아 상

독일의 보름스 Worms의 시장 우물 Marktbrunnen에 세워진 유스티치아 상은 17세기에 익명의 작가에 의해 제작되었다(그림 5-7). 이 유스

그림 5-7 보름스의 시장 우물에 세워진 유스티치아 상

티치아 상은 자그마한 키의 소녀가 눈을 안대로 가린 채 왼손에 큼직한 저울을 들고 오른손에 큰 칼을 비스듬히 쳐들고 있는 모습을 하고 있다. 한 발을 내세웠는데 마치 군화를 신은 듯이 다소 전투적으로 보이는 인상을 주고 있다.

(8) 베를린의 유스티치아 상

프로이센의 수도 베를린 Berlin의 옛 궁정재판소 Kammergericht의 지붕에 세워진 유스티치아 상은 비스듬히 앉아 저울을 내리고 칼을 비껴

그림 5-8 베를린의 옛 궁정재판소에 세워진 칼과 저울을 든 유스티치아 상

세운 채 칼 끝을 눈으로 응시하는 독특한 모습을 취하고 있다(그림 5-8). 1734년에 게를라흐 P. Gerlach에 의해 제작된 이 작품은 현재 베를린 박물관 Berliner Museum 안에 소장되어 있다.

(9) 뮌헨의 성 미카엘 상

독일의 바이에른 Bayern 주 뮌헨 München의 성 베드로 교회에 18세기 중엽 요한 그라이프 Johann Greif에 의해 제작된 천사 미카엘 상은 유스티치아처럼 한 손에 저울을 들고 있고 다른 한 손에는 불꽃 같은 가지를 들고 있다. 눈을 크게 뜨고 있으면서도 자비로운 표정을 짓고 있으며, 두 날개를 달고 있어 여성적 천사상으로 보인다. 정의의 상징으로서의 역할을 하는 미카엘 천사상의 한 예라 할 것이다.

(10) 뤼네부르크 시청의 유스티치아 상

독일의 북쪽에 있는 뤼네부르크 Lüneburg의 시청 건물 벽면에 서 있는 유스티치아 상은 18세기에 무명 작가에 의하여 건립되었다. 이 작품은 왼손으로 눈을 가린 안대를 받치고 있고, 오른손으로 매우 큰 칼과 저울을 한꺼번에 쥐고 있는 형식을 취하고 있는 것이 인상적이다. 다소 몸을 뒤로 젖힌 듯한 자세와 긴 곱슬머리가 우아하게 보인다.

(11) 오스트리아 법무부의 유스티치아 상

오스트리아의 수도 비엔나 Vienna에 있는 법무부 Justizimisterium의 대강당에 서 있는 유스티치아 상은 1881년에 조각가 펜들 Pendl에 의하여 제작되었다(그림 5-9). 이오니아식 석주에 의하여 아치형으로 구성된 벽면에 성모 마리아 같은 우아한 모습으로 앉아 있는 정의의 여신상은

그림 5-9 비엔나의 법무부 대강당에 있는 유스티치아 상

왼손으로 법전을 펼쳐 쥐고 있고, 오른손으로는 금빛 칼을 약간 쳐들고 있다. 멀리서 보아도 매우 우아한 상으로 보인다.

(12) 함부르크 시청의 유스티치아 상

독일의 항구 도시 함부르크 Hamburg의 시청 대축하연장 Festsaal에 세워진 유스티치아 상은 1890년에 크라머 J. Kramer에 의해 제작되었다(그림 5-10). 내부의 기둥 장식의 일환으로 만들어진 이 작품은 얼핏

그림 5-10 함부르크 시청의 대축하연장에 서 있는 유스티치아 상

보기에 남성으로 보이며, 머리에 승리의 월계관을 쓰고 있고, 왼손의 저울을 어깨로 받쳐들고 있으며, 오른손으로 큰 법전을 쥐고 있다. 갑옷과 같은 옷에 전투화를 신은 장중한 모습이 승리의 정의상같이 보인다.

한편 같은 시청의 계단에 세워져 있는 유스티치아 상은 같은 해에 조각가 아우구스트 포겔August Vogel에 의하여 제작되었는데, 엄숙한 표정의 여성상으로 왼손으로 저울을 쳐들고 있고 오른손에는 법전을 펼쳐 들고 서 있다. 역시 중후한 느낌을 주는 작품이다.

(13) 라이프치히 제국법원

독일 라이프치히 Leipzig에 있던 제국법원 Reichsgericht의 정면에는 가운데에 정의의 여신 유스티치아가 왕관을 쓰고 큰 칼을 들고 앉아 있는데, 왼쪽으로는 해방과 자유, 오른쪽으로는 형벌과 저주를 내리는 행동이 조각되어 있다(그림 5-11). 지붕의 꼭대기에는 진리의 여신이 등불을 쳐들고 있다. 1895년에 완성되었다. 동독 시절에는 박물관으로 사용되다가 다시 법원으로 복구되고 있다.

그림 5-11 라이프치히의 구 제국법원 정면. 가운데 유스티치아 상

(14) 뮌헨의 사법궁전

뮌헨의 카를스 광장 Karls Platz에 있는 사법궁전 Justiz-Palast의 정면 지붕에 서 있는 정의의 여신상은 1897년에 완성되었다(그림 5-12). 머리에 승리의 월계관을 쓰고 있고 눈을 안대로 가린 것 같으면서도 앞을 주시하는 정의의 여신은 왼손에 저울을 들고 있고 오른손으로 칼을 내려 들고 있다. 망토를 등에 걸치고 있으나 거의 나체의 모습이며, 좌

그림 5-12 뮌헨 카를스 광장에 있는 사법궁전 정면 지붕에 서 있는 정의의 여신상

우로 사슬에 묶인 죄인상과 칼에 놀라 웅크리는 무인상을 세워 정의의
여신을 더욱 미화시켜 주고 있다.

(15) 부다페스트의 유스티치아 상

필자가 1986년에 헝가리의 부다페스트 Budapest를 방문했을 때 공원
에서 우연히 발견한 기념비에는 이름 모를 정치가의 상과 그 사방에
각종 장식의 상들이 세워져 있었는데 유스티치아 상이 매우 인상적이
었다(그림 5-13). 그리스도와 같은 왕관을 쓴 우아한 여성이 왼손은

그림 5-13 헝가리 부다페스트의 공원에 서 있는 유스티치아 상

가슴에 모아 저울을 든 채 오른손으로 큰 법전을 들고 서 있다. 언제 누구에 의해 제작되었는지는 미처 확인하지 못하였다.

(16) 파리의 사법궁전

파리 Paris에 있는 사법궁전 Palace de Justice의 벽면에는 커다란 시계가 있는데 주위가 아름답게 장식되어 있다(그림 5-14). 오른편에 그리스의 여신을 방불케 휘늘어진 옷을 입은 정의의 여신이 왼손으로 저울을

그림 5-14 파리의 사법궁전에 설치된 정의의 상과 시계

들고 있고 오른손으로는 칼을 비스듬히 쳐들고 있는 우아한 모습으로 장식되어 있다. 이 외에도 건물의 사면 벽에는 법과 정의를 상징하는 저울과 칼, 그리고 진리와 평화 등을 상징하는 각종 여신상들이 화려하게 장식되어 있다.[12]

(17) 베를린 지방법원의 유스티치아 상

베를린의 테겔 가 Tegelerweg에 있는 지방법원 입구에 세워진 유스티치아 상은 1906년에 헤르만 엥겔하르트 Hermann Engelhardt에 의해 세워졌다(그림 5-15). 마치 법관처럼 의자에 반듯하게 앉은 정의의 여신

그림 5-15 베를린의 테겔 가에 있는 지방법원 입구에 세워진 유스티치아 상

---

12) 자세히는 Jacques Boedels, *La Justice*(Antébi, Dole, 1992), 163-174쪽.

은 관을 쓰고 눈을 안대로 가리고 있으며, 왼손으로 권표(權標)를 내려 쥐고 있고 오른손으로는 무릎 위에 놓인 큰 법전을 들고 있다. 전체적으로 무표정하고 엄격한 인상을 주면서도 어딘지 단아하고 공정한 느낌을 준다.

(18) 엘버펠트의 정의천

독일의 중소 도시 엘버펠트 Elberfeld의 정의천에 서 있는 유스티치아 상은 1910년에 베른하르트 훼트거 Bernhard Hoetger에 의해 제작되었다

그림 5-16 엘버펠트의 정의천에 서 있는 유스티치아 상

(그림 5-16). 입으로 물을 내뿜는 세 마리의 사자상 위에 마치 목욕탕에서 나오는 처녀처럼 하체만 가린 나체의 처녀상이 두 손을 펴서 하늘로 뻗은 채 목을 들어 하늘을 쳐다보고 있다. 성서의 〈정의를 하해(河海)같이 흐르게 하라〉는 표현을 떠올리게 만드는 이 유스티치아 상은 비와 물의 이미지를 정의와 관련지어 연상시키는 독특한 작품이라 여겨진다.

(19) 뮌헨 시청의 유스티치아 상

뮌헨 시청 서부 입구에 세워져 있는 유스티치아 상은 1905년에 토머스 부셔 Thomas Buscher에 의해 제작되었다. 전체적으로 마리아 상 같은 느낌을 주는 여성이 왼손에 저울을 내려 들고 있고 오른손으로는 큰 칼을 높이 쳐들고 있다. 마치 성 미카엘 천사가 진노한 모습으로 칼을 내려치는 모습을 연상케 한다. 일본의 최고재판소에 있는 정의의 여신상이 칼을 높이 쳐들고 있는 모습과 유사한 느낌을 주는 작품이다.

(20) 함부르크 고등법원

함부르크 고등법원의 정면 지붕에 세워진 유스티치아 상은 1912년에 보크 A. Bock에 의해 제작되었다. 마치 로마의 황제를 연상시키듯 매우 위엄 있는 당당한 자세로 의자에 앉아, 왼손에 큰 칼을 내려 들고 오른손에 보각(寶角)을 쥐고 있다. 눈을 부릅뜨고 정면을 주시하고 있다. 정면 벽에 라틴어로 〈법은 선(善)과 형평(衡平)이다 jus est boni et aequi〉라고 새겨져 있어 위의 정의의 여신상과 조화를 이루고 있다.

(21) 뒤셀도르프 상소법원

독일의 중부 도시 뒤셀도르프 Düsseldorf의 상소법원 재판정에 새겨진 정의의 여신상은 1913년 빌리 슈파츠 Willy Spatz에 의하여 제작되었다(그림 5-17). 몸체는 없고 얼굴만 눈을 안대로 가린 모습이며, 그 아래에 저울을 걸어 두고 있다. 서양에서는 이처럼 유스티치아의 신체 부분이 해체되어 있는 작품은 보기 드문데, 뒤에 설명하는 일본에서의 정의의 상징과 관련하여 주목해 볼 필요가 있다.

그림 5-17 뒤셀도르프의 상소법원 재판정에 새겨진 정의의 여신상

(22) 취리히 지방법원

스위스 취리히의 지방법원 안에 있는 유스티치아 상은 1916년에 헤르만 할러 Hermann Haller에 의해 제작되었다. 마치 목욕을 하고 나오는 여인처럼 거의 완전 나체로, 왼손으로 복부를 가로질러 칼인지 막대인지 분간할 수 없는 것을 감추어 들고 오른쪽에 작은 저울을 감추듯 들고 서 있다. 물론 눈가리개를 하고 있지 않으며, 전통적인 유스티치아의 상과는 매우 느낌이 다른, 현대적이며 다소 육감적인 작품이다.

(23) 프랑크푸르트 지방법원

프랑크푸르트의 지방법원 청사에 서 있는 유스티치아 상은 1953년 헬무트 브링크만 Helmut Brinckmann의 작품으로 1953년에 제작되었다. 이 작품은 매우 현대적인 추상 조각처럼 보일 정도로 단순하게 의자에 앉은 소녀상의 모습을 갖추고 있다. 아무런 옷 장식도 없고 눈가리개도 없으며, 고개를 약간 하늘로 쳐든 채 왼손을 다소곳이 꺾어 들고 오른손을 쳐들고 있다. 기원과 승리를 복합적으로 느끼게 하는 정의의 이미지를 전달해 주는 것 같다.

(24) 브라운슈바이크 고등법원

북부 독일의 도시 브라운슈바이크 Braunschweig에 있는 고등법원에 세워진 유스티치아 상은 1956년에 보도 캄프만 Bodo Kampmann에 의해 제작되었다(그림 5-18). 고도의 추상 작품으로 앉아 있는 여인의 형체를 하고 있으며, 두 팔을 벌리고 그 손바닥 위에 자그만 사람의 형체를 들고 있다. 그 뜻을 이해하기가 쉽지 않지만 무언가 인간의 행위를 전체적으로 저울질하는 듯한 느낌을 주는 작품이다.

그림 5-18 브라운슈바이크 고등법원에 서 있는 유스티치아 상

(25) 미국 연방 대법원

워싱턴 D.C.에 있는 미국 연방 대법원 Supreme Court은 법과 정의의 상징물의 관점에서 보고(寶庫)와도 같다. 1932년에 건축가 카소 길버트 Casso Gilbert에 의해 건립된 건물 자체가 아테네와 로마에서 보는 클래식한 건물로서, 법과 정의의 권위와 정중미를 나타내 준다. 그 앞에 제임스 프레이저 James Fraser가 만든 〈정의의 명상 Contemplation of Justice〉이란 작품, 즉 눈을 가리고 저울을 들고 있는 「눈 가린 정의 Blind Justice」의 여신상과, 법전과 칼을 들고 있는 「법의 권위 Authority

그림 5-19 미국 연방 대법원 입구에 세운 정의의 여신상

of Law」의 남성상이 대조를 이루고 서 있다. 남성과 여성의 대조 속에 법의 공정성과 강력성이 균형감 있게 느껴진다.

건물 현관에는 〈질서와 권위에 의해 보존되는 자유 Liberty Enthroned Guarded by Order and Authority〉라는 제목의 조각상들이 있고, 그 아래에 〈법 아래에서의 평등한 정의 Equal Justice Under Law〉라고 새겨져 있다. 동쪽 현관에는 역사상 법과 정의의 발전을 위해 공헌한 위대한 인물들을 조각해 놓았다. 허먼 맥나일 Herman MacNeil에 의해 제작된 이 연작은 모세, 공자, 솔론을 히브리, 중국, 그리스 문명의 대표적 〈법률가〉로 부각하고 있다. 동양에서는 공자가 법에 반대하여 예(禮)와 도덕을 주장한 인물처럼 비쳐지지만, 미국에서 대법원에 그를 법률가로 새겨 놓았다는 것은 여간 상징적인 것이 아니다. 공자는 사구(司寇)를 지냈는데, 영어로 번역하면 Minister of Justice, 즉 법무장관에 해당한다.[13] 또한 현관 문에도 〈정의의 진화 The Evolution of Justice〉라는 관점에서 역사적으로 법과 관련된 중요한 사건들을 조각해 놓았다. 미

---

13) 그래서 Moris Cohen, *Law: The Art of Justice*(N. Y., 1992)에도 법률가의 초상으로 공자가 소개되고 있다.

국 대법원의 법미술에 대하여는 종합적인 연구가 필요할 것이다.[14]

2 회화에서의 법상징

앞에서 본 대로 서양에서 법과 정의의 상징은 유스티치아라는 인격화된 여신상을 조각 작품으로 만든 것이 주류를 이루었지만, 조각만 아니라 회화나 메달 등 다른 여러 수단을 통하여도 표현되었다.[15] 아래에서는 회화를 통하여 나타낸 법과 정의의 상징을 살펴보기로 한다. 대체로 시대순으로 고찰하되 그 중요성이 큰 작품과 사항들을 앞서 설명하고 뒤에서 다시 한번 작품별로 검토하는 형식을 취하기로 한다. 고대에 관하여는 신화의 부분으로 돌리고 중세에서부터 시작하기로 한다.

(1) 아우크스부르크의 유스티치아 상

1160년경의 작품으로 재단에 새긴 유스티치아상이다. 중앙에 십가가에 달린 예수 그리스도의 상을 원형으로 넣고 네 모퉁이에 4추요덕을 그렸는데, 여기서의 유스티치아 상은 손에 삼각형 모양의 자를 들고 있고 머리에 광채가 나는 인간상으로 그려져 있다. 오히려 〈용기 Fortitudo〉가 한 손에 칼을 들고 한 손에 저울과 같은 모양의 도구를 들고 있는 모습이 보인다. 현재 아우크스부르크 Augsburg 미술관에 소장되어 있다.

---

14) 자세히는 Fred J. Maroon & Suzy Maroon, *The Supreme Court of the United States*(N. Y., 1996), 35-54쪽; Chongko Choi, "Images of Justice East and West"(unpublished), a paper delivered at the East-West Center(Honolulu, 1998).

15) 메달에서의 법과 정의의 상징에 관하여는 Guido Kisch, *Gerechtigkeit in der Medaillenkunst*(Heidelberg, 1955).

(2) 작센슈피겔

『작센슈피겔 Sachsenspiegel』은 서양 법의 역사를 연구하는 데에 바이블과 같은 정도로 중요한 독일 중세의 고법서(古法書, Rechtsbuch)이다 (그림 5-20).[16] 미타이스 H. Mitteis는 말하기를 『작센슈피겔』이야말로

그림 5-20 『작센슈피겔』

---

16) Sachsenspiegel에 관하여는 최종고, 「작센슈피겔 연구 서설」, 『현승종박사 회갑기념논문집』(박영사, 1980)과 「작센슈피겔의 법사상」, 《사법연구》 창간호, 청헌법률문화재단, 1989 그리고 『서양법제사』(박영사, 1986), 156-174쪽; G. Kisch, Sachsenspiegel-Bibliographie, ZRG, Bd. 90, 1973, 73-99쪽.

중세에 있어서 독일 법 정신의 최대의 성과이며, 어떠한 곳에서도 이 보다 더 풍부한 사상과 창조력이 표시되지 못하였다〉[17]고 하였다. 필자도 대학 시절에 서양 법제사 시간에 『작센슈피겔』의 이름을 자주 듣고 1970년대 후반에 독일에 유학하면서 하이델베르크 대학 도서관에서 그 원본을 열람하기도 하였다. 이 도서관의 관장 코쇼레크 W. Koschorreck 박사가 편집한 천연색 사진판을 구입하여 몇 편의 논문을 쓰기도 하고 텍스트 자체의 번역을 진행 중에 있기도 하다.[18] 많은 법제사가와 문화사가들이 『작센슈피겔』에 무한한 매력을 느끼는 것은 이를 통하여 12-13세기의 서양인들이 어떠한 세계관, 인생관, 역사관을 가지고 살았는지 얼굴처럼 비춰 볼 수 있기 때문이다. 특히 이 법서는 글씨로만 된 것이 아니라 그 내용이 그림으로 그려져 있기 때문에 더욱 풍부한 문화사적 의의를 가지며, 법상징의 연구에 커다란 중요성을 갖기도 한다.

『작센슈피겔』은 독일 작센 지방의 기사(騎士) 아이케 폰 레프고우 Eike von Repgow가 작성한 사찬 법서(私撰法書)이다. 그는 1180년에서 1190년 사이에 출생하여 1233년 이전에 사망하였을 것으로 추측된다.[19] 그는 기사 신분에 맞는 교육을 받았으며, 특히 그의 광범위한 성서 지식 및 그리스도교 이해는 교회 학교에서 배운 것으로 추측된다. 이러한 종교적 신앙과 높은 윤리 의식에 근거하여 그는 당시에 독일인이 갖고 있던 법 관념과 질서를 기록하였던 것이다. 중세인들의 법 관념이 오늘날처럼 개념과 논리 위주가 아니라 상징적이고 시적(詩的)인

---

17) Mitteis/Lieberich, *Deutsche Rechtsgeschichte*, 12. Aufl.(1971), 156쪽.
18) Walter Koschorreck, *Die Heidelberger Bilderhandschrift des Sachsenspiegels*, Faksimile Ausgabe und Kommentar(Heidelberg, 1970). 이 Faksimile판은 현재 서울 법대 귀중문서실에 전시되어 있다. 그리고 이 자리를 빌어 취리히 대학의 쇼트 C. Schott 교수가 자신이 편집한 *Das Sachsenspiegel*, hrsg. von Clausdieter Schott(Manese Verlag, 1984)를 직접 선물해 주신 데에 감사한다.
19) Eike von Repgow에 관하여는 Erik Wolf, *Große Rechtsdenker der Deutschen Geistesgeschichte*, 3. Aufl(1951), 1-28쪽.

〈오래 된 좋은 법 altes gutes Recht〉의 관념에 입각하고 있었던 것처럼, 『작센슈피겔』에 나타난 법 관념 역시 그러하였다.[20] 그는 법을 〈이 법은 내 스스로 생각한 것이 아니오, 오래 된 것으로부터 우리에게 전달된 것, 우리의 훌륭한 조상들〉이라고 시적으로 표현하면서 법을 생활질서로 표현하였다. 〈작센슈피겔〉이란 이름부터 마치 부인들이 거울에 얼굴을 비춰 보듯이 〈작센인의 거울 Spiegel der Sachsen〉이란 뜻으로 붙였다. 처음에는 라틴어로 기록하였는데, 그것은 일실되었고 오늘날 전해지고 있는 것은 그의 봉주(封主)의 요청에 따라 라틴어에서 독일어로 손수 번역한 것이다. 본서의 성립 연대는 정확히는 알 수 없고 1215년에서 1235년 사이일 것으로 법사가들은 추측하고 있다. 많은 연구 성과에 따라 어느 정도 『작센슈피겔』의 구성을 다음과 같은 여덟 개의 분야로 구분하고 있다.[21]

① 도입 부분(Textus Prologi ── Ⅰ 3)
② 상속법 부분(Ⅰ ── Ⅰ 30)
③ 가족법 부분(Ⅰ 31 ── Ⅰ 54)
④ 재판소 부분(Ⅰ 55 ── Ⅱ 12)
⑤ 형법 부분(Ⅱ 13 ── Ⅱ 65)
⑥ 란트프리데 Landfriede 부분(Ⅱ 66 ── Ⅲ 3)
⑦ 소송법 부분(Ⅲ 4 ── Ⅲ 41)
⑧ 공법 부분(Ⅲ 42 ── Ⅲ 82)

---

20) 자세히는 Fritz Kern, Recht und Verfassung im Mittelalter, *Historische Zeitschrift*, Bd. 120, 1919, 1-79쪽. 그리고 Karl Kroeschell, Recht und Rechtsbegriff in 12. Jahrhundert, *Probleme des 12. Jahrhundert*, 1968, 309-335쪽.
21) 자세히는 Erich Molitor, "Den Gedankengang des Sachsenspiegels : Beiträge an seine Entstehung," *Zeitschrift für Rechtsgeschichte*(GA), Bd. 65, 1947, 15-69쪽.

대체로 이러한 구성을 이루고 있는『작센슈피겔』은 오늘날의 법전 Gesetzbuch의 관점에서 보면 그 형식에서나 내용에서 다른 점이 많지만, 한마디로 그리스도교적 사상에 입각하여 풍부한 상징으로 당시의 세계관, 역사관, 인간관, 형벌관을 표현하고 있다.『작센슈피겔』이 얼마나 그리스도교적 사상을 반영하고 있는지, 구체적으로는 성서와 교회적 전승(傳承)들에 입각하고 있는지는 법제사가 구이도 키쉬 Guido Kisch 교수의 훌륭한 연구를 통하여 많이 알려져 있다.[22] 우선『작센슈피겔』의 서두를 장식하는 서시 Vorrede in Strophen, 서언 Prologus, 서전 Textus Prologus에서 잘 나타나고 있다.

성령의 사랑 Minne이여,
나의 이지(理智)를 강하게 하소서.
내가 신의 은총과 이 세상의 복리에 따라 작센인의 법 Recht과 불법 Unrecht을 판단할 수 있기를.
그것은 나 혼자서는 할 수 없다. 왜냐 하면 나는 법을 갈구하는 선량한 사람들에게 도움을 청하고, 만일 그들 속에 내가 어리석게도 지나쳐 이 책이 말하고 있지 않은 법률 사건에 부딪친다면, 그들은 그것을 그들이 가장 바르게 알고 있는, 우리의 의지에 따라 적법하게 판단하려고 한다. 사랑도 고통도 분노도 선물도 법에서 떨어질 수는 없다. 신은 그 자신이 법이며, 그러므로 법은 신이 기뻐하시는 것이다. 그리하여 신에게 재판을 받아야 할 모든 사람들은 신의 분노와 신의 재판이 자비롭게 그들 위에 내려지듯이 재판하도록 명심하지 않으면 안 된다.[23]

---

22) Guido Kisch, *Sachsenspiegel and Bible*, Indiana, 1941. 이 책을 비롯하여 G. Kisch의『작센슈피겔』연구에 대하여는, Heiner Lück, Der Rechtshistoriker Guido Kisch(1889-1985) und sein Beitrag zur Sachsenspiegelforschung, Walter Pauly (hrs.), *Hallesche Rechtsgelehrte jüdischer Herkunft*(München, 1996), 53-68쪽.
23) Eike von Repgow, *Der Sachsenspiegel*, hrsg. von C. Schott, Manesse Verlag (Zürich, 1984), 29쪽.

이 〈서언〉은 전적으로 그리스도교적 사상에 입각하여, 신은 그 자신이 법이며, 법은 신이 기뻐하시는 것, 따라서 불법은 신에 의하여 용납되지 않는다는 사상을 나타내 주고 있다.
또한 〈서전〉에서도 다음과 같이 신과 인간의 기본 관계를 그리스도교적으로 서술하고, 거기에 법이 어떻게 관계되는지를 상징적으로 위치짓고 있다.

만물의 시작에서 끝까지 존재하는 신은 최초에 하늘과 땅을 만드시고, 지상의 나라에 인간을 창조하시고 그를 낙원 Paradies에 두셨다. 그런데 인간이 복종을 깨뜨리고 우리는 모두 화를 입게 되었다. 우리는 신이 그 고난을 통하여 우리를 구원하실 때까지 마치 목자 없는 양과 같이 잘못 가고 있었다. 그러나 이제 우리가 개심하여 신은 우리를 다시 불렀고, 우리는 그의 명령을 지키고 있다. 그것은 우리가 그의 예언자들과 선량한 성직자들에게서 배우고 있는 것이며, 그리하여 또 작센 지방의 사람들과 그 지방의 법에 관하여도 미치는 콘스탄티누스와 카를과 같은 그리스도교 국왕들에 의하여 제정된 것이다.[24]

한마디로 신과 인간의 바른 관계에 서 있는 법으로서, 정의를 지향하는 규범으로서의 법의 근본 사명을 설정하고 있다고 하겠다. 키쉬 교수는 『작센슈피겔』의 서문에 있는 신이 곧 법이라는 사상에 관련하여 성서의 신명기와 출애굽기, 시편의 다음과 같은 구절을 연결시켜 설명한다.[25]

법을 왜곡시키면 안 된다. 체면을 보아도 안 된다. 뇌물을 받아도 안 된다. 뇌물은 지혜로운 사람의 눈을 멀게 하고 죄 없는 사람의 소송을 뒤엎어

---

24) 같은 책, 30쪽.
25) Guido Kisch, 앞의 책, 63-70쪽.

버린다(신명기 16장 19절).

너희는 뇌물을 받지 말아라. 뇌물은 멀쩡한 눈을 가려 올바른 사람의 소송을 뒤엎는다(출애굽기 23장 8절).

야훼, 공정하시어 옳은 일 좋아하시니 올바른 자 그 얼굴 뵙게 되리라(시편 11장 7절).

이러한 사상에 입각하여 『작센슈피겔』의 서언은 〈신은 스스로 법이시니, 그러므로 법은 신이 기뻐하시는 것이라 Gott ist selber Recht, Deswegen ist ihn Recht lieb〉고 선언하고 있는 것이다. 이러한 기본 사상을 가진 레프고우를 볼프 E. Wolf는 〈독일 정신사의 위대한 법사상가〉의 한 사람으로 꼽고 있는 것이다.[26]

법상징학의 관점에서 『작센슈피겔』의 서술 하나하나가 분석되어야 하겠지만, 최소한 가시적인 면에서 가장 주목되는 것은 이른바 이검(二劍) 이론 Zwei-Schwerter-Lehre의 근거로 많이 인용되는 제1장 제1조의 부분이다.[27]

두 개의 검을 신은 그리스도교 세계를 수호하기 위하여 이 지상의 나라에 내려 주었다. 교황에게는 정신적인 것을, 황제에게는 세속적인 것을. 교황은 얼마 동안 백마를 타고 있어야 하고, 황제는 그를 위하여 안장(鞍)이 흔들리지 않도록 고삐를 쥐고 있어야 한다. 이것은 다음의 사실을 상징한다. 교황의 뜻에 반하는 것에는 그가 종교적 재판권을 가지고 교황의 뜻에 순종하여 강제하여야 한다. 종교적 권력도 필요하다면 세속적 재판권을 원조하여야 한다.

---

26) Erik Wolf, 앞의 책, 1-28쪽.
27) 이검 이론에 관하여는 최종고, 『법사상사』(박영사, 1999), 57-60쪽.

국왕 콘스탄티누스는 교황 실베스터 Silvester에게 종교적인 것을 위하여 60실링의 세속적 벌금(을 과하는 권리)을 주었고, 이것에 의하여 생명을 가지고 신에 복종하지 않는 모든 자를 강제하여 신에게 복종케 하려 한다. 이와 같이 세속적 재판권과 종교적인 것은 일치 협력해야 하며, 또 어느 일방에 거슬리는 것이 있으면 타방이 그것에 복종하여 법적 의무를 이행하도록 강제하여야 한다.

『작센슈피겔』의 세계관과 중세인의 법사상을 한눈에 보게 하는 이 조항은 그 후 루돌프 좀 Rudolph Sohm 등 수많은 교회법학자, 법철학자들에 의하여 애용되면서 법학, 신학, 철학 등에 중요한 테마로 전개되었다.

요약컨대, 『작센슈피겔』은 그것을 통하여 서양 법제사의 중세적 세계관과 인간관, 법률관을 압축하여 볼 수 있고, 또한 어떻게 보면 만화같이도 보이는 그림 하나하나의 손동작이나 지시하는 바가 매우 상징성을 담고 있어 그림을 통하여 법상징을 연구할 수 있는 좋은 자료이다.[28]

(3) 네로를 밟고 있는 유스티치아 상

15세기 작품으로 작가는 알려져 있지 않지만, 책 속에 삽화로 그려진 유스티치아 상은 넓은 의자에 앉아 오른손에 큰 칼을 들고 왼손에 법 조문이 새겨진 법전을 펴서 든 채 두 다리로 몰락한 네로 Nero 황

---

[28] 최근 독일에서는 『Sachsenspiegel』 연구에 많은 성과가 있는데, Karl Kroeschell, Der Sachsenspiegel in neuem Licht, Heinz Mohnhaupt(hrs.), *Rechtsgeschichte in den beiden deutschen Staaten(1988-1990)* (Frankfurt, 1991), 232-244쪽; *Sachsenspiegel: die Wolfenbütteler Bilderhandschrift*, Berlin(Akademie Verlag, 1993)에서의 호화로운 영인판의 출판 등이 그것이다.

그림 5-21 몰락한 네로를 밟고 승리하는 유스티치아 상

제를 짓밟고 있는 여성상이다. 머리는 태양과 같이 빛나고 왕관을 쓰고 있어 승리를 상징하는 것 같다(그림 5-21).

(4) 조토의 정의화

서양에서 정의의 주제를 다룬 회화 가운데 시기적으로도 빠르며 가장 유명한 작품은 조토 디 본도네 Giotto di Bondone의 「정의」(그림 5-22)와 「부정의」(그림 5-23) 그림이다. 이 두 그림은 이탈리아 북부의 도시 파두아 Padua에 있는 스크로베니 Scrovegni 성당의 아레나 채플

그림 5-22 조토의 「정의」

그림 5-23 조토의 「부정의」

Arena Chapel의 벽면에 그려져 있다.[29] 이 채플의 정면에는 유명한 「최후의 심판도」가 그려져 있고, 양 벽면에 여러 악덕과 덕목의 그림들이 상징적으로 그려져 있는데, 정의화(正義畵)와 부정의화는 짝을 이루면서 서로 반대편에 그려져 있다. 「정의」는 조용하고 당당한 여인으로 나타난다. 그리스 로마의 전통을 이어 여기서도 정의는 여성으로 표현되고 있다. 그런데 이 정의의 여성상은 약간 오른편 위쪽을 쳐다보고 있다. 그 눈길이 가는 곳은 〈최후의 심판〉도에 있는 천국이나 지옥이 아니다. 그보다는 더욱 낮게 이 지상의 세계를 바라보고 있는 것이다. 그녀는 실제 인물이 아닐지도 모르지만 자비로운 표정을 하고 있는 살아 있는 여성상에 가깝다. 그것 외에는 그녀는 무표정한 듯한 인상이다. 그것은 우리가 정의의 인격화(人格化)에서 적합하게 기대할 수 있는 공평성을 나타내 주는 듯하다. 「부정의」 그림에서는 공포감을 느낄 수 있지만 「정의」에서는 특별한 감정적 인상이 드러나지 않는다. 머리에 관을 쓰고 있는데 그것은 승리와 영광의 이미지를 느끼게 한다. 정의는 어쩌면 자비로운 지배자이고 모든 덕목의 여왕이다. 그녀 뒤에는 사랑스런 아치가 완벽하게 그려져 있다. 오른편 손에 날개 달린 승리의 여신 니케 Nike가 얹혀져 있는데, 그녀는 오른쪽 책상에 앉아 책을 읽거나 일을 하는 사람에게 다가가고 있다. 왼편 손에는 천둥 번개를 쥔 조그만 주피터 Jupiter가 접시 위에 얹혀져 있는데 막 처형하려는 듯 사람의 목을 내리치고 있다. 조토의 정의화는 저울을 사용하고 있지 않다. 그녀는 직접 자신의 손으로 무게를 가늠하고 있다. 그녀는 온몸이 스스로 정의이며 그녀를 도와 줄 어떤 도구도 필요하지 않다는 것을 의미하는 듯하다. 그녀는 그리스도교 신앙의 도움도 필요하지 않은 것같이 보인다. 니케와 주피터는 분명히 고전적이고 이교적인 메신저

---

29) 자세히는 스크로베니 성당에서 판매하는 *Giotto alla Cappella degli Scrovegni* (Italian, English, French, German 대역) 책자.

인 것이다. 정의의 여신의 활동은 분명하다. 즉, 덕은 보상받고 죄는 처벌받는다는 것이다. 여기에 복수 revenge는 나타나고 있지 않다.

정의의 결과는 그녀의 발 아래에 나타나고 있다. 두 사람의 사냥꾼, 춤추는 두 사람, 조그만 오두막집 앞에서 악기를 치고 있는 한 사람, 편안하게 서 있는 두 사람의 모습이 나란히 그려져 있다. 이러한 인물들이 의미하는 바는, 정의는 사람들로 하여금 스스로 즐기도록 하는 것이지 어떤 공적 목적을 위하여 끌고 가지 않는다는 것을 의미한다. 사람들이 숲 속에서도 휴식할 수 있는 것이 정의이다. 사유 재산과 공유 재산의 구분도 보이지 않고, 정치적 사안에 골몰해 있는 심각한 사람들도 보이지 않는다. 그러한 좋은 시절의 장면이 없다면 정의화는 어떠한 감정도 불러일으키지 못할 것이다. 그저 범죄는 개입될 수 없고 노력은 보상받는다는 사실을 막연히 느낄 수 있을 뿐이다.

조토의 정의화는 적어도 눈을 가리지 않고 있다. 무관심 혹은 공평함 fairness의 수단으로 취하는 이상한 눈가림은 아직 발명되기 이전이다. 그렇지만 그녀는 보상이나 형벌을 받을 대상을 똑바로 쳐다보지도 않는다. 보상자나 형벌자들에게 그녀(정의)나 우리의 감정을 불러일으키지 않는다. 부정의와는 달리 정의는 수동적이 아니다. 정의는 분명히 각자에게 그의 몫을 주고 있다. 쌀쌀하지는 않다 하더라도 시들하다. 부정의는 공포와 격분을 일으키지만 정의는 침착과 안정과 초연함을 시사한다. 그러나 적극적 특성과 부정적 특성의 대조는 이 점에서 분명하지 않다. 춤을 추고 사냥을 하는 것이 정말 살인과 강간, 절도의 반대일까? 공격으로부터의 안전은 우리로 하여금 이러한 일들을 하게 할지도 모른다. 그리고 정의로운 정부는 더욱 위험을 덜 느끼게 할 것이다. 더 이상이 필요할까? 이러한 많은 의문과 사려를 불러일으키게 하는 조토의 정의화는 실로 명작 중의 명작이라 부를 만하다. 이에 대해 특히 하버드 대학의 유디스 스클라 Judith Shklar 교수는 『부정의의 얼굴들 The Faces of Injustice』(1990)이라는 단행본 연구서를 써서 심도

있게 분석하고 있다.[30]

정의가 여성인 데 반해 조토의 부정의는 남성상으로 그려지고 있다. 그것은 여러 그리스도교적 악덕들의 일환으로 그려져 있다. 냉엄하고 잔인한 모습을 하고 입가에 엄니 같은 이빨이 보인다. 판사나 통치자 같은 모자를 뒤편으로 약간 젖혀 쓰고 있고, 손에는 나뭇가지를 치는 낫이 쥐어져 있다. 뿌린 것처럼 거둔다는 의미가 느껴진다. 왜냐 하면 그를 둘러싸고 있는 나무들이 그의 발 아래에서 벌어지고 있는 범죄들에서 자란 것이기 때문이다. 그의 뒷면에는 파괴된 성문이 있는데, 그의 아래에 소극적 부정의의 진정한 특징들이 보인다. 절도, 강간, 살인의 장면이 그려져 있다. 군인 두 사람이 이것을 방관하고 있다. 항상 위험한 장소인 숲에는 아무런 감시인도 보이지 않는다. 그것은 소극적 부정의 아래서 즐길 수 있는 만큼 흉폭해지는 인간들이 번성하는 장소이다. 그들을 다스리기 위하여 가능한 한 독재자가 필요하다. 백성과 독재자는 서로를 필요로 하는 것이다. 이들을 둘러싼 나무들은 정신의 열매가 아니요, 사도 바울이 죄의 종목으로 이름 부른 〈육신의 일 the work of the flesh〉이다. 그러나 그것은 적극적 부정의에 의해 씨 뿌려지는 것이 아니요, 그것들이 일어나도록 소극적으로 내버려 두는 정부에 의해 씨 뿌려지는 것이다. 그것은 브렌넌 Brennan 대법관이, 〈무행동은 매순간 행동처럼 권력의 남용이 될 수 있고, 한 국가가 치명적 의무를 지고도 그것을 무시할 때 억압이 될 수 있다〉고 한 말을 완전하게 상징하고 있다고 해석된다.[31]

조토의 다른 악들의 그림처럼 「부정의」는 전혀 고통당하는 것처럼 보이지 않는다. 그것은 철저히 집착이 없는 듯 보인다. 〈질투〉는 입에서 뱀이 나와 그녀의 몸을 뒤로 휘감고 있다. 〈분노〉는 그녀 자신의

---

30) Judith N. Shklar, *The Faces of Injustice* (Yale Univ. Press, 1990).
31) Brennan 판사가 De Sharey판결에서 행한 유명한 표현. J. Shklar, 앞의 책, 48쪽에서 재인용.

가슴을 찢고 있다. 분명히 조토는 아리스토텔레스보다 분노에 대하여 덜 다혈질적 견해를 가졌다. 아리스토텔레스는 분노는 고통에도 불구하고 복수를 기대할 수 있기 때문에 나름대로 즐거움을 갖는다고 보았다. 적정한 분노를 보여 줄 수 없는 것도 영혼의 왜소함을 나타내는 것이며 심각한 성격 장애일지 모른다. 그러나 조토는 사악한 사람들을 고통받는 사람들로 보았고, 그 중에 대부분은 이 지상에서 불행한 사람들이요, 그들은 모두 영원한 형벌을 받을 사람으로 보았다. 이런 의미에서 그의 부정의는 동시에 궁극적 희생이기도 하다. 그렇지만 부정의가 조토의 지옥에서 끝날 것이라는 사실을 아는 것은 이 지상에서 강간, 절도, 살인이 계속되는 한 우리에게 위안이 되지 못한다. 우리가 배우는 것은 철저히 부정의로운 관리가 실제로 어떠한 모습인가이다. 부정의는 자신의 혹은 타인의 행동의 결과로 무엇이 사람들에게 일어나는가에 전혀 관심을 두지 않는다. 그가 다스리는 입장에 있든 사적 시민의 입장에 있든 부정의는 사람들이 피해를 당하고 있다는 사실에 상관하지 않는다. 부정의로운 공인(公人)은 그래서 다른 사람들의 존엄이나 생명을 빼앗을 만큼 관용스럽거나 무관심하다. 아리스텔레스는 분노가 즐거움을 갖고 있다고 보았지만 조토가 더 진리에 가깝다고 생각된다. 어떤 것도 분노보다 더 고통스럽고 영혼 파괴적인 것도 없기 때문이다. 조토의 「부정의」 초상은 우리에게 부정의가 희생자들에게 어떻게 보이는가를 잘 설명해 준다. 그것은 공공연한 위협이며 모든 사람들에게 가해지는 윤리적 위협이다. 그것은 그가 적극적으로 행해서가 아니라 백성의 운명에 무관심하기 때문에 이루어지는 것이다. 부정의는 타인의 굴욕을 소극적으로 지탱해 나가는 것이다. 이런 면에서 조토의 「부정의」 그림은 부정의의 도덕적 심리를 가장 심오하게 표현해 주는 작품이라고 스클라 교수는 논평한다.[32]

---

32) Judith Shklar, 앞의 책. 49쪽.

필자는 1996년 5월에 이곳을 방문하여 말과 그림으로만 보던 것보다 실제로 작품이 벽면에 그렇게 대조적으로 그려진 것도 아니고, 〈최후의 심판〉도와 함께 미묘한 조화를 이루고 있는 것을 인상적으로 느꼈다. 스클라 교수가 이에 반했듯이 정의와 부정의의 이미지 상징이 논의될 때마다 조토의 이 명화는 영원히 거론될 것이다.

(5) 황새와 함께 서 있는 정의의 여신

1495년 독일의 화가 알브레히트 뒤러Albrecht Dürer는 한 귀엽고도 청순해 보이는 소녀가 왼손에 저울을, 오른손에 큰 칼을 들고 서 있는 정의의 상을 그렸다(그림 5-24). 눈을 가리지 않고 총명하게 뜨고 있

그림 5-24 황새와 함께 선 정의의 여신

는 순진무구한 소녀를 상징하여 발 옆에 한 마리의 황새를 그려 놓고 있다.

(6) 뒤러의 동판화

알브레히트 뒤러의 동판화인 「정의의 태양으로서의 그리스도 Sol Justitiae」(1500)는 사자를 타고 있으며 눈을 뜨고 있고 머리가 빛나는 남성상으로 그려진 것이 인상적이다(그림 5-25). 그리스도의 모습을

그림 5-25 알브레히트 뒤러의 동판화 「정의의 태양으로서의 그리스도」

한 유스티치아가 사자 위에 타고 앉아 왼손에 저울을 내려 들고 오른손으로 큰 칼을 쳐들고 있다. 두 눈을 부릅뜨고 있는 그의 얼굴은 태양처럼 빛나고, 후광이 그려져 있다. 이 작품은 정의가 항상 여성상으로만 그려진 것이 아니라는 것을 보여 주는 유명한 작품이다. 뒤러는 또한 1509년에서 1511년 사이에 「세계의 심판자로서의 그리스도」라는 작품을 그렸는데, 여기서도 예수는 구름처럼 지구 위에 올라앉아 있고 머리에 광채가 나며, 왼쪽에 백합꽃 가지와 오른쪽에 칼이 그려져 있고, 심판받는 사람들 위에 구원을 간구하는 남녀 한 쌍이 그려져 있다. 뒤러는 1524년에 삽화로서 불의한 재판관의 농간에 의해 정의의 여신, 진리의 여신, 이성의 여신이 형틀에 갇혀 발목이 묶여 있는 그림을 그리기도 하였다. 뒤러의 작품에 법과 정의의 상징이 풍부하게 나타나고 있는 사실에 대하여 프라이부르크 대학의 뷔르텐베르거 T. Würtenberger 교수의 연구서가 유명하다.[33]

(7) 라파엘의 정의화

서양의 정의화로서 가장 사랑받는 작품은 뭐니뭐니해도 라파엘 Raphael의 「정의 Justizia」일 것이다(그림 5-26). 그는 1508~1511년에 교황 율리우스 2세의 요청에 따라 로마의 바티칸 교황청 〈서명의 방〉 천정에다 〈정의〉라는 제목의 천정화를 그렸다. 정의를 의인화(擬人化)한 프레스코화인 이 작품은 정의를 여성으로 나타내어 원형의 화면 중심에다 모자이크처럼 보이는 황금의 공간에 뜬 구름 위에 앉히고, 관을 쓰고 긴 붉은 옷을 입은 채 양팔을 넓게 펴서 오른손에 칼을, 왼손에 저울을 든 아름다운 모습으로 그리고 있다. 정의의 여신을 수호하기 위하여 네 명의 아기 천사들이 둘러싸고 있다. 천사는 원래 남성이

---

33) Thomas Würtenberger, 앞의 책.

그림 5-26 로마 바티칸 교황청 천정에 그려진 유스티치아 상

다. 두 천사는 등 뒤에 〈각자에게 그의 몫을 ius suum unicuique tribuit〉 이라는 명판(銘板)을 들고 있다. 고대 로마의 유스티니아누스 Justinianus 황제가 편찬한 『시민법대전 Corpus Juris Civilis』의 「학설 휘찬 Pandectae」 제1권 제1장에 처음 명기되어, 울피아누스 Ulpianus, 키케로 Cicero 이래로 내려온 정의의 관념을 그림을 통해 더욱 명확히 해주고 있는 것이다.[34] 이리하여 정의의 여신은 칼과 저울을 들고 각자에게 그의 몫을 돌려주는 주인공으로 묘사되고 있는 것이다. 눈은 가리지 않고 아래로 약간 감고 있다. 매우 진지하면서도 우아한 여성상으

---

34) Sara Robbins(ed.), *Law: A Treasury of Art and Literature*(N. Y., 1990), 158쪽.

로 결코 무섭거나 살벌한 인상이 아니다. 정의의 여신을 고대부터 묘사해 왔지만 여기서는 여신이라기보다도 미녀 내지 성모 마리아처럼 정숙한 부인상으로 나타난다. 왜냐 하면 그리스도교는 유일신 사상을 갖고 있어 그 이외의 모든 신성은 거부되거나 상대화되기 때문이다. 어쨌든 라파엘에게 비쳐진 정의는 신성(神聖)과 인성(人性)을 함께 갖춘 성모 마리아 상과 유사한 것으로 보이는 것이 가장 큰 특징이다. 이러한 구도를 가진 라파엘의 정의의 의인상(擬人像)은 중세 유럽의 정의상에 전형적인 도상으로 영향을 주었고, 현대 유럽인들이 가진 징벌적인 정의의 여신상의 원형 archetype을 이루었다고 평가된다.[35]

(8) 홀바인의 유스티치아 상

스위스의 바젤 시청에는 1520년에 그린 한스 홀바인 Hans Holbein의 그림이 그려져 있는데, 여기에는 정의의 여신이 시의회에게 의무를 다 할 것을 요청하고 있다. 오른손으로 큰 칼을 들어 충성 의무를 가리키고 오른손 손가락으로 간판을 가리키고 있다. 머리에 관을 쓰고 여왕의 복장과 같은 모습을 하면서도 어딘지 브란트의 『광대선』에 나오는 광대 Narr 같은 유머러스한 모습을 보여 주고 있다. 휴머니즘 운동의 분위기를 잘 나타내 주는 작품으로 의미 깊은 유스티치아 상이라 하겠다. 그리고 홀바인이 그린 토머스 모어 Thomas More의 초상화도 정의의 법률가를 상징하는 명작으로 기억될 만하다.[36]

---

35) Raphael에 관하여 자세히는 임영방, 『라파엘로』(서문당, 1994) ; Eva-Bettina Krems, *Raphaels "Marienkronung" im Vatikan*(Frankfurt, 1996).
36) 이에 관하여는 최종고, 토마스 모어, 『위대한 법사상가들』(학연사, 1984), 1권, 15-28쪽과 『법과 미술』(시공사, 1995), 199쪽.

(9) 비셔의 나체의 유스티치아 상

페터 비셔Peter Vischer는 1524년에 그린 풍자화에서 발가벗은 정의의 여신이 황제의 눈을 눈가리개로 가려 주는 그림을 그렸다.〈신의Fides〉등 네 여신들이 나체로 그려져 있고, 뒤에는 그리스도가 승리의 깃발을 들고 있으며, 전면에는 한편에 죄인을 다스리는 형벌의 장면을 그리고 다른 한편에는 유스티치아가 의자에 앉은 황제의 눈을 가려 진실을 못 보게 하는 상징적 그림을 그렸다.

(10) 루카스의 유스티치아 상

라이덴의 루카스 Lucas van Leyden는 1530년에 유스티치아 상을 그렸다(그림 5-27). 나체의 풍만한 여인상으로 왼손에 저울을 들고 있고, 오

그림 5-27 나체로 눈을 똑바로 뜨고 있는 루카스의 유스티치아 상

른손으로는 칼을 양다리 사이에서 위로 높이 쳐든 모습을 하고 있으며, 아기 천사가 관을 뒤에서 머리 위에 씌워 주고 있다. 여기에 그려진 유스티치아의 모습은 여신보다는 인간적인 여성상으로 보이면서도 엄격한 인상을 준다.

(11) 부르크마이어의 목판화

한스 부르크마이어 Hans Burgkmair는 1531년에 목판화로 유스티치아 상을 제작했는데 운동복과 같은 간편한 옷차림의 정의의 여성상이 허리를 날씬하게 굽혀 오른손으로 저울이 새겨진 원반형을 들고, 오른손으로는 큰 칼을 허리춤에서 들고 있는 모습을 보여 준다. 장식으로 꾸민 석주(石柱)에 맞추어 기하학적 균형미를 보여 주는 작품이다.

(12) 도시의 유스티치아 상

1544년에 도시 Dossi가 그린 유스티치아 상이 있다. 이 그림에서 유스티치아는 훤칠한 키의 미모의 여성으로, 한 손에 저울을 들고 있고 다른 한 손에는 도끼를 가운데 꽂은 막대 뭉치를 들고 있다. 발 밑에는 금화(金貨)를 쏟아 짓밟고 있어 정의는 금력(金力)을 무시한다는 것을 상징하고 있다. 이 작품은 현재 독일 드레스덴 미술관 Dresdner Gallerie에 소장되어 있다.

(13) 게룽의 잠자는 유스티치아 상

마티아스 게룽 Matthias Gehrung은 1543년에 유스티치아를 유화로 그렸다. 반나체의 유스티치아가 사슬에 다리를 묶인 채, 칼과 저울을

그림 5-28 게룽의 잠자는 정의의 여신상

내버려 두고, 한 손으로 얼굴을 고이고 잠들어 버린 모습으로 그려졌다(그림 5-28). 옆에서 아기 천사가 잠든 유스티치아의 모습을 엿보고 있다.

(14) 겔리우스의 정의의 여신

위에서 본 대로 정의의 여신은 그 원형을 고대의 지중해 세계에서 찾을 수 있다. 이집트의 마트 Ma'at, 그리스의 디케 Dike, 로마의 유스티치아 등의 여신이 그것이다. 그러나 중세의 정의상에 큰 영향을 준 것은 2세기의 로마 법률가 겔리우스 A. Gellius의 〈정의의 여신〉에 관한 서술이다. 겔리우스는 『이티카의 밤』 속에서 정의의 여신을 〈두렵고 엄한 용모와 예리한 빛을 가지고 있고, 비하(卑下)하지도 광폭하지도 않으며, 위엄 속에 숭고하고도 슬픔을 안은 처녀〉라고 기록하였다.[37] 1593년에 출간된 체자레 리파 Cesare Ripa, (?-1623)의 유명한 도상 사전 『이코놀로기아 Iconologia』에서는 겔리우스의 정의의 여신에 관하여 기술하면서 그림으로 나타내었다.[38] 겔리우스에 따르면 정의의 여신은 황금의 관을 쓰고 황금의 옷을 입은 아름다운 처녀의 모습을 하고 있다. 플라톤 Platon은 정의의 여신은 모든 것을 꿰뚫어보는 여성이라고 고대의 성직자들이 불렀다고 말한다. 겔리우스의 정의의 여신과 라파엘의 그것을 비교하면, 두 손을 오른쪽으로 향한 모습은 매우 닮았지만 얼굴의 표정이 미묘하게 다르다는 것을 알 수 있다. 위엄 속에 숭고한 슬픔을 안고 있는 정의의 표정은 고대부터 중세까지 이어진다. 그러나 그녀의 위엄 있는 표정이 부드러운 것으로 바뀐 것이다. 그리스도교가 보급되면서 정의의 여신이 나타낸 형벌권의 의미가 국가적인 것에서 종교적, 인도적인 것으로 변화한 것이다.[39]

---

37) 森征一, 岩谷十郞編, 『法と正義の Iconology』(慶應義塾大學出版會, 1997), 4-5쪽에서 재인용.
38) C. Ripa, *Iconologia*, Roma 1953(이 책은 초판본은 1603년에 로마에서 목판화본으로 출간되었고, 1764-1767년에는 동판으로 출간되었던 것을 최신판으로 낸 것이다). 그리고 Erwin Panowsky, *Studies in Iconology*(N. Y. 1972); W. Mitchell, *Iconology: Image, text, Ideology*(Univ. of Chicago Press, 1986)도 참조.
39) 그리스도교 상징학에 관하여는 Hannelore Sachs u. a., *Christliche Ikonographie in*

그림 5-29 〈경건〉과 〈형평〉 사이의 〈정의〉

Stichwörter, 5. Aufl(München, 1994); Gaston Duchet-Suchaux, *The Bible and the Saints: Flammarion Iconographic Guides*(Paris, 1994); Jane Dillenberger, *Images and Spirit in Sacred and Secular Art*(N. Y. 1990); Diane Apostolos-Capadona, *Art, Creativity and the Sacred*(N. Y. 1995) 등 참조.

중세에서 정의의 여신은 〈덕 virtue〉의 의인상으로 변한다. 교회와 예배당을 장식한 종교화에서 정의의 여신은 영혼을 구제하기 위한 투쟁 속에서 악덕과 싸우는 선덕(미덕)의 하나로 묘사된다. 교회는 서로 싸우는 미덕과 악덕을 생생하게 그림으로 보여 줌으로써 사람들로 하여금 윤리적 교훈을 얻게 하려고 하였다. 선덕은 추요덕(樞要德, cardinal virtue)과 대신덕(對神德, religious virtue)으로 이루어지는데, 정의는 지혜 Prudentia, 용기 Fortitudo, 절제 Temperantia와 함께 추요덕의 하나이다. 추요덕은 이상적인 도시 국가의 시민에게 요구되는 덕을 말한다.[40] 이 것은 플라톤의 『국가 *Politeia*』에서 유래하고, 아리스토텔레스의 윤리덕에 대응하는 것으로서 후에 성 암브로시우스 S. Ambrosius를 통하여 그리스도교에 수용되었다. 플라톤의 이상 도시에서는 시민의 행동을 사회적으로도 개인적으로도 규율하는 것이 정의이며, 또 정의는 지혜, 용기, 절제의 다른 미덕과 함께 인간 삶의 기초를 이룬다고 생각되었다. 그리하여 정의는 네 개의 미덕 가운데 최고의 것이며, 그 의인상도 최고의 지도적 모습으로 나타난다. 예컨대 바티칸 교황청의 〈서명의 방〉에 라파엘이 네 개의 추요덕을 그릴 때 마치 집 전체를 정의가 지배하는 것처럼 보이도록 창문 위의 반달형의 벽면에 지혜, 용기, 절제의 3덕을 그리고 그 화면의 테두리를 넘어 천정에다 정의를 그린 것이 다.[41]

추요덕이 통치에 관계되는 자에게 필요한 〈정치적 덕〉인 데 대하여 대신덕은 인간의 궁극 목표인 신(神) 자신에 직접 관계되는 〈믿음〉, 〈소망〉, 〈사랑〉으로 이루어진다. 이것은 신약 성서 고린도전서 13장 13

---

40) 중세의 덕목에 관하여는 森征一, 「中世 Italy の 都市社會における正義の image」, 『法と正義の Iconology』(1997), 6-7쪽.
41) 바티칸의 벽화에 관하여는 최승규, 『서양미술사 100장면』(가람기획, 1996), 193-204쪽 ; Eva-Bettina Krems, *Rafael: "Marienkronung" im Vatikan*(Frankfurt, 1996).

절에 쓰여진 사도 바울의 가르침에서 유래하는데, 그 가운데 가장 최고의 것은 사랑이다.[42] 이들 추요덕과 대신덕의 7덕은 서로 연결되며 선과 악의 투쟁에서 일곱 개의 악덕과 싸운다고 생각된다. 그것은 성토마스 아퀴나스가 아리스토텔레스를 그리스도교적으로 해석하는 데에서 만든 사상이었다.[43]

다른 한편 〈정의〉를 포함한 추요덕이 중세 유럽의 공공 건물을 장식하는 세속화(世俗畵), 정치화(政治畵)에 묘사되었다. 14-15세기의 이탈리아의 도시 국가에서는 추요덕과 대신덕이 한꺼번에 묘사되는 경향이 강했다. 그것은 당시 선한 통치를 행하기 위하여는 이들 덕목을 모두 한몸에 지닌 완전인(完全人)이 되어야 한다는 것이 지배자의 이상(理想)으로 생각되었기 때문이다. 그러한 생각 속에서 덕의 서열화(序列化)가 시작되었고, 정의는 다른 덕보다도 우월한 위치에 서게 되었다. 정치적 지배자는 정의와 강력히 결합되어야 했다. 그가 이 덕(정의)을 몸에 지니고 있음을 보여 주려고 하였다. 그는 정의의 권화(權化)이기 때문에 정의의 실현자로서의 자신을 사람들에게 선전하기 위하여 정의의 의인상을 시청, 법원 등 공공 건물에 새기고 그렸던 것이다.[44]

그런데 정의를 주제로 한 도상에 관하여는 신성 로마 제국의 것과 도시 국가의 것 사이에 구성상의 차이가 발견된다. 예를 들면 1200년경에 제작된 브레시아 시청의 조각상에는 옥좌에 앉은 재판관 옆에 정의의 상이 배치되어 있었다. 이에 비해 현재는 파괴되었지만 거의 같은 시기에 제작된 황제 프리드리히 2세 개선문에는 두 사람의 재판관 사이에 옥좌에 앉은 정의상이 그려지고 그 위에 지배자인 황제가 배치되고 있었다. 도시의 도상에는 지배자의 인물상이 그려지지 않는다. 재

---

42) 고린도전서 13장 13절.
43) 아퀴나스의 법사상에 관하여는 최종고, 『법사상사』(박영사, 1997(2판), 64-66쪽.
44) 森征一, 앞의 책, 7쪽.

판관이 정의의 법적 의미의 해석자로서, 또 도시의 봉사자로서 그 자신이 이상적 지배의 화신으로 승격되고 있다. 이와 같이 재판관이 도시 국가의 지도자의 상징이 되는 것은 재판관이 시민의 행진의 선두에 서서 걷고 있다는 사실이 보여 준다. 그리하여 도시 국가의 정의의 상은 정의가 통치의 기초이며 그것은 도시의 재판관의 행위를 평가하는 중요한 기준이라는 시민의 신념을 나타내는 것이었다. 극단적인 경우에는 정의의 탁월성을 강조한 나머지 도시 국가 자신을 정의로 나타내기도 하였다.[45]

(15) 〈정의의 전당〉으로서의 법원

중세 그리스도교 사회에서는 당연히 신에의 신앙이 모든 것의 중심을 이루었다. 중세 이탈리아의 도시 국가도 마찬가지로 12세기 후반에 서약단체(誓約團體)로서 성립되었다. 공통의 이익을 지키기 위하여 시민이 함께 행하는 이 서약은 진리와 약속의 증거였다. 이 도시 국가의 종교적 단체로서의 기원은 그것을 나타낸 〈키비타스 Civitas〉라는 말에서 잘 알 수 있다. 도시 국가는 일반적으로 〈코무네 Commune〉라 말해지는데, 이 말은 도시 성립의 초기에는 형용사나 부사로 사용되다가 시민적 공동체를 나타내는 명사로 전용되었다. 도시 국가를 나타내는 키비타스는 그리스도교적 의미로서 아우구스티누스 Augustinus의 저서 『신의 도시 De Civitate Dei』에까지 이른다. 즉, 도시의 사람들은 지상의 도시 국가를 천상의 신의 국가와 결합된 것, 즉 도시 국가가 신의 국가의 지상에서의 실현으로 나타나는 것이라 믿었다.[46] 도시는 항상 신의 수호 아래 있었다. 1176년 롬바르디아 평원의 도시들은 동맹하여 레니아노의 전투에서 황제 프리드리히 1세를 격파하고 1183년의 콘스

---

45) 같은 책, 8쪽.
46) Augustinus의 법사상에 관하여는 최종고, 『법사상사』(1997), 62-64쪽.

탄츠 화약(和約)에서 제국에서의 자치권을 획득하였다. 그 결과 도시는 그 자신의 관습과 법률에 따라 재판을 할 수 있게 되었는데, 시민들은 승리를 신의 가호로 믿고 그 후 5월 29일을 전승 기념일로 지켰다.[47]

도시의 기원으로서의 이 서약단체는 처음에는 주교(主敎)를 중심으로 하는 그리스도교의 신앙심에 기초한 신자 공동체였지만 점점 주교로부터 독립하여 자유 의식에 기초한 시민 공동체로 발전하였다. 그러나 도시는 세속화되면서 그 종교적 단체로서의 성격을 상실해 갔다. 그런 의미에서 도시 국가는 주교와 정치와 불가분으로 결합된 성속 일체(聖俗一體)의 공동체였다. 이탈리아 도시는 그 탄생에서부터 신의 나라를 이상으로 추구하고 있었다. 중세 이탈리아 도시가 명실공히 도시 국가로서 자립하는 가운데 시민의식이 높아지고 13세기 전후에는 세속화된 도시 사회를 상징하는 시청사를 비롯한 공공 건물의 건설이 시작되어 그때까지 유일한 공공 건물이던 교회와 대치되었다. 그 결과 주교좌 대성당에서 행해지던 재판이 시청에서 행해지게 되었다. 이탈리아, 특히 롬바르디아 지방에서는 시청은 〈이성의 전당 Palazza Ratio〉이라 불리었다. 재판관이 이성을 주는, 즉 재판을 행하는 장소가 되었다. 초기 이탈리아어의 이성 Ratio은 정의 Justizia를 의미하였고, 그리하여 이성의 전당이란 정의의 전당을 뜻하였다. 이성을 준다는 것은 정의를 행한다, 즉 재판을 행한다는 것을 의미하였다. 이탈리아에서는 오늘날도 법원을 〈이성의 전당〉이라고 부르고 있다. 이성이라는 말은 또한 계산, 계측(計測)을 의미하기도 한다. 중세 이탈리아에서는 〈이성의 책〉이란 회계 장부를 뜻하였다. 이것이 저울의 이미지를 재판에 결부시키게 된 이유이다. 재판이란 어느 쪽 주장이 바른가를 저울로 달아

---

47) 서양 법제사의 중요한 기본 관념의 하나인 Ius Commune에 관하여는 Helmut Coing, "Die europäische Privatrechtsgeschichte der neueren Zeit als einheitliches Forschungsgebiet," *Ius Commune*, Bd. 1(1967), 11-33쪽.

그림 5-30 프란체스코 다 바르텔리니의 정의의 여신

보아야 한다. 그리하여 달아 보는 정의의 여신이 종종 그림으로 그려지게 되었다. 프란체스코 다 바르텔리니 Francesco da Bartellini의 정의의 여신은 저울의 눈금과 추를 실감 있게 나타내 주고 있다(그림 5-30). 재판관이 천상에서 지상으로 내려앉고 그가 신이 아니라 인간이라는 사실이 명백해졌을 때, 만일 판결의 신뢰성을 보호하려고 한다면 그는 신이 아니라 인간 이성에 기초하여 판결을 내리지 않으면 안 된다. 판결은 어떤 경우에도 자의(恣意)의 산물이 되어서는 안 되고 이성(理性)의 산물이 되어야 하기 때문이다.[48]

---

48) 저울의 이미지에 관하여는 W. Schild, *Bilder von Recht und Gerechtigkeit*(1995), 157-159쪽.

(16) 유스티치아와 성모 마리아

중세에 성모 마리아는 예수의 어머니만이 아니라 전인류의 어머니로 신앙되었다. 마리아는 예수 또는 아버지인 신의 엄정한 재판 앞에서 어머니로서 인류를 동정하고 구제하기 위하여 간구하고 있는 모습으로 나타난다. 성모 마리아는 신과 인간 사이에 중재자 Medietrix로서의 역할을 하고 있다. 그녀는 신성 Gottheit과 인성 Menschheit의 양극성(兩極性)을 갖춘 존재로서, 자비를 바라는 인간을 대신하여 신에게 자비를 애원하는 대원자(代願者)로 그려져 있다. 이 성모의 자비를 주제로 하는 그림들은 많이 있다.[49] 프란체스카 P. della Francesca가 1462년에 그린「자비의 성모」에는 양팔로 널리 망토를 펼쳐 사람들을 그 아래에 비호하는 자비 깊은 여성의 모습으로 그려져 있다. 자비의 성모와 관련하여 흥미 있는 것은 이 그림이 조토가 그린「정의의 여신」과 구도적으로 매우 비슷하다는 사실이다. 또 조토의「정의화」는 그 후 암브로시오 로렌체티 Ambrosio Lorenzetti의「선정(善政)의 알레고리」에 묘사된 정의의 여신의 모습에도 비슷하게 나타난다. 여기에서 무언가 정의의 여신과 성모 마리아의 깊은 연관이 느껴지고 있다. 최후의 심판도에는 칼과 영혼을 계량하는 저울을 가지고 신의 재판을 돕는 대천사 미카엘이 성모의 오른편에 그려진다.

중세 유럽에서는 법정에 최후의 심판도를 장식하는 것이 일반적이었지만, 중세 이탈리아 도시에서는 교회와 별도로 최후의 심판도를 시청이나 법원 같은 공공 건물에 장식하는 것을 피하는 경향이 있었다. 그 이유는 제국과 교회에서 독립과 자치를 획득한 이탈리아의 자유 도

---

49) 성모 마리아의 이미지에 관하여는 Paul Tillich, *On Art and Achitecture*(1987), 98, 204쪽. 틸리히는 미술에 대하여 관심을 갖기 시작한 계기로 보티첼리 Botticelli 의「노래하는 천사와 함께 있는 성모자상 Madonna and Child with Singing Angels」을 보았을 때의 감회였다고 기록하고 있다(위의 책, 234-235쪽).

시가 그것들에 지배되고 있던 과거를 상기하고 싶지 않았기 때문이다. 황제권과 교황권이 깊이 결합된 중세 국가에서 생활하고 있던 사람들의 눈에는 최후의 심판의 신의 재판은 황제의 지배로 비쳐졌던 것이다. 그러나 그 이탈리아에서도 지상에서의 재판은 천상의 예수에 의한 최후의 심판의 전조(前兆)라는 것을 범죄인에게 상기시키려는 노력을 했다는 증거가 있다. 피스토이아의 포데스타의 법전이 그것이다. 도시국가의 통치는 처음에는 시민의 대표가 행했지만, 황제파와 교황파의 대립에서부터 도시 지배를 둘러싼 내부 항쟁이 격화되자, 그 권한을 도시의 평화와 정의를 실현하기 위하여 정치적으로 중립적인 다른 도시 출신의 포데스타에게 위임하였다. 피스토이아의 법정에는 1507년에 새긴 석조의 법단(法壇)이 오늘날까지 남아 있는데 이 법단은 최후의 심판도를 나타내는 계층적 구조로 이루어져 있다. 재판관은 예수와 같이 중앙의 최상단의 법단에 앉아 있고, 사도들이 예수를 둘러싼 것처럼 재판관에게 법을 조언하는 법학식자(法學識者, juriconsultus)가 재판관 옆에 있고 그 하단에 서기관이 앉아 있다. 피고인은 재판관의 오른쪽 맨 아래에 앉아 있다. 그것은 지옥에 떨어진 악인의 장소이다. 그래서 법정은 전체가 집 밖의 마당으로 열린 회랑 아래에 있으며, 또 법정에는 문장 혹은 상징물 외에는 어떠한 장식도 두지 않았다. 이러한 천정에 걸린 신의 법정을 상징하는 무대 장치 속에서 인류에 대한 신의 재판이 연출된다고 믿고 있었다. 이 이탈리아 도시 국가의 법정에 매우 흥미 있는 것은 최후의 심판도 대신에 성모 마리아 혹은 성모자의 그림이 걸리기도 했다는 사실이다. 거기에는 종종 평등하게 모든 사람들의 애원을 듣고 진중하게 재판을 행한다는 의미로 〈양쪽의 모두에 귀를 기울인다〉는 재판관에 대한 충고의 글이 적히기도 하였다. 이 글에는 최후의 심판에서 인류를 불쌍히 여기고 구원의 손을 뻗어 주는 성모 마리아의 역할이 암시되고 있다. 이 성모 마리아에게서 정의의 여신의 의미를 읽을 수 있고, 사실 성모 마리아는 〈정의의 거울〉이라

고 불리기도 하였다.[50]

(17) 로렌체티의 「선정의 알레고리」

성모 마리아와 정의의 여신의 관계를 밝히기 위하여 매우 주목되는 그림은 중세 도시의 분위기를 아직도 풍부히 간직하고 있는 도시 시에나 Siena에 있다. 토스카나 지방의 중심 도시인 시에나 시청의 〈9인 위원회의 방〉의 벽에 그려진 로렌체티의 「선정의 알레고리 Allegorie der guten Regierung」이다(그림 5-31).[51] 이 작품은 그가 시에나의 포포로 (Poporo, 시민) 정부 9인 위원회의 주문을 받고 1337년부터 약 3년간 제작한 프레스코화이다. 이 그림에 담긴 사상은 아리스토텔레스적, 성 토마스적 중세 스콜라 사상이 전체적인 배경을 이룬다. 더 구체적으로는 로마 사상의 영향을 받고 13세기의 브루네토 라티니 Brunetto Lattini 의 『보고(寶庫)의 서』(특히 제2권 28장)에서 착상을 얻은 것이라고 추측된다.[52]

전체적으로 보면 화면의 중심에 〈평화〉의 의인상이 그려져 있고, 〈평화〉는 머리에 평화와 휴전 혹은 승리를 나타내는 올리브 가지를 얹고 흰옷을 입고 산 위에 앉아 있다. 〈평화〉는 전쟁에서 적을 타파한 후 편안한 휴식을 취하고 있다. 도시 국가에서는 전쟁과 당파 싸움의 격화에 의하여 평화를 실현하는 것이 신(神)에게의 비원(悲願)이었다. 그리하여 도시 생활에서 가장 중요한 가치는 평화라고 생각되었다. 평

---

50) 성모 마리아 상에 대하여 자세히는 G. Duchet-Schaux, *The Bible and the Saints*(Paris, 1994), 233-236쪽.
51) Q. Skinner, "Ambrosio Lorenzetti: The Artist as Political Philosopher," *Proceedings of the British Academy* 72(1986), 1-56쪽.
52) N. Rubinstein, "Political Ideas in Sienese Art: The Frescoes by Ambrogio Lorenzetti and Goddes in the Palazzo Pubblico," *Journal of the Warburg and Courtauld Institutes* 21(1958), 179-189쪽.

그림 5-31 로렌체티의 「선한 정부의 알레고리」

화가 진실 속에 그려지고, 그리하여 그 그림이 그려진 집이 〈평화의 방〉이라 불리었던 것이다. 실제로 이탈리아 도시는 평화 단체로서, 즉 평화를 지키기 위한 전 시민의 화합으로 탄생한 것이었다.

〈평화〉는 〈안전〉의 형상과 대조를 이룬다. 도시 안에서 평화가 실현되어야 하는 것처럼 도시 밖에서는 통행의 안전이 보장되지 않으면 안 된다. 〈안전〉은 시의 벽 밖에서 왼손에 교수대의 모형을 쥐고 지상의 낙원의 상공을 춤추고 있다. 오른손의 명문(銘文)에는 〈정의가 지배하는 두려움 없는 모든 사람들이 자유롭게 걷고 일하고 씨를 뿌린다〉고 기록되어 있다. 또 〈교수대는 안전을 취하지만 몽상은 아니다〉라고 적혀 있고, 〈시벽(市壁)에서 안전을 범하는 것은 교수대에 이르는 것이다〉라고 적혀 있다. 정의가 지배하는 곳은 건물은 깨끗하게, 농지는 잘 경작된 모습으로, 농작물은 풍부하게 그려져 있다. 적을 누르고 평화를 유지하기 위해서는 키케로가 말한 바와 같이 공동선(公同善, bonum commune)을 진전시켜야 하며, 공적 생활의 기초인 〈화합 Concordia〉과 〈형평 Aequitas〉이 함께 살지 않으면 안 된다. 〈화합〉은 여성상으로 그려지며 그녀는 〈정의〉 아래 앉아 정의의 머리 위에 있는 저울에서 적색과 회색의 밧줄을 받고 있다. 그래서 〈화합〉은 그 두 밧줄을 하나로 묶어 시에나 시(市)에로 향하는 24인의 시민에게 인도한다. 그들은 시에나 시의 통치에 관하여 결정권을 가지며 24인으로 구성된 평의회의 의원임을 나타내 준다. 당시 사용된 〈평화의 밧줄〉이라는 말에서도 연상되듯이 그것은 도시가 시민 모두에 의한 정치적 통일체라는 것을 시사한다. 그들은 행렬을 지어 행진하고 그 밧줄을 위엄 있게 전해 주고 있다. 그럼으로써 도시를 통치하는 자들은 정의의 명령에 따라 권력을 행사해야 하는 의무를 진다는 사실을 강력히 상징하고 있는 것이다.

〈화합〉은 탁자 위에 공구(工具)를 놓고 있는데 그것은 형평을 나타낸다. 평화를 구가하기 위하여는 시민의 차별을 없애고 평등하게 취급해야 할 필요가 있다. 행진하는 24인의 시민의 어깨 높이는 똑같다. 시민은 모두 평등하며 화합하고 있다. 「악정의 알레고리 Allegorie der bösen Regierung」에 있는 〈분열〉이 스스로의 신체를 절단하고 있는 것과 대조를 이룬다. 〈화합〉은 또 다른 덕과 비교하여 크게 묘사되고 있는데 이 그림에서는 가장 중요한 요소의 하나라고 생각된다. 그녀는 일반 시민과 같은 높이에 앉아 있다.

성 토마스 아퀴나스가 말한 바와 같이 〈도시의 평화는 정의에 의하여 지켜진다〉고 생각되었다. 평화가 정의를 포용하고 있는 모습이 종종 그려진다. 선정(善政)이란 정의에 의하여 도시 안팎에서 평화가 실현되는 것이다. 이탈리아 시민들은 정의와 평화를 동시에 사랑하였다. 평화와 정의의 이러한 우호적 관계는 프란체시니 M. Francescini(?-1729)의 그림「평화와 정의」에 잘 나타나 있다.[53]

평화를 유지하기 위하여는 정의의 명령에 따라야 한다는, 위대한 입법자인 〈지혜 Sapientia〉에 설득되지 않으면 안 된다. 정의의 여인상은 붉은 옷과 푸른 망토를 걸치고 왕좌에 앉아 지혜의 상으로 시선을 향하고 있다. 지혜는 천상의 신을 쳐다보고 있다. 신은 오른편 위에 태양처럼 얼굴을 두고 있다. 지혜는 오른손에 하나의 저울을 들고 왼손에 책을 안고 있다.

〈정의〉는 지혜가 가진 저울의 두 날개를 손으로 평평하게 지탱하고 있다. 성서의『지혜의 서』의 제1절 〈나라를 다스리는 자들이여, 정의를 사랑하라〉는 문구가 정의를 듣는 듯 금박 문자로 쓰여져 있다. 정의는 지혜의 딸처럼 보이고 지혜는 인성(人性)보다도 신성(神聖)을 가진 듯 보인다.「악정의 알레고리」에서는 폭군의 발 아래 묶여 있는 정의 옆에 〈정의가 묶인 곳에서는 공동선도 이루어지지 않는다〉고 기록되어 있다. 부정의가 지배하는 데에서는 건물은 파괴되고 농지는 황폐해 있다. 이에 대해「선정의 알레고리」에는 〈이 성스런 덕(정의)이 지배하는 곳에서 많은 시민은 하나로 결합된다〉고 적혀 있다. 저울 위에는 정의를 내려 주는 천사가 있다. 오른손의 저울에는 붉은 옷을 입은 천사가 있고 왼손 쪽에는 흰옷을 입은 천사가 있다. 오른손의 천사는 한 남자에게 관을 씌워 주고 있고 또 한 남자는 칼로 머리를 치고 있다. 왼편 쪽의 천사는 두 남자에게 각각 교환하기를 바라는 무기(槍)와 포지(布地)를 주고 있다. 한편은 부정의를 행한 자를 처벌하고 선을

---

53) 자세히는 W. Schild, 앞의 책, 105-110쪽.

행한 자에게 명예를 주는 배분적 정의이고, 다른 한편은 물건의 교환을 중개하는 교환적 정의이다. 여기에서 법의 본질 내지 이념으로서의 정의의 속성과 기능이 분명하게 나타나고 있다.[54]

화면 중앙에서 오른쪽에 왕의 재판관의 모습을 한 위엄 있는 노인 Senex의 모습이 크게 그려져 있다. 그것은 도시 국가 시에나를 상징하든지 아니면 공동선을 나타내는 의인상(擬人像)으로 해석된다. 어쩌면 법의 상징일지도 모른다. 노인의 발 아래에는 두 사람의 무장한 봉건 귀족이 서서 충성의 인장으로 자기 성(城)을 지키는 모습이 그려져 있다. 이것은 도시 지배자의 귀족에 대한 권위를 나타내 준다. 노인의 얼굴은 로마 황제 마르쿠스 아우렐리우스 Marcus Aurelius 같기도 하고 아버지인 신(神) 혹은 예수 같기도 하다. 그리고 현자(賢者)가 모두 그렇듯이 수염을 기르고 있다. 황제와 예수 그리스도를 합친 모습을 그림으로써, 로렌체티는 도시 국가의 지배권을 한 손에 쥔 참주(僭主, Seniore)가 나타나 공화제에서 절대 군주제로 이행하고 있는 도시 국가의 통치 이념을 구체화하고 있다. 참된 지배자는 공동선에 정진해야 하며, 국민의 동의에 의하여 직무에 취임한 공복(公僕)에 지나지 않는 것이다. 그래서 이러한 지배자가 법의 목적인 정의에 따라 통치할 때 평화가 보장된다는 것을 보여 주고 있다.

노인은 신이 천사들을 거느리는 것처럼 기사들을 가지고 있기 때문에 의자에 앉아 최후의 심판자의 모습으로 사람들을 성인과 악인으로 나눈다. 노인의 왼쪽에는 도시의 적(반역자)이 갇혀 있다. 오른쪽에는 구제받아야 할 도시의 유력한 가문(家門)의 장(長)인 화려한 옷을 입은 24인의 장엄한 행렬이 진행되고 있다. 노인의 머리 위에는 〈시에나

---

54) Addo Cairola, *Simone Martini und Ambrogio Lorenzetti im Öffentlichen Palast von Siena*(Florenz, 1979) ; Gerda Franz, "The Book of Wisdom and Lorenzettis Frescos in the Plazzo Publico at Siena," *Journal of Warburg and Courtlauld Institute* 43(1980), 239-241쪽.

시, 성모 마리아 국가 CS(C)CV〉라고 쓰여 있다. 노인은 시에나의 국기의 색깔인 흰색과 검은색의 옷을 입고 오른손에 홀(笏), 왼손에 방패를 쥐고 있다. 방패에는 성모 마리아와 아기 예수가 그려져 있고, 거기에는 〈성모 마리아가 시에나를 지킨다〉고 기록되어 있다.

노인의 발 아래에는 시에나의 상징인 늑대의 젖을 빠는 세니우스 Senius와 아스카니우스 Ascanius 두 아이가 그려져 있다. 이것은 시에나가 고대 로마로부터 이어진 오랜 전통의 도시임을 상징한다.[55] 노인의 머리 위에는 〈믿음〉, 〈소망〉, 〈사랑〉의 세 의인상이 공중을 날고 있다. 〈믿음〉은 십자가를 쥐고, 〈소망〉은 신을 바라보며 기도하고, 〈사랑〉은 뜨거운 심장과 화살을 쥐고 있다. 이 세 가지 대신덕(對神德) 가운데 가장 큰 것은 사랑이다(고린도전서 13장 13절). 그래서 〈사랑〉은 〈믿음〉과 〈소망〉 사이에 조금 높이 그려져 있다.

이 3대신덕과 함께 노인의 좌대(座臺)와 같은 높이에는 〈강인〉, 〈지혜〉, 〈절제〉, 〈정의〉의 4추요덕(樞要德)의 의인상이 그려져 있다. 이들 9덕은 선정을 행해야 할 통치자가 몸에 지녀야 할 덕이다. 그것들은 최후의 심판도에서 예수를 둘러싼 사도들의 모습과도 비슷하다. 공적 생활의 덕은 보통은 3대신덕과 4추요덕의 일곱 가지이지만 로렌체티는 아홉 가지의 덕을 그리고 있다. 그 이유는 이 그림의 의뢰자인 9인 위원회를 염두에 두었기 때문이다. 그것은 시에나 시 자체를 의미하기도 하였다. 노인과 그를 둘러싼 9인의 의인상은 권력이 포포로 체제에 의하여 유지되는 것, 그래서 그 최초의 정권인 24인 위원회에서 현 정권인 9인 위원회로 계승되는 것을 보여 준다. 노인을 의미하는 antiani라는 말은 시에나의 포포로 정권인 24인 위원회의 정식 명칭인 Antianipopuli(포포로의 장로들)과 같은 말이기 때문에, 추측한다면 노인

---

55) 늑대의 젖을 빠는 아이의 상징은 시에나 성당의 바닥에도 모자이크로 박혀 있고, 그 앞에 유니콘이 그려져 있다.

은 포포로 정권을 상징하는 것이다. 이 노인을 둘러싼 9덕은 현 포포로 체제를 지탱하는 9인 위원회를 나타내는 것이다. 이 9인 위원회의 역할은, 1309년에서 이듬해까지의 조례(條例)에 의하면, 시에나에 영구한 평화와 순수한 정의를 유지하고 편안하고 좋은 상태를 유지하는 것이었다.[56]

〈강인 fortitudo〉은 철의 지팡이와 방패로 무장하고 의연한 태도로 앉아 있다. 〈평화 Pax〉와 〈강인〉의 아래에는 기병과 보병이 그려져 있다. 그것은 무기에 의한 평화를 상징한다. 〈사려 Prudentia〉는 등불을 손에 들고 있고, 그 빛에 비쳐 〈과거, 현재, 미래〉라는 문자가 보인다. 사려를 가지고 통치해야 한다는 의미를 나타내 준다. 그녀는 다른 미덕을 인도하기 위하여 등불을 가지고 있는 것이다. 〈아량 Magnanimitas〉은 관(冠)과 화폐가 든 쟁반을 나누어 주고 있다. 그녀는 받기보다도 주는 것이 좋다고 생각하는 것이다. 〈절제 Temperantia〉는 오른손에 든 모래시계를 왼손의 손가락으로 가리켜 모래가 절반이 되고 있다는 사실을 보여 준다. 절제를 의미하는 temperantia라는 말이 시간을 의미하는 tempus에서 유래한다는 당시의 어원학에서 나왔다고 하지만, 그것은 오해이고 원래의 어원은 temperare(제어한다)이다. 이것은 사람의 정신의 활동은 너무 빨라도 느려도 안 되는 것이며, 자연과 조화되지 않으면 안 된다는 교훈을 보여 주는 것이다. 어쩌면 이것은 당시 도시의 번영에 의해 시간이 귀중하다고 느낀 것을 보여 주는 것인지도 모르겠다. 〈정의 Justitia〉는 머리에 관을 쓰고 왼손에도 관을 쥐었으며 오른손에 칼을 들고 남자의 머리를 잘라 복수의 형을 집행하고 있다. 적은 타도하고, 복종하는 자는 용서한다. 〈정의〉의 아래에는 죄수들의 일단을 감시하는 병사들이 그려져 있고, 병사의 한 사람이 정의를 쳐다보

---

56) 자세히는 W. Schild, 앞의 책, 105-110쪽; W. Pleister/W. Schild, 앞의 책, 136-138쪽.

고 있다. 밧줄로 묶여 있는 사람들은 진압된 반란을 상징하는 농민들이다. 그들은 수건으로 눈이 가려져 있는데, 그것은 그들이 사형을 받을 것이라는 의미이다. 이 정의는 사형수에 대한 형사상의 정의를 나타낸다고 해석된다. 응보적 정의, 형사적 정의를 뜻한다고 하겠다. 도시 안에서는 참수형은 귀족을 포함한 상층 시민에게만 적용되고 하층 시민에게는 교수형이 적용되었다. 이리하여 로렌체티는 〈평화는 정의에 의하여 실현된다〉는 사상을 강조하려고 저울을 가진 정의와 칼을 가진 정의를 화면 중앙의 〈평화〉의 여신 양편에 배치시키고 있다.

이상으로 로렌체티의 「선정의 알레고리」와 「악정의 알레고리」를 분석하여 보았는데[57], 이것을 프라 안젤리코 Fra Angelico의 「최후의 심판」과 비교해 보면 흥미롭다. 놀랍게도 이 두 그림은 일치되는 바가 많다. 「최후의 심판」이 천상의 신의 지배를 그리고 있는 데 대하여 「선정의 알레고리」는 천상의 신의 지배를 지상에 실현시킨다는 도시 국가의 통치의 이상을 그리고 있다. 「최후의 심판」에서 그리스도의 위치에 「선정의 알레고리」에서는 노인이 앉아 있고, 전자의 성모 마리아의 위치에는 후자에서는 정의의 여신이 앉아 있다. 이로써 정의의 여신은 성모 마리아의 역할을 담당하고 있다는 사실이 암시되고 있다. 이렇게 생각하면 정의의 여신이 성모 마리아와 마찬가지로 위엄을 가지고 우아하면서도 슬픔에 잠긴 표정으로 그려진 이유와, 같은 붉은 옷과 푸른 망토를 입고 있는 이유가 설명되는 것이다.

(18) 손이 잘린 판사들

스위스의 제네바 시청 참사원실 Salle du Conseil d'Etat에는 1604년

---

57) 이 부분에는 森征一 교수의 논문(앞의 책)이 크게 참고되었다. Lorenzetti에 관한 기타 연구 문헌은 W. Schild, 앞의 책, 251-254쪽에 실린 문헌 참조.

그림 5-32 제네바 시청의 벽화

에 세자르 지글리오 César Giglio가 그린「테베의 법정 Der Gerichtshof von Theben」이라는 프레스코화가 벽에 그려져 있다(그림 5-32). 여기에는 7인의 판사들이 앉아 있는데 모두 양팔의 손들이 잘려 나간 끔찍한 모습들이다. 뇌물을 받고 불의의 판결을 내린 판사들을 테베의 왕은 손을 끊게 명령한 것이다. 1953년 안드레아스 알시아투스 Andreas Alciatus도 그의 엠블럼에서 손이 잘린 판사들의 그림을 목판화로 실었다. 인간적이면서도 초인간적 극기를 요구하는 청렴한 판사상이 서양에서 경고화로 정착되었음을 보여 주는 작품이다.

(19) 브란트의 『광대선』

중세 유럽의 정의의 여신은 처음에는 라파엘의 작품에서처럼 눈을 가리지 않았다. 고대에는 정의는 밝은 눈으로 보아야 한다고 생각되었다. 그러나 16세기를 지나면서 눈가리개를 한 정의의 여신상이 등장하였다.

〈정의의 여신도 때로는 눈이 먼다〉는 말은 우리 나라에서도 인기리에 방영된 바 있는 미국의 TV 드라마「도망자 The Fugitive」의 서두에 나오는 나레이션의 한 표현이다. 아내를 죽였다는 누명을 쓰고 집요하게 추적하는 형사로부터 도망치면서 진범을 찾아 나가는 박진감 있는 이야기이다. 법을 통한 정의와 진실의 정의가 어떤 것인가를 긴장감 있게 느끼게 한다. 서양에서의 정의의 관념은 위에서 본 대로 그리스, 로마에서 출발하여 그리스도교가 가미되어 전형적인 여신상으로 형성되어 갔다. 그 특징의 하나는 정의를 관철하기 위하여 힘을 상징하는 칼을 손에 들고 다른 손에는 정의의 실질적 내용인 형평을 상징하는 저울을 들고 있다는 것이다. 그런데 이 지참물 외에 또 하나의 지참물이 근세 이후부터 등장하였는데 그것은 눈가리개이다.

이 눈가리개는 어떤 의미를 가지는가? 눈가리개는 시각(視覺)을 빼앗아 맹목과 같은 상태를 만들어 낸다. 눈이 먼 정의는 진실을 잘못 판단할 수 있다. 그러나 달리 보면 눈가리개는 보이지 않는 상태가 아니라 의지적으로 보지 않는 상태를 나타내기도 한다. 공정한 재판을 행하기 위하여는 공정한 재판을 방해하는 것들을 보지 않아야 한다. 재판하는 자는 단순한 외관상의 아름다움과 추함으로 재판받는 자를 판단해서는 안 된다. 그래서 눈가리개는 재판관이 불필요한 것을 보지 않으려고 노력하는 것, 즉 재판의 공정함을 상징하는 것으로 해석할 수도 있다. 칼과 저울의 의미 해석에는 근본적 혼란이 없지만 눈가리개의 해석에는 이처럼 플러스와 마이너스의 양극단으로 나누어진 주장이 있다. 어느 쪽이 바른가를 묻는 것은 무의미하다. 왜냐 하면 정의의 여신의 도상은 그것이 만들어진 시대의 사법상(司法像)을 반영하는 것이기 때문에, 사법에 대한 불신감을 보여 주는 것이라면 마이너스적 의미로 되고 공정한 재판에의 기대를 나타낸다면 플러스적인 것이 될

그림 5-33 브란트의 『광대선』의 눈먼 유스티치아

것이기 때문이다. 눈가림을 한 정의의 여신을 고찰하는 데에 잊지 말아야 할 것은 저울과 칼이 고대부터 내려오는 것인 데 반해 눈가림은 16세기부터 비로소 등장했다는 사실이다. 따라서 이 시기의 배경에 대하여 좀 자세히 검토하지 않으면 안 된다.[58]

눈을 가린 정의의 여신상이 최초로 등장한 것은 브란트의 『광대선』(1494)이라는 풍자 작품에서이다(그림 5-33).[59]

이 작품을 이해하기 위하여 우선 저자 브란트의 생애를 잠시 살펴보면, 그는 1457년 슈트라스부르크에서 태어났다. 조부와 부친이 시 참사관(參事官)이었기 때문에 그의 가계는 전형적인 도시 시민 계급에

---

58) 이 시기를 법학사에는 휴머니즘 법학 Humanistische Jurisprudenz의 시대라 한다. 이에 관하여는 특히 Guido Kisch, *Studien zur Humanistischen Jurisprudenz*(Berlin, 1972) 참조. 그리고 최종고, 『법사상사』(박영사, 1997), 78-82쪽.
59) 우리 나라에는 에라스무스의 『바보의 찬양 *Lob der Torheit*』이 〈우신예찬(愚神禮讚)〉이란 제목으로 번역되었는데, 브란트 S. Brant의 『*Das Narrenschiff*』는 아직 번역되지 않았다.

속했다. 1475년에 바젤 대학 문학부에 입학하여 2년 후 학사 학위를 받고 법학부로 옮겼다. 이 시대의 바젤은 남부 독일의 정신 문화의 중심지였다. 15세기 전반에 바젤 종교회의가 개최되었고, 이탈리아에서 새로운 시대 정신인 르네상스가 유입되었으며, 전통적인 스콜라학을 융합한 인문주의 Humanismus가 꽃핀 지역이었다. 인문주의의 거장 에라스무스 Erasmus도 이곳을 중심으로 활동하였다. 브란트도 바젤 대학에서 배우는 동안 이런 인문주의의 정신을 풍부히 습득한 것으로 보인다. 그는 1484년에 법학사 자격을 얻고 1489년에는 로마법과 교회법의 양법박사(兩法博士, doctor juris utrisque)가 되었다. 1492년에는 바젤 대학 법학부장이 되었고 그 후 수차에 걸쳐 학부장으로 선임되었다. 이 1490년대는 브란트의 집필, 편집, 출판 활동이 가장 높은 시기였다. 인문주의자로서『광대선』의 집필과 라틴 시의 번역, 법학자로서는 초학자들을 위한 법학 문헌의 집필 활동을 하여 이 시기의 바젤에서의 출판물의 약 3분의 1에 관계하고 있었다. 1499년에 스위스 동맹으로 신성 로마 제국에서 이탈하여 바젤도 독일의 지배 아래 들어갔다. 애국주의자이며 당시 황제 막시밀리언 1세에게 충실했던 브란트는 바젤에 있기가 어려웠다. 그래서 다음 해인 1500년에 고향 슈트라스부르크로 돌아가 시 법률 고문으로 활동하였다. 이때를 계기로 그의 활동은 법률 실무로 옮겨졌다. 1502년에 황제 막시밀리언 1세에 의해 궁정 고문관과 황실 재판소의 배석 판사로 임명되고 1503년에는 시 서기(市書記)라는 요직에 앉게 되었다. 브란트는 시 서기로서 이 도시의 특권을 확보하기 위해 노력하였고, 1520년에 칼 5세의 봉축 파견단의 한 사람으로서 마지막으로 봉사하고 고향 슈트라스부르크에서 1521년에 사망하였다.[60]

---

60) S. Brant의 생애와 사진에 관하여는 최종고,『사진으로 본 세계의 법학자』(교육과학사, 1991), 44쪽.

작품 『광대선』은 운문(韻文)으로 쓰여진 풍자시 내지 설교시로서 서장과 112개의 시로 성립되어 있다. 〈어릿광대〉라고 번역할 수도 있는 광대들 Narren을 가득 태운 배가 〈광대국 Narrgonia〉으로 항해하는 내용이 묘사되어 있다.[61] 그 구상 자체는 브란트 자신의 독창적인 것이 아니라 당시 일반화되어 있던 것이었다. 라인 강변 지방의 사육제(謝肉祭, Fasching)에서 흔히 보이는 것이었고, 회화에서는 브란트와 같은 시대의 네덜란드 화가 히에로니무스 보슈 Hieronymus Bosch가 그린 「바보의 배 La Nef des Fous」라는 같은 모티프의 작품이 있다. 현재 루브르 박물관에 소장되어 있는 이 그림은 폭음 폭식한 바보들이 무리를 이루어 한 척의 배를 타고 질탕하게 즐기고 있는 모습을 그리고 있다. 바보들 중에는 성직자와 수도승까지 들어 있다. 오래 전부터 배는 교회에 비유되었는데, 성직자는 교회라는 배를 저어 이 세상이라는 바다를 건너는 사람들을 피안에까지 인도할 책임이 있다. 여기에 묘사되고 있는 것은 당시의 교회와 성직자의 부패에 대한 풍자의 의미이다. 그것은 브란트 자신의 서문에서 다음과 같이 읽을 수 있다.

본서는 세상에 흘러 넘치는 지혜, 이성 그리고 양속 Gute Sitte을 가르치고, 권면하고, 확산하기 위하여, 또 모든 신분 계급의 사람들의 우매, 맹목, 미혹, 우둔함을 비웃고자 농담과 진담으로 노력하여 바젤에서 편집한 것이다.[62]

모든 신분 계급의 사람들의 어리석음을 웃어 버리려고 제후를 비롯

---

61) Narr를 보통 〈바보〉라고 번역하는데, 영어로는 Harvey Cox의 『The Feast of Fools』 (1969)를 『바보제』(김천배 역, 현대사상사, 1973)라고 번역하였듯이 다른 적당한 용어가 없다. 저자 개인적으로는 〈어릿광대〉라고 이해하여 『광대선』이라 번역하였다.

62) Sebastian Brant, *Das Narrenschiff*, übertragen von H. A. Junghaus(Stuttgart : Reclam Verlag, 1964).

한 학자, 성직자, 대중의 행위를 때로는 비웃고 때로는 설교한다. 그가 〈가르치고, 권면하고, 전파하려는〉 지혜, 이성, 양속(良俗)은 전통적 권위를 의미하였다. 이런 점에서 그는 새로운 학문인 인문주의보다도 보수적, 도덕적 면에 기울어져 있었다. 신앙에서는 성서의 가르침을, 세속에서는 로마 법과 〈교회법전 Corpus juris canonici〉의 제정을, 또 인문주의자로서 당연히 로마 고전 시대의 저작가의 작품들을 전거로 하여 자기의 주장을 전개하고 있다. 1494년에 초판이 발행된 후 그 원판만 6판에 이르렀고, 그 제자 로허 J. Locher에 의한 라틴어역은 지식인 계급에 널리 읽혀 그 후 프랑스어, 네덜란드어, 영어로 번역되고 외국에서도 모방 작품이 수없이 나왔다. 문학사에서는 15-16세기의 〈광대 문학 Narri-Literatur〉이라는 장르가 열릴 정도로 이 책이 인기 있었던 이유는 그 서술 내용은 물론 각 장에 삽화로 목판화가 곁들여져 있었기 때문이다. 이 삽화의 대부분은 이 시대의 독일을 대표하는 화가 뒤러(1471-1528)에 의해 그려졌다고 하는데 확증은 없다.[63] 이들 도판으로 인해 이 책이 법상징학에서도 더욱 중요성을 갖는 것이다.

그러나 『광대선』에 나타난 정의의 여신의 눈가리개에 대한 해석은 결코 쉽지 않다. 그것은 당시 저자가 처해 있던 근세 초기의 정치적, 문화적 배경에서 총체적으로 해석되어야만 할 것이다. 브란트는 인문주의라는 새로운 시대 정신에 직면하여 그 가운데 몸을 담고 있으면서도 중세적 가치관을 갖고 있었다. 이것은 정치 사상에 있어서만 그런 것이 아니고 종교개혁에 대한 그의 태도도 그러했다. 독일에서는 인문주의를 핵심으로 하는 르네상스 Renaissance와 종교개혁 Reformation이 거의 동시에 진행되었다. 브란트는 『광대선』에서 성직자들의 간악함을 조소하고 교회의 부패를 야유하였지만, 그것은 어디까지나 가톨릭 교

---

63) A. Dürer에 관하여는 많은 연구서가 있지만, 법학자가 쓴 책으로 Thomas Würtenberger, *Albrecht Dürer: Künstler, Recht, Gerechtigkeit*(Frankfurt, 1971)가 크게 참고된다.

회라는 울타리 안에서였다. 사실 이 책 속에서도 보헤미아에서 일어난 후스 J. Huss 파의 반란을 〈남의 나라 바보짓〉이라고 비판하고 있다. 15세기 말과 16세 초는 여러 의미에서 전환기였다. 정치 면에서는 제국 황제에게는 없는 것이 제국 개조 운동 속에 명백히 드러났고, 법적인 면에서는 로마 법의 계수(繼受, Rezeption)라는 현상이 일어났다. 사회 면에서는 중세적 신분 질서를 대신하여 새로운 질서가 등장하기 시작하였고, 법률가라는 직능 집단이 등장하기 시작하였다. 또 학문 일반에서는 전통적 스콜라학에 대하여 인문주의가 대두하였다. 이러한 현상은 일반적으로 알기 쉽게 근세는 3R, 즉 르네상스 Renaissance, 종교개혁 Reformation, 로마 법 계수 Rezeption로 시작했다고 부른다.[64]

브란트는 이러한 전환기에 태어나 양쪽에 발을 딛고 있었지만 주축은 기본적으로 옛 시대의 편에 두고 있었다. 이것을 가장 단적으로 보여 주는 것이 눈을 가린 정의의 여신상이라 생각된다. 16세기 이후에 빈번히 등장하는 긍정적 의미의 눈가리개를 한 정의의 여신상에 대하여 『광대선』의 여신상은 특이한 예라고 여겨진다. 『광대선』의 여신상은 눈을 가린 여신상으로서는 단순한 것이지만, 이 책은 일반인을 향해 쓰어진 〈통속 법학서 Vulgäre Jurisprudenz〉로서 법학을 뜻하는 사람들을 위한 입문서로서도 널리 읽혔다. 그런데 그 눈가리개에 관하여는 공정(公正)을 의미하는 것으로 설명되고 있다. 『광대선』의 정의의 여신상은 눈가리개를 한 것으로는 최초의 것이기 때문에 후에 긍정적 의미를 가진 눈가리개와 같이 해석된 것으로 보인다. 눈가리개가 중세의 부정적 의미에서 긍정적 의미로 전환한 것으로, 인문주의자의 발견만이 아니라 로마 법의 계수가 적지 않은 영향을 준 것으로 생각된다. 법학 지식을 가진 자, 즉 학식 법률가 gelehrte Juristen들의 사법 기관에의 진출로 진행된 로마 법 계수는 재판의 근본적 변화를 가져왔다.[65]

---

64) 자세히는 최종고, 『법사상사』(박영사, 1997), 73-87쪽.
65) Gelehrte Juristen의 역할에 관하여는 H. Coing, *Die Rezeption des Römisch-*

계수 이전의 재판에서는 판결 발견인 Urteilsfinder이라는 자가 있어 재판관은 이들에게 판결을 묻는 존재에 지나지 않았다. 판결 발견인은 소송 당사자의 주장을 듣고 그 속에서 판결을 발견하였는데, 그 판결은 공동체의 정의 감정에 합치할 때에만 관철되었다. 이것에 대하여 계수 이후부터는 법학 지식을 가진 재판관이 학문적 법을 독자적으로 적용함으로써 재판이 이루어졌다. 법률에 쓰여 있는 사실은 법률 효과를 발생시키기 위한 추상적, 유형적인 것에 지나지 않았다. 현실의 세계에서 발생하는 천차만별의 사건에 적용할 수 있도록 해석되었다. 이 추상적 사실은 사건에 적용되어 구체화되는데, 그때 중요한 것은 삶의 현실이 아니라 그곳에서 추출되고 적용되는 법률에 직접 필요한 사실뿐이었다. 극단적으로 말하면 재판관은 당사자가 입으로 말하는 주장 그것을 볼 필요가 없게 되며, 사실 계수 이후부터는 서면에 의한 소송이 주류를 이루었다. 그리하여 재판이 정의 실현의 장소가 되려면 눈을 가린 정의의 여신처럼 재판관들은 구체적 사실을 보지 않고 법률에 따라서만 재판하면 충분한 것이었다. 브란트는 이러한 계수 시대에 태어난, 로마 법과 교회법의 지식을 가진 법학자일 뿐 아니라 법률 실무가였다. 『광대선』에 나타난 눈 가린 정의의 여신상은 이러한 시대적 배경 속에서 이해되어야 할 것이다.

『바르톨루스 저작집』의 1556년의 베네치아 판 『칙법집주해(勅法集註解)』의 속표지에는 눈을 가리지 않은 정의의 여신이 그려져 있고, 1589년의 토리노 판에서는 눈을 가린 정의의 여신이 그려져 있다.[66] 그리고 이 눈가리개를 한 근대 유럽의 정의의 여신상에 결정적 영향을

Kanonischen Rechts in Europa, 정종휴 역, 「유럽에 있어서 로마법과 카논법의 계수」, ≪法史學硏究≫ 6집, 1981, 331-358쪽.
66) Bartolus의 『칙법집주해』의 관하여는 최종고, 『법사상사』(1997), 69-71쪽; 최종고, 「서울대 중앙도서관 소장 법학귀중서연구」, ≪법사학연구≫4집, 1997, 281-341쪽.

준 것은 1593년에 출간된 리파의 『이코놀로기아』이다. 그는 이 책에서 정의의 여신에 관하여 다음과 같이 서술하였다.

흰 옷을 입고, 눈을 가리고, 오른손에 도끼로 친 나뭇가지를 단 권표(權標, fasces)를 쥐고, 왼편에 불꽃과 타조를 쥐고, 혹은 칼과 저울을 가지고 있다. 이 여성은 법원에서 세속의 재판관 및 집행관이 행하는 재판에 관계하는 인물이다. 흰옷을 입는다는 것은 재판관에게 사정(私情)의 또는 다른 정념(情念)의 위험을 없애야 하기 때문이다. 눈가리개를 함으로써 재판관은 이성에 반하는 감각이 활동할 수 없게 된다. 도끼가 달린 권표는 고대 로마에서 경찰관이 집정관과 호민관 앞에 서서 인도할 때 갖고 있는 것이다. 그것은 정의가 요구할 때는 징벌을 행하기도 하고 또 그 재판에 임하여는 급하게 행하지 않는, 즉 묶은 나뭇가지를 가지기 때문에 신중하게 판단할 시간을 주는 것을 보여 준다. 불꽃에 의하여 재판관의 마음은 항상 천국으로 향하고 있다는 것을 보여 준다. 많은 저작자가 말하듯이 타조는 가장 단단한 물질인 쇠를 소화하는 짐승인데, 재판에서 분쟁이라는 사건을 인내(忍耐)의 정신을 갖고 반드시 해결하지 않으면 안 된다는 사실을 가르쳐 준다.[67]

이러한 서술을 담고 있는 리파의 『이코놀로기아』는 그 후 각국으로 번역되고 주석이 붙여져 정의의 여신에 대한 이미지도·후일 여기에서 결정적으로 영향을 받은 것이다. 어쨌든 브란트의 『광대선』은 서양에서의 유스티치아 형상에 큰 변화를 준 작품으로 평가된다.

(20) 엠블럼의 법과 정의

〈엠블럼 emblem〉이란 말은 그리스어에서 나온 말로, 어디에다 놓은

---

67) C. Ripa, *Iconologia*, Roma, 1953년 원판에 대해 E. Panowsky의 *Studies in Iconology*(N. Y., 1962)에서 인용.

것 das Angesetzte, 넣은 것 das Eingesetzte, 모자이크 등의 뜻이며, 어떤 사물이나 생각을 압축적으로 나타내는 상징화이다.[68] 일찍부터 인간은 작은 지면에 그림을 압축하여 그 속에 깊은 뜻을 담으려는 상징화를 그려 왔다. 그런데 이런 엠블럼을 집대성하여 하나의 미술 내지 문학 장르로 만든 사람은 놀랍게도 미술가나 문학가가 아닌 법률가 알시아투스(1492-1550)이다.[69] 그는 이탈리아에서 태어나 파비아 대학과 볼로냐 대학에서 법학을 공부하여 1514년에 박사가 되었고, 아비뇽 대학과 부르쥬 대학의 교수가 되어 이탈리아 여러 대학에서 강의하다, 마지막으로 모교인 파비아 대학에서 교수로 재직 중 사망한 법학이다. 그는 『시민법대전』을 주석하여 명성을 떨쳤고, 고전 문학과 역사에 대한 인문주의자로서의 취향을 보여 주었다. 독일의 차지우스 U. Zasius와 함께 휴머니즘 법학을 건설하였고, 모어, 에라스무스 등 르네상스의 거장들과 교류하였다. 1531년에 아우크스부르크에서 『엠블럼서 *Emblmatum Liber*』란 책을 냈는데, 그림은 아우크스부르크의 화가 브로이 Jörge Breu가 그렸고, 아우크스부르크 시 서기관이며 황제의 고문이었던 콘라트 포이팅거 Konrad Peutinger에게 봉정되었다. 오늘날 우리가 쉽게 볼 수 있는 것에 1985년에 델리 P. Daly가 번역한 『알시아투스의 엠블럼 *Alciatus, Emblems in Translation*』이 있다.

이렇게 시간이 흐를수록 점점 집대성된 엠블럼은 여러 방면에 사용되었다. 출판사 마크, 장서표 *Ex libris*, 동전 주화, 메달, 놀이 카드 등

---

68) Arthur A. Henkel, *Emblemata: Handbuch zur Sinnbildkunst des 16. und 17. Jahrhundert* (Göttinger Akademie der Wissenschaften, 1967), 그리고 1996년에 축소판도 나왔다. Emblem 일반에 관하여는 Ayers Bayler, *Explorations in the Emblem* (N. Y., 1966); Water Diethelm, *Signet, Signal, Symbol: Handbuch internationaler Zeichen* (Zürich, 1984).
69) Alciatus에 관하여는 Peter M. Daly, *Andrea Alciatus and the Emblem Tradition* (N.Y., 1989). 이 책 가운데서 특히 Peggy M. Simonds, "Alciato's Two Venuses as Letter and Spirit of Law," 앞의 책, 95-125쪽.

에 사용된 것이 그 예이다. 마리오 프라즈 Mario Praz가 낸 『엠블럼서 문헌록 Bibliography of Emblem Books』에 따르면 엠블럼에 대해 저술한 저자는 600명 이상이나 된다. 괴팅겐 학술원 Göttinger Akademie der Wissenschaften의 의뢰를 받아 헹켈 A. Henkel과 쉐네 A. Schöne가 편찬한 『엠블럼 사전 Emblemata : Handbuch zur Sinnbildkunst des 16. und 17. Jahrhundert』에는 우주, 4요소(지구. 물. 불. 공기), 식물계, 동물계, 인간계, 인격화, 신화, 성서적인 것으로 나누어 8개 분야에 걸쳐 모두 3713 개의 엠블럼이 소개되어 있다. 엠블럼을 많이 그린 화가로는 암만 Jost Amman, 카라치 Agostnor Carracci, 메리안 Mattäus Merian, 드 파세 rispyn de Passe, 솔리스 Virgil Solis, 스팀머 Tobias Stimmer, 바에니우스 Otto Vaenius 등이 있다. 이들 한 사람 한 사람의 화가들에 대하여 개별적으로 연구하면 상징화의 세계에 깊이 들어가겠지만, 아직까지 법상 징학의 범위에서 그런 정도의 심도 있는 연구는 기울여지지 않고 있다.[70]

라드브루흐 G. Radbruch는 이러한 흥미 있는 엠블럼을 기초로 하여 또 하나의 〈그림으로 본 법철학 Rechtsphilosophie aus Bildern〉 저서를 저술하려는 계획을 갖고 있다고 1942년에 법철학자 엠게 Carl August Emge에게 편지로 말한 바 있는데 결국 평생 이루지 못하고 말았다.[71] 만일 이 저서가 나왔다면 상징과 미술, 법철학이 한데 어우러진 더 한

---

70) 그럼에도 불구하고 이들에 대한 간단한 생애 서술은 Arthur Henkel, 앞의 책, XVII-XXVI쪽.
71) G. Radbruch, *Gesamtausgabe*: Bd. 18, *Briefe* II, 1919-1949, Bearbeitet von Günter Spendel(Heidelberg, 1995), 200쪽. 라드브루흐는 알시아투스 Alcitatus에 대해 기초된 〈알레고리컬한 그림 언어 allegorische Bildsprache에 관하여 사람들이 잊어버리고 있는데, 자신은 이런 역사적 관심이 있으며, *ARSP* 편집에 참여해 달라는 Emge의 요청에 〈빨리 해 주지 못하는 데 대하여 좀더 기다려 달라 Haben Sie also bitte Geduld mit mir, wenn ich noch nicht so bald wieder zur Mitarbeit am Archiv komme〉라고 하였다. 끝내 이 일을 하지 못하였지만 라드브루흐의 만년의 관심을 볼 수 있는 중요한 증거이다.

층 높은 취향의 결정(結晶)이 되었으리라 생각된다. 그러나 그것이 라드브루흐만이 아니라 지금까지 아무도 이루지 못한 하나의 숙제로 남아 있다.[72]

물론 엠블럼의 내용은 법과 정의에 관한 것만이 아니라 위에서 말한 바와 같이 사물과 인간, 관념과 종교 등 모든 분야에 걸쳐 있기 때문에 그 내용을 접근 분석한다는 것이 여간 광범위하지 않다. 다음은 프라이부르크 대학 도서관에서 열람한 헹켈과 쉐네의 『엠블럼 사전』에서 법과 정의의 관점에서 중요하다고 생각되는 항목들을 뽑아 정리한 것이다.

1) 정의의 종

엠블럼에 〈깨어진 종 gebroche Glocke〉이 등장하는데 그림과 함께 그 아래에 다음과 같은 시가 적혀 있다.

> 종이 깨어져 그 몸체에 금이 가는 즉시
> 종소리가 나쁘게 들릴 수밖에 없듯이
> 권력이 합법적 시행을 가로막으면
> 성스런 법률도 고유한 힘을 잃어버린다.
> 아무도 스스로 따르는 자가 없으니
> 수많은 법률을 명령해야 소용이 없다.
> 말이 아니라 의미가, 법률의 명령이 아니라
> 정의의 적용과 보살핌이 민족들에게
> 지상의 축복을 가져다 준다.[73]

---

72) G. Radbruch의 조형 미술에 대한 관심에 관하여는 최종고, 『G. 라드브루흐 연구』(박영사, 1995), 329-361쪽.
73) Arthur Henkel(hrsg.), 앞의 책, 1219쪽.

그림 5-34 체자레 리파의 『이코놀로기아』에 묘사된 〈정의〉

법의 올바른 사용 rechter Gebrauch des Rechts이란 의미를 깨어진 종의 상징으로 나타내는 것은 흥미롭다. 즉, 그 의미는 종이 깨어지지 않아야 바른 소리를 내듯이 권력이 법을 막지 아니하고 말이 아니라 의미가, 법률의 명령이 아니라 정의와 배려가 민족의 번영을 약속한다는 뜻이다.

2) 유스티치아
정의의 여신 유스티치아에 대하여 다음과 같은 시 형식의 상징이 적혀 있다.

가슴에 두 아이를 안고 경건한 어머니의 의무를 행하는
저 여인은 어떤 여신일까?
정의는 어머니로서의 놀라운 과제를 안고 있으니
오른편 가슴에는 전쟁을, 왼편 가슴에는 평화를![74]

유스티치아에 관하여는 많은 조각 작품과 미술 작품이 있지만 엠블럼에 가슴에 두 아이를 안고 있는 어머니상으로 그려져 있는 것은 흥미롭다. 전쟁과 평화의 두 아이가 정의의 여신의 가슴에 안겨 있다는 것도 매우 상징적이다.[75]

3) 저울

정의의 여신에게는 언제나 저울 waage과 칼이 들려 있는데, 저울에 대하여 다음과 같은 시가 적혀 있다.

> 사소한 이유로 피상적인 신뢰가 흔들리고
> 무(無)를 통하여 저울에 올려지게 된다.
> 깃털과 삼 씨가 오히려 더 무게를 가진다.
> 행복 속에서만 친구가 되는 사람들을 배제해야 한다.
> 진정한 우정은 항상 준비되어 있고
> 그것은 어려운 시기에 알 수 있다.
> 진정한 친구는 고난 속에서 발견된다.[76]

〈저울〉은 정의를 측량한다는 상징으로 널리 사용되고 있음을 볼 수 있다.

4) 신의

〈법률 행위는 신의 Fides를 좇아 성실하게 행하여야 한다〉는 이른바

---

74) Arthur Henkel(hrsg.), 같은 책, 1555쪽.
75) 본 연구에서는 정의의 상징만 다루다 보니 평화, 사랑 등 다른 상징에 대해서는 언급하지 못한다. 참고로 사랑에 대하여는 Justa Ströter-Bender, *Liebesgöttinen* (Dumont/Köln, 1994), 평화에 대해서는 John Berger, *Art and Revolution*(N.Y., 1969).
76) Arthur Henkel & Schöne(hrsg.), 앞의 책. 1431쪽.

신의성실 Treu und Glauben의 원칙은 오래 전부터 수립된 법 원리이다. 그 기원을 뜻하는 피데스 Fides는 고대 로마 법에서부터 중요한 관념이었다. 이 피데스에 대한 엠블럼 밑에는 다음과 같은 설명이 상징적으로 붙어 있다.

> 수줍은 신의는 금빛 나는 왕국보다 강하고
> 성스런 신들은 빛나가지 않는 신의에 기뻐한다.
> 명예 honor는 그녀를 지원하고 진리를 데려온다.
> 사랑 amore은 행복한 모습으로 그녀를 키운다.
> 로마인들은 신처럼 오랜 존경심으로 그녀를 공경하고
> 그녀에게 언덕 위에 사원을 세워 준다.
> 행복해지려면 행복과 불행 속에 신의를 지킬지라.
> 성서와 신의의 충고를 따르는 사람에게
> 인간의 명예와 사랑이 널리 보장되리라.[77]

이상에서 예시적으로 몇 가지 항목만 살펴보았으나 도상학이나 엠블럼의 사전에는 수백 가지의 상징물들이 수록되어 설명되고 있다. 바로크 시대의 한 엠블럼 연구가인 발비누스 B. Balbinus는 〈태양 아래 엠블럼의 자료가 될 수 없는 것은 아무것도 없다 Nulla res est sub sole, duae materiam Emblemati dare non possit〉고 하였다.[78] 이것은 아직 우리나라에 거의 소개되지 않았기 때문에 앞으로의 연구 과제라고 할 수 있다. 1986년부터 ≪엠블럼 연구 Emblematica≫라는 저널이 발간되기도 하고, 1987년에는 영국 글래스고 대학에서 엠블럼에 관한 국제 심포지엄이 개최된 바도 있다.[79]

---

77) 같은 책, 1568쪽.
78) Bohuslaus Balbinus, *Versimilia*(1687, 1710), 234쪽; A. Henkel & Schöne, 앞의 책, Xii쪽, 주석 4에서 재인용.

(21) 다비드의 경고화

미술이 법 생활에 직접 영향을 준 대표적 예는 벨기에의 브루게 Brugge 에 있는 제라르 다비드 Gerard David(1460-1523)의 「캄비세스 왕의 재판 Judgement of Cambyses」(1498)이란 두 폭의 작품이다(그림 5-35). 다비드는 브루게 시의 요청에 따라 고대 페르시아 왕 캄비세스 Cambyses (B.C. 529-522 통치)가 뇌물을 받은 재판관 시잠네스 Sisamnes의 가죽을 벗겨 재판관의 의자에 펼쳐 깔도록 하고 그 위에 아들인 오타네스 Otanes를 새로운 재판관으로 앉게 한 무시무시한 형벌을 그림으로 그렸다. 살가죽을 벗기는 장면을 너무나 사실적으로 그려 몸서리칠 정도의 전율을 느끼게 한다. 이 그림을 법정에 오랫동안 걸게 하여 재판관

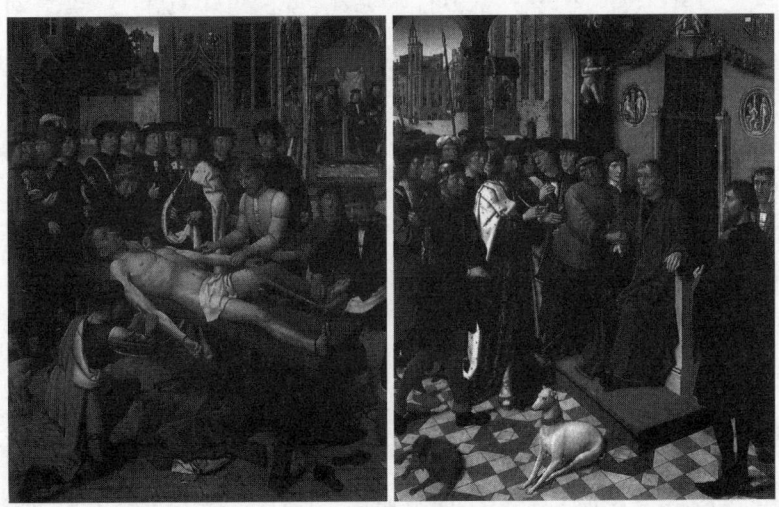

그림 5-35 다비드의 「캄비세스 왕의 심판」

---

79) 그 결과는 Bernard F. Scholz, *The European Emblem: Selected Papers from the Glasgow Conference* 11-14, Aug. 1987(Leiden, Brill, 1990).

들이 수차에 걸쳐 철거해 주기를 신청하였으나 허락되지 않아서 재판관들에게 경고화(警告畵, Mahnbild)로 작용한 명작이다. 현재 브루게의 크뢰닝 박물관 Groeninger Museum에 소장되어 있는데, 화풍은 매우 사실주의적이지만 재판관들이 이 작품을 쳐다보면서 재판을 진행할 때 정의의 두려움을 강하게 느낄 만한 상징성이 풍부한 작품이다.[80]

(22) 고야의 정의화

일반적으로 신비하면서도 음침한, 때로는 그로테스크한 그림을 많이 그린 것처럼 보이는 스페인의 화가 프란시스코 고야 Francisco Goya(1746-1828)는 정의와 진리, 그리고 평화의 상징화를 많이 그렸다.[81] 그의 작품「진리는 죽었다」를 보자. 죽은 진리(헌법 ?), 빛을 희미하게 발하며 의식을 잃고 넘어져 있는 진리의 여신 옆에 손으로 눈을 가린 채 무릎에 저울을 놓고 탄식하는 정의가 앉아 있다. 여기에서 진리는 젊은 여성으로 묘사되고 있다. 죽음에 이른 진리의 옆에서 비통해하는 것은 단지 정의뿐이다. 가톨릭 성직자와 기타 무리들은 진리의 죽음에 축복을 주는 것처럼 보이고, 사고로 진리의 시체를 매장하려 하고 있다. 이 그림에서 느껴지는 것은 진리가 살아 있지 않으면 정의도 죽어야 한다는 것, 그러면서도 이 진실이 충분히 지켜지지 않는다는 사실이다. 또한 진리의 존재는 권력자와 성직자에게 위협이기도 하다는 사실을 가르쳐 준다.

이 그림은 판화집『전쟁의 참화』속의 하나이다. 이 판화집은 나폴

---

80) 최종고,『법과 미술』(시공사, 1995), 132쪽 ; 서준식,『나의 서양미술순례』(창작과비평사, 1993), 5-17쪽에서도 특별히 이 작품 앞에서 크게 느낀 감상을 적고 있다. 그리고 최종고,『新서유견문』(웅진출판, 1995), 242-243쪽.

81) Goya에 관하여는 Lafuente Ferrari, *Goya : Sämtliche Radierung und Litographien* (Wien, 1961) ; J. López-Rey, *Goyas Caprichos : Beauty, Reason and Caricature* (Princeton, 1953) 등 참조.

레옹에 대한 전쟁과 그 후의 마드리드 포위전 후에 제작된 것으로, 전쟁 이전의 사회상과 전쟁의 잔혹상, 인간의 우매함을 통렬히 비난·풍자하는 내용을 리얼리즘적으로 묘사한 것이다. 이「진리는 죽었다」를 포함한 마지막 세 작품은 이러한 절망적 세계에 희망을 부여해 주기 위한 작품이었다.[82]

이 판화집 이후에도 고야는 데생을 통하여 진리와 정의를 종종 테마로 삼았다. 이것들은 1803-1824년 사이에 제작된 『저널 앨범』에 포함돼 있는데 〈죽음에서의 빛 Lux ex timbras〉이라는 말이 적혀 있다. 피에르 가르시에 Pierre Garsier는 이 그림을 〈전쟁의 참화〉 속의 진리의 여신이 책의 모양으로 상징되는 헌법을 가지고 있는 것으로 보고 자유와 진리와 정의를 합체화한 것이라고 해석하고 있다. 이 시대의 상황에 적응하여 카디스 Kadis 법의 제정에 의하여 펼쳐질 새로운 자유스런 사회에 대한 갈망을 묘사하고 있다. 〈그림 5-39〉는 정의의 저울이 최후의 심판 또는 그리스도 재림 때의 신의 위치에 있고 아래에 있는 검은 괴물을 추방하고 있다. 그래서 대중은 새로운 빛을 받아 정의가 지배하는 새 시대를 갈망하고 있다. 〈그림 5-36〉에서는 승리의 월계관을 쓴 정의의 여신이 채찍을 들고 검은 새들을 내쫓고 있다. 고야가 그린 많은 그림 중에서 무지, 불관용, 압정의 상징이 이러한 새들의 상징으로 나타나며, 경우에 따라서는 그러한 부덕(不德)을 가진 성직자로 상징되기도 한다.[83]

1820에서 2년 동안 그린 『세피아 앨범 Sepia Album』에서는 자유롭게 해방된 진리를 다시 그리고 있다. 그러나 그 진리의 여성상은 많은 무리들에 의해 조롱받고 있다. 이것은 국왕 페르난도 7세의 시대에 역행하는 정책을 풍자한 것으로 풀이된다. 1824년부터 34년간 고야가 보르도에 망명하면서 그린 〈그림 5-38〉에서는 한편에 칼을, 한편에 펜을

---

82) Anto Dietrich(hrsg.), *Goya : Visionen einer Nacht Zeichnungen*(Köln, 1981).
83) 西川理惠子,「Goya の正義」,『法と正義の Iconology』, 91-126쪽.

그림 5-36 고야의 「정의의 여신」 　　그림 5-37 고야의 「어둠으로부터의 광명」

그림 5-38 고야의 「펜은 칼보다 강하다」 　　그림 5-39 고야의 「무제」

없은 저울을 든 노인이 웃고 있다. 지금까지 정의의 상징화와 차이가 나는 것은 저울을 든 주인공이 과거처럼 젊은 여성상이 아니라 남자 노인이라는 사실이다. 이 노인이 무엇을 상징하는가에 관하여는 논의가 분분하지만 적어도 권력에 대한 이성의 승리를 보여 준다고 지적된다. 고야의 진리와 정의에 관한 상징성 높은 작품들을 보면 이러한 생각을 갖게 된다. 사람은 세계의 진실을 꿰뚫어보지 않으면 안 된다는 것, 우선 인간이 이성을 가지고 있다는 것, 즉 인간으로서 그 영혼에 비추어 비로소 사고할 수 있다는 것, 그래서 그 비쳐진 이성에 의하여 진리를 실현시키기 위하여 내리는 판단 그것이 곧 정의라는 것이다.[84]

(23) 클림트의 「법학」

법과 정의를 상징적으로 그린 명작의 하나로 구스타프 클림트 Gustav Klimt(1862-1918)의 「법학 Jurisprudenz」이라는 작품이 있다(그림 5-41). 이 작품은 제작을 전후하여 많은 사연과 물의가 있었고, 또한 그 내용을 이해하기가 매우 어려운 작품으로 유명하다. 다행히 최근 독일의 쉴트 W. Schild 교수의 논문 「클림트의 법학에 관한 생각들 Gedanken zu Klimts Jurisprudenz」[85]과 일본의 고쿠분 노리코(國分典子) 교수의 「구스타프 클림트의 법학」이라는 논문이 나와서 법상징학의 관점에서 그 그림을 추적하고 있다.[86]

일반인들에게 클림트는 「키스」, 「살로메」, 「유디스」 등 매우 에로틱한 작품을 그린 화가로 알려져 있고, 우리 나라에서도 특히 청소년들

---

84) 같은 책, 126쪽.
85) W. Schild, Gedanken zu Klimts Jurisprudenz, in Scholler/Philipps(hrsg.), *Jenseits der Funktionalismus: FS für Arthur Kaufmann zum 65. Geburtstag*(Heidelberg, 1989), 127-142쪽.
86) 國分典子, 「Gustav Klimt の 法學」, 『法と正義の Iconology』, 129-180쪽.

 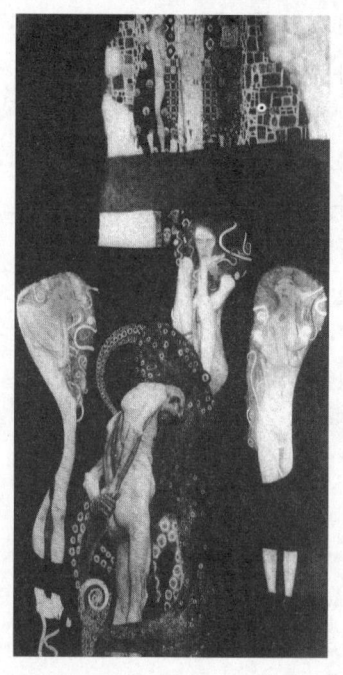

그림 5-40 빈 대학의 천정화 　　　그림 5-41 클림트의 「법학」

에게 많은 사랑을 받고 있는 화가인 듯하다.[87] 그가 빈 Wien 대학의 천정화(天井畵)로 「철학」, 「의학」, 「법학」이라는 작품을 의뢰받은 것은 1894년이었다. 당초 문화부는 그 기획에 대해 그의 친구 마츠 F. Matz 에게 의뢰했는데 클림트도 참가하여 공동으로 작품을 맡게 된 것이다. 대형의 중앙화는 어둠을 밀어내는 빛의 승리를 묘사하고, 그 그림의 사각(四角)에 대학의 전통적인 네 학부, 즉 신학부, 철학부, 법학부,

---

[87] Klimt에 관하여는 레드베르트 프로들, 『구스타프 클림트』, 정국진·이은진 옮김 (열화당, 1991) 참조. 이 책에 실린 작품 「법학」이 국내에서 볼 수 있는 가장 크고 선명한 사진이다. Klimt에 관하여는 독일 프라이부르크 대학 도서관에 27종의 참고 문헌이 소장되어 있다(1999년 1월 현재).

의학부를 상징하는 그림을 그리기로 하였다. 그래서 〈대학 그림 Fakultätsbilder〉이라고 불리었다(그림 5-40).

이 작품에서 가장 눈에 띄는 것은 중앙에 힘없는 한 남자를 둘러싼 3인의 여성이다. 이 세 여성은 「법학」 이외에도 「베토벤 프리스」에도 나타난다. 여기에서는 3인의 매우 비슷한 여성들이 「거인 듀포페우스의 3인의 고르곤」으로 나타난다. 고르곤 Gorgon의 모양에 대하여는 여러 설명이 있지만 클림트는 뱀의 머리를 가진 아름다운 얼굴의 여인들로 묘사한다. 고르곤은 그리스 신화에 나오는 세 자매인데 스테노(Stheno, 힘), 에우리알레(Euryale, 보편성), 메두사(Medusa, 지혜)라 불리며 명계(冥界)에 살고 있다고 알려져 있다. 그들을 본 사람은 돌이 되어 버리는데 페르세우스 Perseus는 3인 가운데 메두사의 머리를 잘라 여신 아테나 Athena에게 바쳤다. 클림트의 「팔라스 아테나」에서는 아테나가 이 고르곤의 머리를 오른손에 들고 있다. 클림트는 분리파 전의 최초의 포스터인 「아테나의 비호」 아래 미노타우로스 Minotauros에 승리하는 테세우스 Theseus의 전쟁을 그리고, 이것을 가지고 새로운 예술의 구예술에 대한 도전으로 표현하고, 예술과 학문의 신(神)인 아테나를 분리파의 수호신으로 삼았다. 「팔라스 아테나」의 괴물적인 얼굴의 고르곤과 달리 차가운 미모를 보여 주는 「법학」의 이 세 여성의 양식은 네덜란드의 화가 드로프 J. Drof의 여성상의 영향을 받았다고 생각된다.[88] 그렇다면 「법학」의 세 여성에 관하여는 이것을 단순히 고르곤으로서가 아니라 고르곤의 성격을 가진 복수(復讐)의 여신들로 보는 설명이 유력하다. 에리니에스 Erinyes라 불리는 그리스 신화의 여신들은 각각 알렉토(Alecto, 쉬지 않는 여신), 메가에라(Megaera, 질투하는 여신), 티시포네(Tisiphone, 살인을 복수하는 여신)라는 이름을 가지고 중대한 범죄자를 추적하고 정당한 벌을 내리는 역할을 하고 있다. 이 에

---

88) 國分典子, 앞의 책, 163쪽.

리니에스와 고르곤의 관계를 시사하는 것으로 클림트가 애독했던 단테 A. Dante의 『신곡 Divina Comedia』이 있다. 『신곡』 제9곡에서 단테는 비르길리우스 Virgilius의 안내를 받아 지옥에 내려가 거기에서 프리에 (Prie, 에르니에스의 라틴어)를 만나는데, 프리에가 단테를 돌로 변하게 하기 위하여 고르곤을 부른다. 또 에리니에스는 그리스 신화에서처럼 꽃수레와 같이 머리칼을 뱀으로 장식하고 있고, 부르주 Bourges 대성당에는 만물의 고르곤의 얼굴을 가진 것으로 묘사되어 있다. 에리니에스는 그리스 신화에서는 자연의 섭리를 범한 자, 특히 부모를 죽이거나 형제의 피를 보는 자를 단죄하는 역할을 한다. 아이스킬로스 Aeschylos 의 「오레스테이아 Oresteia」에서 그들은 아버지의 원수를 갚고 어머니를 죽인 오레스테이아를 처벌하기 위하여 끈질기게 추적하고 있다.

「법학」의 중앙의 3인의 여성이 에리니에스를 나타낸다면, 중앙에 선 남성은 세 여성에게 단죄되고 있는 것이 분명하다. 이 구도에 관하여 쇼스키 Schosky는 노인과 같이 보이는 이 남성이 받고 있는 이 형벌은 〈거세(去勢), 성적 불능으로의 전락〉이라고 말한다. 그가 왜 이런 해석을 하는지는 잘 알 수 없지만 두 가지 해석이 가능하다. 하나는 에리니에스에 관한 이야기이다. 올림푸스의 12신이 태어나기 이전의 세계에서 대지(大地)의 여신 가이아 Gaia는 남자에 의지하지 않고 낳은 아들 우라누스 Uranus와 교합하여 타이탄 Titan이라는 거신족(巨神族)을 낳았다. 그러나 타이탄족의 왕 크로노스 Cronos는 아버지 우라누스가 계속 태어나는 아들들을 질투하여 가이아의 태내(胎內)에 떨어뜨려 버렸기 때문에 그를 미워하고, 어떤 때는 우라누스가 가이아와 동침할 때 창을 가지고 습격하여 우라누스의 남근(男根)을 절단하였다. 남근이 대지(가이아)에 피를 흘리고 거기에서 에리니에스가 태어난 것이다. 즉, 에리니에스의 존재는 그 자체가 성적 단죄를 의미하는 것이다.[89]

---

89) 같은 책, 164-165쪽.

또 하나는 이 노인의 머리가 벗겨졌다는 사실이다. 이것에는 세기말 빈의 한 상징이라고 말하는 프로이트 S. Freud의 『꿈의 해석』이 참고가 된다. 꿈이란 사물의 은유적 의미를 갖고 있다고 보는 프로이트에게 대머리는 거세(去勢)의 상징인 것이다.[90] 아무튼 당시에는 외설적 작품이라고 대학에서 거부당했고, 다시 작가가 회수하였다가 전쟁 속에 타버린 이 작품은 이제 영원히 그 신화를 볼 수 없지만, 그러기에 더욱 정의화로서 유명하게 기억되고 있다.

(24) 모로의 정의화

구스타프 모로 Gustave Moreau(1826-1897)는 프랑스의 상징주의의 대표적 화가였다. 1892년부터 에콜 드 보자르 Ecole de Beaus art의 교수 및 원장이 되어 루오 G. Rouoult, 마티스 H. Mattisse 같은 화가들을 길러 냈다. 그의 화풍은 독특하고 신비주의적이며 상징적인 분위기를 나타내었다. 〈살로메 Salome〉라는 별명을 가진 작품 「현현 Die Erscheinung」(1876)은 살로메에게 목이 끊어진 세례 요한 John the Baptist의 목이 빛을 발하며 다시 나타나는 모습을 그리고 있다(그림 5-42). 매우 상징적이며, 불의에 대하여 정의는 죽지 않고 다시 살아난다는 것을 강렬히 보여 주는 작품이다. 또한 모로가 그린 「유니콘들 The Unicorn」(1885) 역시 여성들과 어울려 있는 유니콘의 모습을 남성 상징으로 하여 다소 육감적으로 풍부하게 나타내고 있다.[91]

---

90) S. Freud, 『꿈의 해석 Die Traumdeutung』, 김기태 옮김(선영사, 1992).
91) 작품에 대하여는 Gustave Moreau Museum에서 발간한 전체 카탈로그 참조. 그리고 Jierre-Louis Mathieu, *Gustav Moreau*(Paris, 1998). Moreau에 관하여는 에드워드 루시-스미드, 『상징주의 미술』, 이대일 옮김(열화당, 1987), 66-73쪽.

그림 5-42 모로의 「현현(살로메)」

(25) 루오의 법관도

조르주 루오 Georges Rouault(1871-1958)는 일반적으로 예수 그리스도의 성화를 많이 그린 화가로 알려져 있지만, 흥미롭게도 재판관에 관한 작품을 다수 남긴 화가이기도 하다. 파리에서 가난한 목사의 아

그림 5-43 루오의 「재판관」

들로 태어난 그는 어릴 때 스테인글라스 직공의 제자가 되었고, 장식미술 학교와 에콜 드 보자르의 모로의 교실에서 공부하였다. 1903년부터 그리스도, 창녀, 서커스단, 재판관, 부자와 빈자 등을 주제로 하여 거친 필치와 푸른 색조를 바탕으로 많이 그렸다. 경건한 가톨릭 신자로서 정숙함과 성스러움을 성화로 표현하는 한편, 세속적인 인물로 재판관을 그려 비판과 풍자의 면모를 나타내었다. 그가 그리는 재판관은 권력욕에 찬 고집스런 인물로 나타나 배후의 예수 그리스도의 모습과 대조를 이루고 있다. 상징성을 강하게 느끼게 하는 작품들이다(그림 5-43).[92]

(26) 도미에의 사법풍자화

법률가의 생리를 풍자화를 통하여 비판하면서도 애정을 표현한 화가로 오노레 도미에 Honoré Daumier(1808-1879)를 능가할 사람이 없을 것이다. 그는 빈곤 속에서 자라 사법 집달리(司法執達吏)의 사환으로 일한 경험이 있기 때문에 사법계와 법률가들의 실상을 잘 알고 있었다. 그는 석판화로 법정의 모습과 법률가들의 행태를 예리하게 묘사하였다. 풍자화가로서의 독특한 필치를 보여 준 도미에의 작품은 많은 사람들의 사랑을 받았고, 특히 법원이나 법과 대학의 건물에 장식용으로 애용되고 있다. 라드브루흐는 그의 사법풍자화들을 해설하여『도미에의 사법풍자화 Die Karikaturen der Justiz』를 내기도 하였다.[93] 그리고 그의『법철학 Rechtsphilosophie』에서 다음과 같이 표현하고 있다.

---

92) Georges Rouault에 관하여는 특히 1993년 잘츠부르크에서의 전시 이후 만든 Stephan Koja, *Ausstellung George Rouault-Malerei und Graphik*(München, 1993) 참조.
93) G. Radbruch,『도미에의 사법풍자화』, 최종고 옮김(열화당, 1994). Daumier에 관하여는 H. Daumier, *Die Mensch und die Justiz*(Boppard, 1979) 등 프라이부르크 대학 도서관에 소장되어 있는 참고 도서만도 46종이나 있다(1999년 1월 현재).

아무리 훌륭한 법률가일지라도 직업 생활의 어떠한 순간에도 자기의 직업이 필연적으로 깊은 문제라는 사실을 충분히 의식하지 않고 있다면, 그는 이미 훌륭한 법률가가 아니다. 때문에 아무리 진지한 법률가도 그 법전의 여백에 가지가지의 아이러니컬한 의문 부호와 감탄 부호를 그리는 저 풍자가, 예컨대 아나톨 프랑스 Anatole France와 같은 사람을 보는 것이 싫지 않으며, 나아가서 사물에 깊은 의문을 품고 정의의 근저를 터치하는 문학가 가운데의 심각한 비평자, 예컨대 톨스토이나 도스토예프스키 같은 사람이나 또 저 위대한 재판의 풍자화가 도미에 — 풍자화가이기도 하고 심각한 비판자이기도 한 — 를 더 즐겨 보는 것이다. 모든 순간에 자기가 인간 사회에 의심할 여지 없이 쓸모 있는 구성원이라고 느끼는 자는 단지 속물뿐이다. 소크라테스의 구두장이는 무엇을 위해 자기가 세상에 존재하는가를 알고 있었다. 그것은 소크라테스와 그 밖의 사람들의 구두를 짓는 일이었다. 소크라테스만이 자기가 무엇을 위해 세상에 존재하는지를 알지 못한다는 것을 깨달은 유일한 사람이었다. 그러나 우리 법률가는 최대의 어려움을 지고 있다. 그것은 우리의 천직을 신뢰하면서 그러면서도 동시에 우리의 본질의 어디엔가 가장 깊은 심층에서 끊임없이 그것을 의심해 나간다고 하는 것이다.[94]

이처럼 라드브루흐에 의하여 새롭게 조명된 도미에의 사법풍자화는 풍부한 상징성을 갖고 있는 작품들로서 법상징학에 중요성을 갖고 있다고 하겠다.[95] 서양에서 법원이나 법과 대학 등 법과 관련 있는 기관의 벽면 장식에 도미에의 작품들이 가장 많이 애용되고 있는 것을 이해할 만하다.

---

94) G. Radbruch, 『법철학』, 최종고 옮김(삼영사, 1975), 154-155쪽.
95) H. Daumier에 관하여는 Colta Ives, M. Stuffmann and Martin Sonnabend, *Daumier Drawings*(N.Y., 1993). 이 책의 독일어판은 Städelsche Kunstinstitut (Frankfurt, 1993)에서 간행; Claude Roger Marx, *Daumier und seine Welt* (Bayreuth, 1981); Wilhelm Wartmann, *Daumier Lithographien*(Basel, 1978)도 참조.

(27) 벤 샨의 「사코와 반제티의 수난」

루마니아에서 미국으로 귀화한 화가 벤 샨 Ben Shahn(1898-1969)은 「사코와 반제티의 수난 The Passion of Sacco and Vanzetti」이란 그림을

그림 5-44 벤 샨의 「사코와 반제티의 수난」

그렸는데, 이 그림은 1927년에 살인죄로 처형당한 이탈리아계 니콜라 사코와 바톨콜레모오 반제티를 추모하기 위하여 그려진 작품이다(그림 5-44). 무정부주의자라는 혐의 속에서 살인범으로 사형 판결을 받고 집행된 두 피고인의 겸손과 정직한 태도는 재판 과정에서 많은 작가와 미술가들에게 창작욕을 불러일으켰다.[96] 그리하여 하버드 대학 총장 로웰 Lawrence Lowell을 위원장으로 한 〈로웰 위원회〉가 이 사건의 재조사를 맡았다. 그림에는 관에 든 사코와 반제티 옆에 로웰 위원회의 위원들이 백합꽃을 들고 서 있으며, 뒷벽에는 담당 판사 테이어 Webster Thayer의 초상화가 걸려 있다. 재판의 엄숙성과 정의와 사회 비평의 안목이 종합된 상징적 명화로 알려져 있다.[97]

이 외에도 서양의 많은 미술 작품들이 법과 정의를 소재로 다루고 있지만 여기서는 법상징학의 관점에서 이 정도로 그쳐도 될 것 같다. 분명한 것은 작품의 감상은 자의적으로 되어서는 안 되며, 미술 비평의 학문적 연구와 함께 법상징의 해석도 서서히 진행되어야 한다는 사실이다. 여기에 법률가와 미술가, 창작자와 평론가가 함께 관심을 기울이고 대화하여야 할 필요가 있는 것이다.

---

96) 자세히는 Louis Jonghin/Emund M. Morgan, *The Legacy of Sacco and Vanzetti*(Princeton Univ. Press, 1948). 1997년은 이 사건의 70주년 기념 해라 하여 특별 전시회 등 기념 행사가 있었다.
97) 자세히는 최종고, 『법과 미술』(시공사, 1995), 185쪽.

제 6 장 동양에서의 법상징

 지금까지 우리는 법과 정의의 관한 상징적 표현은 서양에서만 이루어진 것처럼 생각해 왔다. 그러나 실은 그렇지 않고 법상징학의 관점에서 주목해 보면 동양에서도 상당한 관심을 가져 왔다는 사실을 발견하게 된다. 아래에서는 그 동안 주목하지 못했던 동양적 법과 정의의 상징을 추적하여 규명해 보려 한다. 그 동안 이 방면의 연구가 없었기 때문에 아래의 서술이 그리 체계적이지 못하지만 그렇기 때문에 시론적 의의는 더욱 클 것이다.[1]

1 중국에서의 법상징

(1) 해태

 한자로 법(法)이란 글자는 전한(前漢), 후한(後漢), 삼국 시대부터

---

1) 필자는 이 방면의 관심을 이미 부분적으로 발표한 바 있다. 최종고,『법과 미술』(시공사, 1995), 225-280쪽; 최종고,「법과 정의의 상징에 관한 연구」,≪저스티스≫ 27권 1호, 1994; 최종고,「法字考」,≪법학≫ 35권 2, 3호, 1994.

그림 6-1 고문헌에 나타난 해태상

사용되었고, 그보다 먼저 진(秦) 및 선진(先秦) 시대에는 번잡한 법(灋)이란 글자를 사용하고 있었다. 이 법(灋) 자는 삼수 변(水)에 해태 치(廌) 자와 갈 거(去) 자를 합성한 글자이다.[2] 순(舜) 시대에 고요(皐陶)라는 재판관이 재판할 적에 해태라는 신수(神獸)를 재판석에 끌고 오면 해태는 성질이 사납고 불의를 참을 수 없는 성질의 동물이라 반드시 죄지은 자에게로 가서 하나인 뿔로 떠받는다는 고사를 남겼다. 그래서 법이란 글자는 재판과 물과 같은 공평성과 초자연적 권위를 종합적으로 담고 있는 것이라 하겠다. 그런데 여기서 상형 내지 상징과 관련하여 흥미 있는 사실은 해태라는 신수 내지 영물(靈物)의 모습이 어떻게 생겼는가 하는 점이다. 중국의 갑골 문자나 고동기명(古銅器銘)에서 해태를 나타내는 옛 글자들을 보면 산양(山羊)과 같이 뿔이 달린 동물로 나타난다(그림 6-1).[3]

---

[2] 자세히는 後藤朝太郞, 支那古代に於ける法制經濟關係文字の解剖」, 『國家學會雜誌』 27권 12호, 1913, 1766-1788쪽.
[3] 자세히는 최종고, 「法字考」, ≪법학≫35권, 2, 3호, 1994.

그림 6-2 중국 고대의 신의재판

이 해치(獬豸)의 모양은 사슴(鹿), 말(馬), 양(羊)의 글씨와는 비슷하면서도 차이가 난다.[4] 독일 학자 무트 Georg Muth의 연구서 『중국과 게르만의 원시적 동물 장식의 양식 원리 Stilprinzipien der primitiven Tierornamentik bei Chinesen und Germanen』(1911)에 의하면 고대 중국의 동기(銅器)와 도자기에 비슷한 문양의 동물 형상이 나타나고 있음을 볼 수 있다.[5] 중국의 문헌들을 종합해 보면 해치는 외뿔에 기린의

---

4) 자세히는 같은 책 및 최종고, 『법과 미술』(시공사, 1995), 227-234쪽.

머리, 양의 발톱, 푸른 비늘과 두툼한 꼬리가 딸린 환상적 짐승으로 그려져 있다. 해치, 신양(神羊), 식죄(識罪, 죄가 있고 없음을 식별함), 해타(海駝) 등으로 불렸다. 전국 시대 제(薺)나라 선왕(宣王)이 애자(艾子)를 불러 〈옛날에 해치란 짐승이 있었다는데 그것은 어떤 짐승이냐〉고 물었다. 애자는 답하기를 〈요순 시대의 신수이온데, 조정 안에 살면서 신하들 가운데 사악한 행위를 하거나 사특한 마음을 먹은 자가 있으면 대들어 잡아먹어 버린다 합니다. 지금 세상에 그런 짐승이 있다면 따로 먹이를 줄 필요가 없을 것입니다〉라고 했다 한다. 『논형(論衡)』의 시응(是應) 편에도 〈해호(觟䚁)라는 짐승이 있는데 뿔이 하나밖에 없으며 죄지은 사람을 찾아내는 신통한 재주가 있다고 한다. 고요라는 사람이 순 임금 때 법관으로 있었는데, 죄가 있는지 없는지 의심스러울 때 이 동물로 하여금 죄지은 자를 떠받게 하였다〉고 적혀 있다. 여기서 해호란 해치의 다른 이름이고, 『이물지(異物志)』에는 〈동북 지방의 거친 곳에 사는 짐승으로 이름을 해치라고 한다. 뿔이 하나에 성품이 충직하여 사람이 싸우는 것을 보면 올바르지 못한 사람을 뿔로 떠받고 물어뜯는다〉고 하였다. 이처럼 동양에서 해치는 법과 재판에 관련된 신수로서 신의재판(神意裁判)을 도와 주었다. 신의재판 Gottesurteil은 물론 동양에만 있었던 것은 아니지만 이처럼 신비한 동물을 사용한 신의재판은 중국 전통의 특징이라 할 것이다(그림 6-3).[6]

그런데 이 해치가 어떤 모양으로 상형되었는가는 동양에서도 차이가 난다. 중국에서는 산양(山羊)과 비슷하다는 기록에도 불구하고 오늘날 흔히 볼 수 있는 해치상은 오히려 사자(獅子)상에 가까운 모습

---

5) Geory Muth, *Stilprinzipien der primitiven Tierornamentik bei Chinesen und Germanen*(Leipzig, 1911), 특히 표 39 참조. 그리고 Ronald G. Knapp, *The Chinese House: Craft, Symbol and the Folk Tradition*(Oxford Univ. Press, 1990).
6) 신의재판에 관하여는 H. Nottarp, *Gottesurteilstudien*(Berlin, 1956) 및 최종고, 『서양 법제사』(박영사, 1986), 95-96쪽.

그림 6-3 중국 자금성의 해태상

을 하고 있다. 이에 대해 학자들은 불교의 영향을 받아 중국에서는 볼 수 없는 신비한 동물인 사자의 모습에 가깝도록 신성화된 것으로 해석한다.[7] 천안문 광장이나 자금성(紫禁城) 안에 있는 해치상은 사자의 모습으로 사납게 표효하고 있다. 양쪽에 자웅 한 쌍을 세우는데 외형은 비슷하지만 수컷은 여의주(如意珠)를 밟고 있고, 암컷은 새끼를 밟고 있는 것이 특징이다. 그리고 머리에 외뿔은 거의 보이지 않는다. 또한 해치는 기린(麒麟)과도 혼용되고 있다(그림 6-4). 홍콩의 해변에 서 있는 해태상은 뿔이 비교적 선명하게 있는 동물상인데 거기에는 기린상이라 적혀 있고 영어로는 Unicorn이라 번역하여 놓았다.

이상과 같은 중국적 해치상의 문헌에 근거하여 가장 신빙성 있게 만든 조각품은 놀랍게도 중국이 아니라 미국에 있다. 필라델피아에 있

---

7) Anthony Christie, *Chinese Mythology*(N.Y., 1968), 130-132쪽.

그림 6-4 해태는 가끔 기린(麒麟)과 혼동되어 중국의 곳곳에 기린상이 서 있다.

는 펜실베이니아 대학 로스쿨의 로비에 조각가 미첼 Henry Mitchell이 제작해 놓은 해치상은 커다란 산양의 모습에 긴 외뿔을 갖고 있다. 그 옆에는 이 짐승이 법과 관련이 있는지를 〈인간의 진보는 마술에서 법으로 느리고 고통스럽게 이루어져 왔다 Slow and painful has been man's progress from magic to law〉고 인상적으로 설명해 놓았다.[8]

어쨌든 해치상은 뿔을 하나 가진 일각수로서 영어로는 Unicorn, 독일어로는 Einhorn, 프랑스어로는 Licorne라고 부른다. 그런데 서양의 유니콘은 그 기원이 인도나 중국에서부터 왔다는 주장이 유력하다.[9] 그리

---

8) 사진은 Derk · Bodde, *Law in Imperial China*(Cambridge/Mass., 1967)의 앞면에도 실려 있다.
9) 유니콘에 관하여는 Rüdiger Robert Beer, *Unicorn: Myth and Reality*(N. Y. 1977);

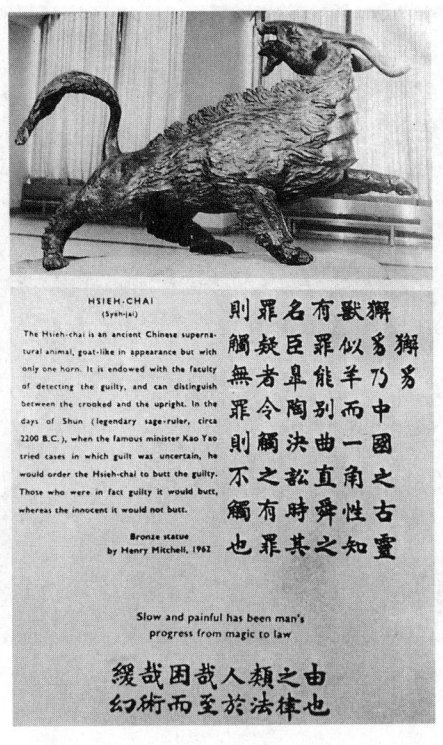

그림 6-5 미첼의 해태상

스의 의사 체시아스 Chesias가 『피지올로구스 Physiologus』라는 책을 통해 동양에는 뿔이 하나인 짐승이 살고 있다고 처음 소개한 것으로 알려져 있다. 서양의 유니콘은 산에 사는 신비한 짐승으로 포수들에게 잡히지 않으며 오히려 처녀가 쓰다듬어 주면 스스로 잡힌다고 묘사되어 있다. 잡히면 신체의 모든 부분이 만병통치약이 된다고 한다. 그래서 독일에는 〈유니콘 Einhorn〉이란 간판을 단 약국만도 100곳이 넘는다

Odell Shepard, *The Lore of the Unicorn*(N. Y. 1993); Matti Megged, *The Animal that Never Was*(N. Y. 1992).

그림 6-6 뉴욕 클로이스터스 미술관의 유니콘

고 한다. 그리스도교 신학과 결부되어 예수 그리스도가 유니콘으로 상징되기도 한다. 예수는 세상의 모든 불의에 참을 수 없지만 마리아의 품에서는 어린아이와 같이 잠든다. 서양에서 유니콘에 관한 많은 예술 작품 가운데 가장 유명한 파리의 클뤼니 박물관 Museé de Cluny의 「부인과 일각수 La Dame a la licorne」란 작품은 매우 미학적이고, 뉴욕의 클로이스터스 미술관 Cloisters Museum의 「유니콘 사냥 The Hunting of Unicorn」의 양탄자는 매우 신학적 분위기를 느끼게 한다. 사냥에 잡혀 우리에 갇힌 유니콘의 모습은 좌절되거나 죽어 가는 모습이 아니라 부활을 상징하듯 뛰어오르는 모습을 보여 주고 있다(그림 6-6).

어쨌든 일각수로 상징되는 해태는 그 외뿔과 함께 법과 정의를 상징하는 신성한 동물로서 중국에서부터 기원하는 것으로 알려져 있다. 필자는 서양의 유니콘의 상징도 신체에 적용된 정의를 뜻하는 것이라고 생각한다. 다만 불교의 영향인지 사자의 상징과 결합되면서 인도의 일각수 설화와 습합(習合)된 것으로 보인다. 오늘날 비록 그 약자(略字)인 법(法)이란 글자를 사용하고 있지만, 그 글자에 원래 이처럼 역사적이고도 심오한 법과 정의의 상징이 내포되어 있다는 것은 매우 흥미롭다.[10]

(2) 반수가검(盤水加劍)

기원은 중국에서부터 출발된 것으로 추측이 되나, 한국에서도 정의를 상징하는 뜻으로 물을 담은 접시에 칼을 꽂는다는 이미지가 사용되었다. 칼이 정의 실현의 상징이 되는 것은 동서양에 있어서 공통적이지만 그것을 접시에 담아 물로 씻는 이미지는 동양적이라고 할 수 있다. 그러나 이러한 이미지를 조형화하여 그림이나 조각으로 나타낸 것은 아직 보지 못하였다.

2 일본에서의 법상징

우리와 같은 동양 문화권에 있으면서도 더 일찍 서양 법제도를 받아들여 나름대로 법치주의와 민주주의를 성공시키고 있는 일본이 어떠한 법상징을 가꾸어 왔는가 궁금하지 않을 수 없다. 이 방면에 관한 연구는 일본에서도 별로 이루어지지 못하고 있다가 최근에 몇 학자들

---

10) 자세히는 최종고,「법과 정의의 상징에 관한 연구」, ≪저스티스≫ 27권 1호, 1994 및 최종고,「法字考」, ≪법학≫ 35권 2호, 1994.

이 관심을 가져 논문들을 모은 『법과 정의의 이코놀로지』(1997)라는 책이 나왔다.[11]

(1) 메기 퇴치도

일본에서는 흥미 있게도 메기(鯰)가 정의와 부정의에 관련된 상징적 동물로 등장한다. 1855년 10월 2일 밤 10시경 에도(江戶) 일대에 대지진(大地震)이 급습하여 만 명 이상의 사람들이 희생되고 건물이 무너지고 화재가 발생하였다. 일본인들은 메기가 지진을 불러온다는 신앙을 가지고 있으며 그 메기를 녹도대명신(鹿島大明神)이 요석(要石)이라고 불리는 돌을 사용하여 눌러 죽일 수 있다고 믿었다. 이 지진이 있은 후 메기를 주제로 한 그림과 목판화가 많이 산출되었다. 메기는 악의 상징으로 등장하는 것이다. 〈메기 퇴치(鯰退治)〉라는 제목의 그림을 보면, 큰 판 위에 메기를 올려놓고 주위에서 많은 힘센 사람들이 도구를 들고 공격하고 있다(그림 6-7). 지진의 원인인 메기가 악의 상징이고 그 악을 퇴치하는 사람들의 행위가 정의로 묘사되고 있다.[12]

지진을 단순히 재해로 본다면 메기는 사람에게 피해를 주는 악의 상징이다. 그러한 악은 퇴치의 대상일 뿐이다. 사람들은 그림 속에서 메기를 퇴치함으로써 천재(天災)에 의한 피해라는 슬픔과 분노를 해소하려고 하였다. 그러나 이 악은 절대적인 것이 아니라 상대적인 것이

---

11) 森征一, 岩谷十郎 편, 『法と正義の Iconology』(경응의숙대학출판회, 1997), 223-300쪽. 이 부분에서의 일본의 법상징에 관하여는 이 연구서에 크게 의존하였다. 그리고 일본에서의 법과 예술 전반에 관하여는 Koichi Miyazawa, "Das Recht und die schöne Künste in Japan," in *Das Recht und die schöne Künste; Heinz Müller-Dietz zum 65. Geburtstag*, hrsg. von Heike Jung, Nomos(Baden-Baden, 1998), 51-62쪽.

12) 日朝秀宣, 「幕末維新期の錦繪」, 『法と正義の Iconology』(1997), 225쪽.

그림 6-7 일본의 「메기 퇴치도」

다. 인간이 일방적인 피해자라는 단계에서 벗어나면 슬픔과 분노가 희박해지는 것이다. 지진이라는 현상에 무언가 해석을 가하고 지진을 신불(神佛)의 경고로 받아들이지 않았다. 메기가 금지(金持)를 징벌케 함으로써 사람들이 금지에 대하여 가지고 있던 불만과 분노를 해소하려 하였다. 흉작과 기근 등에 의하여 쌀값이 올라가는데 쌀을 매점하여 폭리를 취하는 상인이 있다면 이러한 상인에 대한 사람들의 분노는 때로는 도시 소동으로 폭발하였다. 이처럼 적당한 구제책이 없던 바쿠후(幕府) 시대에 메기가 지진과 관련하여 사람들의 불만을 해소시켜 주었던 것은 전형적인 일본적 상징이라 하겠다. 지진을 불러일으키는 메기에게 사람들은 정의를 위탁하고 있었던 것이다. 악이 소멸되면 사람들의 슬픔, 증오, 분노가 승화되었다. 〈빈복(貧福)을 바꿔 정부(政府)를 내린다〉는 말은 지진(메기)이 정의의 도끼를 세상에 내려 준다는 표현이었다.[13] 이처럼 일본인들은 메기의 상징을 통하여 일본적 정의 관념을 역동적으로 표현하였다는 것이 흥미롭다.

제6장 동양에서의 법상징 203

(2) 호법의 개미

도쿄(東京)에 있는 주오(中央) 대학의 강당 입구에는 「호법(護法)의 상(像)」이라 불리는 조각 작품이 서 있는데 그것은 완전히 개미(蟻)의 모습을 하고 있다(그림 6-8). 제작자 야마시다(山下桓雄)는 말하기를 〈개미 집단은 여왕을 중심으로 그 역할을 알고 정연하게 행동한다. 인간은 사회에서 집단의 일원으로서 법에 따라 살지 않으면 안 된다는 것을 개미의 의인화(擬人化)를 통하여 표현하려 하였다〉고 한다.[14] 법은 사회 질서를 유지하는 중요한 기능을 하기 때문에 창을 가지고 의연히 서 있는 개미의 모습을 조각한 것이다. 그러나 개미의 질서 정연함에 대한 발상은 무언가 통제적인 질서의 이미지에 연결되는 감도 없지 않다.

그림 6-8 일본의 「호법의 상」

---

13) 日朝秀宣, 같은 책, 241쪽.
14) 北居功, 『蟻の像』, 같은 책, 254쪽.

일본에서도 근로는 미덕이며 최대한의 성과를 얻기 위하여 많은 노력을 해야 한다고 믿어 왔다. 그런데 요즈음 일본인은 일하려 하지 않는다는 비판도 없지 않다. 그래서 개미의 이미지에는 열심히 일하는 것이 정의롭다는 교훈의 뜻도 담겨 있는 듯하다. 「개미와 베짱이」라는 영국 동화는 이솝 우화에 포함되어 일본과 한국에도 약간씩 고쳐져 받아들여졌다. 그 뜻은 장래의 위난에 준비해야 한다는 교훈적 의미인데, 부지런한 개미와 게으른 베짱이를 대비(對比)시킴으로써 무엇이 정의로운 것인가를 시사해 준다 하겠다. 개미는 부지런하고 착한 분위기를 갖는데, 이솝 우화에서는 다른 사람의 물건을 부당하게 자기 것으로 가져가는 나쁜 이미지로도 나타난다. 타인의 물건을 침해하는 것이 법을 파괴하는 행위이며, 개미와 법의 관계는 법의 일탈(逸脫)의 이미지와도 연결된다. 개미가 근면의 상징이며 그 근면을 찬양하는 것은 오늘날 일하지 않으려는 풍조를 비판하는 것과 표리를 같이하며, 그것이 또 공평해야 할 법을 일탈하는 이미지를 체현한다. 어쨌든 법 자체를 체현하고 법을 지키는 개미의 상은 있어야 할 사회 질서를 투영하는 동시에 자유롭고 평등한 사회에서의 법을 역설적으로 암시하고 있다고 해석된다.[15]

(3) 법회화

1866년(게이오 4년) 3월 신정부는 다섯 개의 방목(榜目)을 내걸었다. 일반 시민이 지켜야 할 유교적 도덕인 오륜(五倫)의 도를 시작으로 하여 도당(徒黨)의 금지, 그리스도교의 금지, 만국공법(萬國公法, 즉 국제법)의 준수 등을 기록하여 신정부의 민중 통치의 방침으로 삼았다. 1870년 12월에는 중국의 청률(淸律)를 모방하여 〈신율강령(新律綱領)〉을 반포하고 태(笞), 장(杖), 도(徒), 유(流), 사(死)의 오형(五刑)을

---

15) 北居功, 같은 책, 255쪽.

그림 6-9 일본의 법회화

규정하였다. 1873년 6월에는 이 〈신율강령〉에 수정을 가하여 〈개정율례(改定律例)〉를 반포하고, 1882년 1월에 〈형법〉이 시행될 때까지 적용하였다. 이처럼 메이지 신정부는 근대법을 정비해 나가는 가운데 흥미 있게도 일반인들에게 법을 알리기 위하여 그림을 섞어 법조문을 표시한 법회화(法繪畵)를 제작하였다(그림 6-9). 〈위식주위조례(違式註違條例)〉는 우선 1872년에 동경부(東京府)에서 시행되어 차츰 각 지방으로 확대되었다. 다소 난해한 명칭이지만 위식(違式)이란 범의(犯意)를 가진 고의를 말하고, 주위(註違)란 범의가 없는 과실을 의미하는데, 이 조례의 내용은 오늘날 경범죄법에 해당한다. 이 법에 승재일경(昇宰一景)이라는 생년과 경력이 불분명한 화가가 그림을 그려 『화해오십여개조(畵解五十余箇條)』라는 책을 발간하였다. 1873년에 출간되었고 35개의 목판화 그림이 들어 있었다. 그림은 반드시 조문의 순서대로는 아니었고, 하나의 그림에 몇 개의 조문이 관련되기도 하였다.[16]

---

16) 자세히는 日朝秀宣, 앞의 책, 242-253쪽.

(4) 고마이누

일본의 민족 종교라 할 수 있는 신도(神道)의 사원인 신사(神社)에 가면 〈고마이누(高麗犬)〉라는 짐승의 상이 서 있다(그림 6-10). 이것을 한자로는 고려견(高麗犬), 박견(狛犬) 혹은 호마견(胡麻犬)이라 쓴다. 신사의 수호와 장식의 의미를 겸한 한 쌍의 짐승 모양의 이 상이 언제부터 서 있었고 왜 그렇게 부르는지 실로 흥미롭기 그지없다. 일본의 『신사대사전(神社大事典)』에 따르면, 이것은 사자(獅子) 모양, 혹은 개(犬) 모양을 하고 있는데 재료는 나무, 돌, 때로는 청동, 철, 도제(陶製)로 된 것도 있다.[17] 고마이누의 원형은 상대(上代) 한한(漢韓), 즉 중국과 조선의 방면에서 온 것으로 생각되며 처음에는 궁전의 조도(調度)의 하나로 사용되다가 그 후 신사에 옮겨져 사용되고 있다.

그림 6-10 일본의 고마이누

---

17) 『神社大事典』(1992), 58쪽.

그래서 이것을 고마이누라고 말하고, 박(狛)은 맥국(貊(狛)國), 즉 삼한(三韓)의 맥(貊)의 맥(貊) 자가 와용(訛用)된 것으로 보는 것이 통설이다.[18] 또 화란융명(火蘭隆命:梅辛彦)의 구폐(狗吠)나 신공 왕후(神功王后)의 삼한 정벌(三韓征伐) 사적(事蹟)에 관련하여 박견(狛犬)의 기원을 설명하는 이도 있으나 따르기 어렵다.[19] 첫째로 아마이누(アマイヌ)라고도 부르는 것은 천견(天犬), 신견(神犬)이란 뜻(訓)을 말하는 것이다. 심지어 〈집안의 개(戶前犬, 고마에이누)〉라는 뜻을 속화(俗化)시켜 설명하는 사람도 있으나 그것도 속설에 불과하다. 전래된 당초에는 문 앞에 세워 진자(鎭子)와 제마(除摩)의 의미로 쓰였는데 후

그림 6-11 태국의 해태상

---

18) 같은 책, 58쪽. 그리고 한일 문화 교류사에 관하여는 金泰俊 外, 『韓日文化交流史』(민문고, 1991) ; 최종고, 「근세한일법률교류사」, 〈한일문화교류기금강좌〉, 제55회, 2000.
19) 『神社大事典』, 58쪽.

그림 6-12 인도네시아의 해태상

일에는 주로 신전(神前), 신성(神城)의 수호(守護)의 의미로 전사(殿舍)의 안팎에다 세우고, 신보(神寶)의 하나로 모셔졌다. 그 형태는 여러 가지인데 ① 양쪽 모두 이마에 외뿔(一角)을 가진 것, ② 한쪽에만 외뿔을 가진 것, ③ 양쪽 다 뿔을 갖지 않은 것이 있다. 그 입도 ① 양쪽 모두 벌리고 있는 것, ② 한쪽만 벌리고 있는 것, ③ 양쪽 다 다물고 있는 것이 있다. 벌린 입으로는 옥(玉)을 물고 있다고 전해지는데, 실제로 옥과 국(鞠)을 물고 있는 것이 있다. 벌린 입과 다문 입을 아우(阿吽)에 준하여 음양(陰陽)의 상(象)으로 설명하는 것은 불교에서 왔다. 신사에 소장되어 있는 것으로 국보로 지정된 것도 적지 않다. 그 중 유명한 것은 자가현대보신사(滋賀縣大寶神社: 木彫), 복강현종상신사(福岡縣宗像神社: 石製), 애지현심천신사(愛知縣深川神社: 陶製) 등이고, 사원(寺院)의 것으로는 동대사(東大寺) 남대문의 석제(石製) 사자가 있다.[20]

그런데 수년 전 일본에서 야즈 데쓰야(小寺慶昭)라는 연구자가 이에 관한 책을 내어 출판문화상을 받고 화제가 되었는데, 그는 일본 각

---

20) 같은 책, 59쪽.

지의 고마이누를 조사하여 결론적으로 동남 아시아에서 전래된 사자 (獅子) 문화의 일본적 표현이라고 설명하고 있다(그림 6-11, 12).[21] 그는 한국과 중국에 관하여는 의도적인 듯 언급을 하지 않고 있다. 이것은 고마이누라는 이름에 대한 설명도 못 되고, 그 기원이 해태와 연결된다는 사실을 모르거나 일부러 외면하려는 서술인 듯 보인다. 또한 최근에는 일본에서 신사의 입구에 서 있는 고마이누 상을 비밀리에 없애거나 그 모양을 변모시키는 일이 일어나고 있다는 소문도 있다. 흥미 있으면서도 심각히 주목해야 할 사항들로 보인다.

(5) 최고재판소의 법미술

일본 최고재판소는 1974년 5월에 낙성되었는데, 당시 평이 둘로 나누어졌다. 정부와 법원은 〈법과 질서를 상징하는 움직일 수 없는 정의의 전당〉이라 하면서 〈중후하고도 호화로운 건물〉이라 평하였고, 일반인들은 뇌옥(牢獄)과 요새(要塞)를 연상시킨다고 비판적으로 보았다. 낙성식에서 〈기품이 넘치는 청사〉라고 축사를 한 당시 총리 다나카 가쿠에이(田中角榮)는 그 후 록히드 사건의 형사 피고인으로 여기에서 재판을 받지 않으면 안 되었다. 설계자는 오카타 신이치(岡田新一)였는데, 〈현대 건축의 최고 수준인 최고재판소에 전통의 형태가 아니라 전통의 심정을 나타내려 하였다. 그것은 예컨대 호류사(法隆寺) 5층과 히메지성(姬路城)에서 볼 수 있는 중첩된 중후함이다〉라고 하였다. 그에 의하면, 전통과 사람들의 만남이 이루어지는 그 공간은 마음의 심층에서 역사의 선인들과 공감하는 보편적 세계, 즉 문화를 경험하는 장소이어야 한다. 여기에서 법원은 판결을 전달하는 것만이 아니

---

21) 小寺慶昭, 『狛犬學事始』(カニシヤ出版, 1994), 그리고 「京都狛犬巡禮」(カニ池出版, 1999).

라 법문화를 전승하는 장소로도 나타나야 한다는 사실을 배우게 된다.[22]

최고재판소의 내부에는 두 개의 큰 공간이 있다. 그것은 정면 현관으로 들어간 사람들이 접하는, 지상 약 30m 높이의 천정창(天井窓)을 가진 넓은 홀인 대법정이다. 대법정의 천정은 직경 14m에 이르는 채광을 위한 원통형의 구멍이 지상 약 40m 높이에 있어 밝은 빛이 항상 들어온다. 모든 재료는 돌로 되어 있는데 설계자는 〈돌의 결정(結晶)에는 우주가 생성된 때의 힘을 상기시키는 신비성이 있다. 그 차가운 견고함과 부드러운 투명감에서 강고한 힘과 따스함이 함께 느껴진다〉고 하였다.[23] 이 설계자의 말에는 카오스(혼돈)에서 우주와 자연이 생성되는 과정이 이미지화되고 있다. 그래서 이 카오스에서 점점 단단함과 차가움이라는 감각이 생기고, 그것에서부터 강고한 힘이라는 극이 한편으로 형성된다. 이에 대해 부드러움과 투명감이 따뜻함이라는 다른 극을 결합시킨다. 이들 대립하는 양극이 공존하는 것이 돌로 이루어지는 작품의 묘미라고 설계자는 말한다. 이처럼 세계를 양의적으로 파악하는 철학이 최고재판소의 설계에 기본적으로 깔려 있다는 것이 주목된다.

대법정의 공간도 두 개의 대립하는 극의 중간에 위치하고 있다. 그것은 해와 달이다. 전부 15석인 재판관석 뒷면에는 해를 모티프로 하는 태피스트리 tapestry(6.15m×4m)가 걸려 있고(그림 6-13), 방청석 쪽 뒤에는 달을 모티프로 하는 태피스트리(6.15m×3m)가 걸려 있다(그림 6-14). 방청석 쪽에 선다면 해가, 재판관석에 선다면 달이 각각 시야에

---

22) 岩谷十郎, 「法的 象徵空間としての最高裁判所」, 『法と正義のIconology』(1997), 259-300쪽, 그리고 Iwatani Juro, "The Supreme Court as a Repository of Legal Symbols: Images of Law and Justice in Modern Japan," *Keio Law Review*, No. 8(1995), 75-100쪽.
23) 岩谷十郎, 앞의 책, 267쪽.

그림 6-13 일본 최고재판소의 「해」 태피스트리

그림 6-14 일본 최고재판소의 「달」 태피스트리

들어온다. 그렇다면 왜 해와 달인가? 재판에서는 재판하는 쪽에 있는 사람과 재판받는 쪽에 있는 사람이 불가피하게 대립하는 구조를 이루게 된다. 그래서 재판이란 매우 어려운 것이다. 그것은 신이 아닌 인간이 재판하지 않으면 안 되기 때문이다. 거기에는 정신의 강직함과 인간성의 따뜻함이 공존하지 않으면 안 된다.

재판에 관한 설계자 오카타의 이러한 사상은 태피스트리의 디자인에 그대로 전달되었다. 인간성에 대한 신뢰와 그 따뜻함을 표현하는 태양과, 엄한 사상적, 정신적인 것을 관철하기 위한 냉엄함을 표현하는 달을 디자인하려 했다고 스스로 증언한다.[24] 어쨌든 이것을 보면 구상과 추상으로 표현된 해와 달의 형태는 신비한 인상을 준다. 카오스에서 기상이 나타나고, 근본이 나누어지고 음양이 열린다. 여기에 동양의 고전 철학인 음양오행론(陰陽五行論)의 영향이 엿보이며, 만물의 본원인 태극(太極)으로도 이어진다. 그것은 도교(道教)에 의하여 체계화된 도(道)로 연결되는 사상이기도 하다. 중국 송나라의 유학자 주희(朱熹)는 도교와 불교에서 영향을 받아 자연계를 이루는 질서의 제1원리는 이(理)에 있다고 하였다. 그는 이(理)가 음양의 근저에 있는 기(氣)에 작용하여 만물이 생출(生出)되는 것이라고 하였다.[25] 이러한 철학에 공통적인 것은, 모든 현실적인 세계의 배후에는 질서를 주는 일종의 초월적이고 근원적인 원리가 존재한다는 사고 방식이다. 대법정에는 하늘과 신과 같은, 어떤 초월적이고 절대적인 가치나 권위를 지시하는 것은 보이지 않는다. 태피스트리의 해와 달의 디자인이 명확한 윤곽성을 거부하고 느낌을 한정시킨다고 생각한다면, 이들 디자인은

---

24) 岩谷十郎, 앞의 책, 269쪽.
25) 주자의 철학에 관하여는 Wing Tsit-chan(ed.), *Chu Hsi and Neo-Confucianism* (Hawaii Univ. Press, 1986) ; De Bary/Jayhyon Kim-Haboush, *The Rise of Neo-Confucianism in Korea*(Columbia Univ. Press, 1985) ; Peter(ed.), Nosco, *Neo-Confucianism and Tokugawa Culture*(Hawaii Univ. Press, 1984); M. Deuchler, *The Confucian Transformation of Korea*(Harvard Univ. Press, 1995).

사물이 구체화되기 직전의 모습을 그림으로써 질서와 조화를 지향하는 자연의 신비한 유동성을 상징적으로 나타내려 한 것이다. 그리하여 이 자연은 최고재판소의 세 개의 소법정과 대회의실의 벽에 걸린 태피스트리의 모티프로 표현되었고, 상징의 체계에서 재판소 안의 각 공간은 하나로 결합되고 있는 것이다. 실제 설계자인 오카타는 이들 태피스트리를 대법정에 우주적인 넓이를 주는 상징적 효과를 발휘하도록 도안하였다고 밝혔다. 이렇게 우주성을 표현하는 상징적 이미지를 깊이 추구하는 과정에서 일본인의 신화적 이미지가 마음의 깊은 곳에서 우러나온 것이다. 일본의 최고재판소의 심장부인 대법정에는 정의의 관념이 명확한 윤곽선에 의하여 가시적인 것으로 나타나지는 않는다고 생각된다. 오히려 설계자는 어떤 초월적인 관념의 이미지화를 거부했던 것이라고 생각된다.[26]

1) 쇼토쿠 태자 초상화

현재 최고재판소 안의 도서관에는 쇼토쿠(聖德) 태자(太子)를 그린 가로 약 3m의 이르는 세 개의 대형 일본화가 걸려 있다. 이것들은 구(舊) 최고재판소의 대법정에 1951년부터 새 청사가 완성된 1974년까지 걸려 있던 것이다. 이 작가는 도모토 인쇼(堂本印象, 1891-1975)로 교토(京都)에서 태어난 유명한 일본 화가이다.[27] 그는 전통적인 화풍에다 유럽 회화의 영향을 받은 참신한 기법을 구사하였으며 1961년에는 문화 훈장을 받았다. 그의 작품의 다수는 현재 교토에 있는 그의 이름을 딴 〈도모토 미술관〉에 소장되어 있다. 최고재판소는 이 화가에게 대법정의 벽면을 장식할 회화를 의뢰하였고, 그에 의해 선택된 도상은 쇼

---

26) 岩谷十郞, 앞의 책, 272쪽.
27) 그에 관하여는 堂本美術館 監修,『堂本印象』(京都書院, 1980). 이 미술관은 교토(京都) 리메이칸(立命館) 대학 정문 앞에 있는데, 2000년 8월에 필자는 人物畫展을 관람하였다.

그림 6-15 「쇼토쿠 태자 헌법어선포」

토쿠 태자였다.[28]

「쇼토쿠 태자 헌법어선포(聖德太子憲法御宣布)」라는 제목의 첫 그림부터 보자(그림 6-15). 쇼토쿠 태자는 6세기 말부터 7세기 전반까지 살았던 정치가이다. 일본의 역사에서 가장 인기 있는 인물의 하나이며 중학교 역사 교과서에는 그가 견수사(遣隋使)를 파견하여 당시 진취적 중국 문물 제도를 열심히 수입했다고 가르치고 있다. 이 회화의 모티프는 입법자 내지 정책 입안자로서의 그의 능력을 찬양하는 것이다. 그가 손수 기초한 〈헌법 17조〉를 손에 들고 그것을 중신(重臣)들에게 선포하고 있는 장면이다. 이 헌법은 국가 권력과 국민의 권리 의무의 균형을 보장하는 오늘날과 같은 의미의 기본법이 아니라 당시 일본의 고대 국가에서 근무하는 관료들의 윤리적 직무 규율에 지나지 않았다. 그러나 그것은 일본의 가장 오랜 성문법이며 그 후 율령국가(律令國家) 체제의 초석을 놓은 것으로 법제도의 역사에서 매우 주목할 가치가 있는 것이다. 그리하여 이 회화는 그 자체의 법적인 모티프를 도상

---

28) 쇼토쿠 태자의 상에 관하여는 武田佐和子, 『信仰の 王權; 聖德太子』(中央公論社, 1993).

화하여 재판소의 벽화로 승격된 것이다.[29]

「간인황후어자혜(間人皇后御慈惠)」라는 제목이 붙은 그림에서는 쇼토쿠 태자가 모친 하시히토 아나호베노(穴穗部間人) 황녀의 가슴에 안겨 있는 모습이 그려져 있다. 이 모자(母子)를 여관(女官)들이 둘러싸고 지키고 있다. 하시히토 황녀는 일본의 성모 마리아라고 불릴 정도로 널리 알려져 있는데 그녀를 도모토 화가는 이 그림에서 매우 신성하게 승화시키고 있다. 일본적이면서도 어딘지 서양의 그리스도교 성화의 분위기를 느끼게 한다. 어머니가 아기를 품에 안고 자애하는 모습은 동서양을 넘는 보편적인 것이다. 따라서 어떤 문맥에서 이 그림이 법정을 장식하는 법정화가 될 수 있는가는 보는 이의 해석에 맡겨져야 할 것이다.[30]

세 번째 「쇼토쿠 태자어순유(聖德太子御巡遊)」라는 제목의 그림은 명석한 두뇌를 가진 쇼토쿠 태자를 그린 것이다(그림 6-16). 『일본서기(日本書紀)』에 따르면 태자는 어른이 되어서도 10인의 소(訴)를 듣

그림 6-14 「쇼토쿠 태자어순유」

---

29) 岩谷十郎, 앞의 책, 273쪽.
30) 같은 책, 274쪽.

고 판결하여 해결해 주었다는 전설이 있다. 이 그림도 전설 속에 보이는 그의 모습을 그린 것이다. 후지 산(富士山)을 배경으로 그의 검은 애마(愛馬)에 삽상하게 타고 있는 태자의 모습은 27세를 맞은 그가 후지 산에 올라가 3일만에 돌아왔다는 전설을 표현하고 있다. 그의 승마 자세는 본래 공상의 산물이지만 무엇이 법적인 뉘앙스를 갖는가? 이들 회화에는 재판관이 가질 세 개의 자질, 혹은 덕(德)이 그려져 있다. 그것은 지(智)·인(仁)·용(勇)이라고 각각 한 자씩 표기되어 있는데, 이들 세 덕목은 모두 유교의 경전 『논어』에 뿌리를 두고 있다. 공자는 다음과 같이 말하였다.

> 지자(智者)는 미혹되지 않는다. 인자(仁者)는 근심하지 않는다. 용자(勇者)는 두려워하지 않는다.[31]

공자는 위정자에게 무엇보다도 군자(君子)가 될 것을 요구하였다. 지금 말한 세 가지 덕을 갖춘 자가 군자인 것이다.[32] 작가는 유교에서의 이 군자의 덕을 재판관에게 적용한 것이다. 도리의 유무를 분별하는 능력으로서의 지(智)의 덕은 헌법을 제시하는 태자상에, 자비의 마음으로서의 인(仁)의 덕은 모자상에, 용(勇)의 덕은 말을 탄 태자상에 각각 표현한 것이다. 이렇게 본다면 이들 세 그림은 각각 독립되어 그 의미 공간을 창출하면서도 그 배후에 있는 공통적인 문화적 코드로서의 유교에 의하여 서로 밀접하게 결합되어 있다고 할 것이다. 특히 지와 인은 맹자(孟子)에 의하여 인간의 근본선(根本善)으로서 중요시되었다. 따라서 이들 그림을 통해 재판관에게 강력한 윤리적 메시지가 전달되고 있는 것이다.[33]

---

31) 『論語』, 자한(子罕) 제9.
32) 『論語』, 憲問, 제14.
33) 岩谷十郞, 앞의 책, 276쪽.

이상에서 볼 때 1951년 당시의 대법정은 유교의 경전에서 뽑은 가능한 윤리적 가치관으로 차 있다. 이에 반해 현재의 대법정은 적어도 초월적 권위의 소재를 기호화하지 않으려는 건설자의 구상 아래 만들어졌다고 생각된다. 그 공간을 상징화하는 배경 및 사상에는 무언가 큰 변화가 있었던 것으로 감지된다. 인(仁)・의(義)・예(禮)・지(智)・신(信)이라는 유교 사상은 착종하는 인간 동지(同志)의 관계에서 균형을 만드는 것인데, 그것에 고착하기를 거부하고 오히려 사물과 세계가 생성하는 그들의 의미가 싹트기 시작하는 순간의 상태, 즉 태극(太極)을 사변하는 철학이 도교(道敎)이다.[34] 이 설명에 따르면 다소 과장될지 모르나 최고재판소의 대법정은 중국 고전 철학의 주류인 유교에서 그 비판자였던 도교로 기울어진 것이라고 설명될 수 있을 것이다. 1951년과 1974년이라는 다른 시기에 도모토라는 화가와 오카타라는 건축가가 다른 주제에 의해 선택한 상징 체계라는 점에서 그들의 배경적 사상에는 모순과 대립이 보인다고 할 것이다. 그러나 이러한 모순과 대립을 지나치게 강조하기보다는 이러한 의미 작용에 의하여 모순과 대립이 실제로는 극복되었다고 보아야 할 것이다.[35]

패전 후 일본 사회를 지탱하는 사회 윤리적 기초는 분명히 유교는 아니었다. 그러나 1961년에 최고재판소에 그 가치가 도상화된 것이다. 그것은 당시 일본 사회에 보수적 반동의 현상이 있었기 때문이다. 중요한 점은 유교의 기본 윤리의 하나이며 가족과 사회 도덕적 규범인 예(禮)가 철저히 배제되었다는 사실이다. 쇼토쿠 태자에 의해 도상화된 지・인・용의 세 가치는 예라는, 본래 사회에서 그 실현이 기대되는 가치와는 다른 것이다. 재판관에 의하여 체득되어야 할 개인 윤리로서의 성격을 지키기 위하여 정의(正義), 즉 사회적 레벨에서의 보편화된 가치로 도상화되지 못한 것은 아닐까 추측되기도 한다.[36]

34) 中澤新一, 『Iconosophia: 聖畵十講』, 문고판(河出書房新社, 1989).
35) 岩谷十郞, 앞의 책, 277쪽.

세 개의 그림의 배치에 관하여도 생각해 볼 점이 있다. 구 대법정의 재판관석의 뒷면에, 즉 방청석 쪽에서 보면 정면에 지(智)와 인(仁)이 걸려 있었다. 그것은 앞에 말한 태양의 태피스트리와 마찬가지로 방청석 쪽에서 이것을 보는 우리들이 재판관에게 기대하는 자질(德)을 나타내는 것이다. 이에 대해 방청석의 뒷면, 즉 재판관석의 정면에는 용(勇)이 걸려 있었는데, 이것은 달의 태피스트리와 마찬가지로 재판관에게 엄격함을 구하는 메시지로 해석된다. 이 세 개의 그림과 두 개의 태피스트리는 같은 시공간 속에서 위치지어진 것은 아니지만, 우리가 대법정이라는 공간 속에 가상적으로 몸을 두고 시선을 고착시키면 신구의 대법정은 같은 재판관을 중심으로 연결되는 상징 공간을 창출하고 있는 것이다.

이처럼 최고재판소의 대법정의 상징적 해석에는 옛날이나 지금이나 재판관이라는 신(神)이 아닌 인간적 요소가 열쇠로 작용하고 있다. 영국인으로서 일본을 잘 아는 레게트 T. Leggett는 서양(영국)의 정의는 법의 상징인 유스티치아 Justitia의 눈을 가림으로써 법의 공정함을 확보하기 위해 인격을 배제하는 엄격한 의지를 표현한 데 반해, 일본에서는 반대라고 지적하였다.[37] 즉, 이 세 개의 그림은 모두 역사적으로 실존한 인물을 그린 것이며, 거기에 표상되는 태자의 큰 지성과 관용(寬容)과 힘을 상기시킴으로써 재판의 마당에서의 인정(人情), 즉 인간적 요소를 기대하는 일본인의 심성이 잘 나타난다고 하겠다. 신이 아닌 인간이 인간을 재판하는 법원, 그러면서도 법과 정의라는 관념을 은연중 가시화하려는 관심이 엿보이는 것이 최고재판소의 법조 미술의 특징이라 할 것이다.

일본 최고재판소에는 이러한 그림들만 있는 것이 아니라 조각 작품으로「정의의 여신상」이 있는데, 그것은 매우 일본화된 유스티치아 상

---

36) 같은 책, 278쪽.
37) T. Leggett,『紳士道と武士道: 日英比較文化論』(サイマル出版會, 1973).

그림 6-17 엔쓰바 가쓰오의 「정의의 여신상」

으로 세계에 널리 알려져 있다(그림 6-17).[38] 그것은 한마디로 관음보살(觀音菩薩)의 머리를 가진 〈정의의 여신상〉으로 조각가 엔쓰바 가쓰오(圓鍔勝三)에 의하여 1979년에 제작된 것이다. 관점을 약간 달리해서 보면 유교적 덕목인 지·인·용의 세 개의 덕목이 쇼토쿠 태자를 통하여 표현되었다는 점이 흥미롭다. 그것은 화가 도모토가 경건한 불교 신자로서 쇼토쿠 태자를 구세관음(救世觀音) 또는 여의륜관음(如意輪觀音)의 화신으로 보는 민간 전승에 공감하고 있었기 때문이라고 생각된다.[39]

쇼토쿠 태자는 일본에 불교를 전래하고 유포시켰다. 그 후 8세기에 호류사 몽전(夢殿)의 본전(本殿)에 새워진 구세관음의 입상(立像)이 실은 쇼토쿠 태자를 모델로 한 것이라는 설이 오늘날까지 태자 신앙(太子信仰)으로 내려오고 있다. 따라서 이 작품에서 불교적 자비의 상징이 은연중 연결되고 있는 것이다. 최고재판소의 로비에 있는 「정의의 여신상」은 이러한 분위기 속에 어울려 서 있다. 약간 거리를 두고 보면 서양의 유스티치아 여신상처럼 보이지만 가까이서 보면 그 머리 부분이 완연히 불상(佛像)에 가깝다. 작가는 말하기를 〈두상(頭像)은 관음, 법의(法衣)는 양

---

38) 서양의 법학 문서에 여러 군데 언급되고 있다. 예컨대 John Haley, *Authority without Power*(Oxford Univ. Press, 1991).
39) 岩谷十郞, 앞의 책, 279쪽.

식(洋式)을 따랐고 정의의 칼과 저울을 가진 상으로 만들었다〉고 하였다. 자세히 보면 머리에 금관을 쓰고 많은 머리를 가지고 있으며 이마에는 부처의 각인이 찍혀 있고 기다란 귀와 목을 갖고 있다. 이것들은 모두 불상의 특징을 나타내는 것이다. 그러나 그 신체를 싸고 있는 옷은 서양 스타일이다. 머리는 동양적이고 신체는 서양적인 것이다. 화혼양재(和魂洋才), 화양절충(和洋折衷)의 슬로건 아래 전개된 일본 근대화의 역사를 최고재판소의 이 조각 작품에서도 볼 수 있는 것이다.[40]

그런데 문제는 법과 정의의 상징으로서의 유스티치아와 관음보살이 습합(摺合)하는 배경이다. 여기서 서양의 유스티치아와 불교적 상징의 신불습합(神佛摺合)을 말하고 일본 문화의 다원성을 논의할 수 있을 것이다. 그러면서도 관음은 인간의 쪽에 몸을 둔 존재이고, 사람을 재판하는 것이 아니라 사람과 함께 슬퍼하고 사람을 따뜻하게 감싸 주는 존재이다. 이에 따라 일본에서는 특히 관음의 여성적(모성적) 존재를 인식하고 자모관음(慈母觀音)과 비모관음(悲母觀音)이라는 신앙의 대상으로 승화시켰다. 그리하여 유스티치아와는 그 여성적 이미지에서 같은 점이 있지만 파사(破邪)의 칼과 저울을 쥔 관음은 다소 기이한 인상을 주는 것이다. 그리고 불성(佛性)에는 성 차별이 없다고 생각한다면 이 관음의 정의상은 상당한 모순을 안고 있다고 하겠다. 이것은 어디까지나 상상이지만 조각가가 관음보살에게 칼을 들게 한 창작 의도는 칼과 저울과 눈가림을 한 유스티치아 여성상을 조금이라도 부드럽게 하려는 것이었다고 추측된다. 바티칸의 천정화에서 보이는 유스티치아는 라파엘에 의하여 성모 마리아를 연상케 하는 온화한 표정으로 그려져 있다. 서양에서의 유스티치아의 이미지의 변천에서 그것이 만일 온화한 이미지에서 출발하여 점점 엄격한 쪽으로 멀어지는 것이라고 가정한다면, 그 유화함에 서 있는 일본적 유스티치아는 어쩌면

---

40) 같은 책, 280쪽.

본래적 위치에 서 있는 것인지도 모른다. 그리스도교에서의 온화함의 상징은 성모 마리아이고 불교에서는 보살이다.[41] 도쿠가와(德川) 장군 치하에서 금압된 그리스도교인(기리시단)들이 〈마리아 관음(觀音)〉이라는 독특한 신앙의 대상을 창출한 것은 결코 우연이 아니다. 쇼토쿠 태자를 관음보살이라고 본 민간 전승은 그 어머니 하시히토 황후를 아미타여래(阿彌陀如來)로 보고 있는 것이다. 여기에서 우리는 동서양에서 명칭과 표현은 달리 하지만 인간으로서 바른 것과 성스러운 것을 향한 동경은 매우 비슷하게 표현되고 있다는 사실을 확인하게 된다.[42]

(6) 신체를 잃은 유스티치아

머리가 불상으로 바뀐 유스티치아에 대해서는 문화 수용론(文化受容論)으로 설명될 수 있을 것이다.[43] 다시 말하면, 일본에 수입된 유스티치아가 일본의 법적 환경 속에서 각 파트로 분해되었다는 것이다. 1926년(大正 15)에 완성된 구 삿포로 공소원(현 삿포로 시 자료관)을 보면 건물의 정면 현관 부분에 눈을 가린 여신의 두상이 있고 그 조금 아래 좌우에 십자형으로 조합된 칼과 저울이 새겨져 있다. 이것을 디자인한 사람의 이름은 밝혀져 있지 않지만 왜 유스티치아의 신체가 없어졌는지 궁금하다. 본래 상징의 전체를 구성했던 하나하나의 부분이 일본적인 문맥을 얻어 각각 독자적으로 주장하기 시작했다는 것을 의미하는가? 일본의 법문화적 토양이 그러한 전체를 각각의 요소로 해

---

41) 植田重雄, 『聖母 Maria』(岩波書店, 1989).
42) 岩谷十郎, 앞의 책, 283쪽.
43) 中川一, 「法の女神像を彫らせた人」, ≪法曹≫ 433호, 1986 ; 手代木孝夫, 「Sapporo, Frankfurtを めくる法の 女神像と 神聖 Rome皇帝」, ≪法曹≫ 450호, 1988.

체시켰다고 해석할 것인가? 게이오 대학의 이와타니 주로(岩谷十郎) 교수는 이와 관련하여 다음과 같은 흥미 있는 해석을 하고 있다. 지금부터 130년 전 일본에 처음으로 프랑스의 나폴레옹 민법전이 소개되었을 때, 프랑스어 droit는 〈법〉과 〈권리〉라는 두 개의 일본어로 번역되었다. 그러나 그것은 물론 두 개의 다른 문맥 속에 번역된 것이다. 일본인은 〈호(法)〉라고 들으면 우선 법전이나 대개의 법률이라는 법 규범의 총체를 상기하지만 그것이 개인 이익을 실현하기 위한 도구로서의 〈권리(權利)〉가 되지는 못하였다. 그러나 프랑스에서는 원래 droit의 객관적 면과 주관적 면의 차이에 지나지 않는 것이다. 일본인이 가진 법률의 인식은 객관적 법 driot objectif이며 권리라는 주관적 법 droit subjectif은 아니다. driot라는 말의 일상적 의미인 〈바르다(정의)〉는 정의의 뉘앙스는 일본어의 〈법〉에도 〈권리〉에도 반영되지 못하고 있다.[44] 유럽의 언어에서 법과 권리를 의미하는 말의 어원은 라틴어의 jus인데 여기에서 jurisdiction(관할권), jurisprudence(법학), 그리고 justice(정의), jurist(법률가)가 파생된 것이다. 그리하여 일본어 문맥 속에서의 번역 작업이란 jus 내지 driot가 가진 의미의 본래적 실체를 해체시키는 과정이었다. 나란히 놓인 법과 권리와 바름(정의)을 막연히 바라보기만 하면 이 잃어버린 실체를 복원하기는 어려울 것이라는 것이 이와타니 교수의 설명이다.[45]

그러한 유스티치아를 구성하고 있던 칼과 저울 등이 순수하게 그 장식성이 높은 형태로 법원의 건물에 새겨진 것이다. 구 나고야 공소원(현재 나고야 시정(市政) 자료관)의 정면 현관에서 들어오는 계단 중앙에 있는 스테인드글라스가 그 예이다(그림 6-18). 얼핏 보면 채색된

---

44) 물론 이것은 한국, 중국에서도 마찬가지이다. 동양인의 권리 의무 관념에 관하여는, Chongko Choi, "The Asian Concept of Right and Duty," *Asian Jurisprudence in the World*(Seoul, 1997), 18-25쪽.
45) 岩谷十郎, 앞의 책, 285쪽.

그림 6-18 구 나고야 공소원의 팔척경

유리를 장식적으로 디자인하여 아래로 정연히 배치한 듯한 인상을 주지만, 가까이에서 보면 위에 저울이 있고 좌우에 칼이 걸려 있는 모습이다. 현재 오사카 고등법원 청사의 현관 중앙 홀에도 3m 가량 높이에 세 개의 부조가 새겨져 있다. 이것도 칼과 저울을 조합시킨 디자인으로 사법(司法)을 상징하고 있다. 이것은 1917년에 준공된 구 청사의 외벽에서 옮긴 것인데 전체가 흑청색이고 저울과 칼이 영어로 V자형으로 된 구도는 보는 사람들에게 힘을 연상하게 하는 것 같다.

또 구 삿포로 공소원에는 『고사기(古事記)』에 나오는 팔척경(八呎鏡)이 조각되어 있다. 『고사기』에 따르면 신들이 하늘에서 일본 땅으로 내려올 때 〈야아타노 가가미(팔척경)〉라는 거울을 한 신에게 주었다는 것이다. 그때부터 거울은 일본의 천황 계승의 상징인 세 가지 신기(神器) 중의 하나가 되었다. 그러면 왜 거울이 법을 말하는 장소인 재판소에 새겨졌는가? 거울은 빛을 반사하기 때문에 일본에서는 옛부터 태양을 상징하는 도구로 보는 전통이 있다. 신의재판(神意裁判, Gottesurteil)에서 보듯이 재판에는 원래 무언가 샤머니즘적인 것이 결합되어 있었다. 이런 의미에서 거울은 공명정대하게 진실을 비추는 것이라는 해석이 성립될 수 있다. 물론 이것은 일본에만 해당되는 것은 아니지만 일본적 상황에서 독특한 의미를 갖는 것이다.[46]

전쟁 후 천황 국가를 기초 놓은 이데올로기로서 국가신도(國家神道)가 있었다. 국민은 신민(臣民)으로서 황실(皇室)을 떠받들고 황실에 일치된, 국가에 봉사하는 존재이다. 황실의 정통성을 상징하는 것이 거울이다. 전쟁 전에 일본의 사법권이 권력의 유래를 당시의 국가적 상징에서 채용한 것이라 볼 수 있다.

이 거울에 버금가는 국가적 상징으로 국화(菊花)의 문장(紋章)이 있다. 이 국화가 어떻게 황실의 가문(家紋)으로서 정식으로 정착되었는가 하는 데에는 설이 갈라지지만, 메이지 시대에 들어서부터는 국화 문장의 사사로운 사용이 금지되는 포고가 내려지고, 무체 재산권(無體財產權)으로서도 1899년에는 의장법, 상표법의 보호 아래 놓이게 되었다. 16개의 꽃잎을 가지고 중심에서 수직 수평의 네 개의 꽃잎을 장식한 국화 무늬가 1926년에 〈황실의제령(皇室儀制令)〉으로 제정되었다. 사용이 엄격히 규제된 국화 문장은 공용(公用)으로는 통화와 수표, 정부 발행의 공채 증서, 외교 문서, 여권, 제국 학사원의 표창장 등에 사용되었다. 또한 외국에 있는 일본 공사관과 군함, 병영에도 사용되었고, 물론 재판소에도 사용되었다. 이것은 천황가(天皇家)의 문장이 국장(國章)으로 확대된 것을 의미하는데, 사법을 국가 통치권의 작용으로 보는 한, 그래서 법의 근거를 전 국가적 규범으로서의 자연법적 정의의 이념에서 구하지 않고 국가 의지의 표현(법률)으로 보는 한, 위에서 본 거울의 상징처럼 당시 국가적 상징의 채용에 저항이 있을 수

---

46) 같은 책, 287쪽.

없었다. 국가 권력의 총감독자인 천황의 이름으로 행해지는 재판의 판결서에는 이 국화 문장이 선명하게 찍혀 있었다.

전쟁 후 이 국가신도(國家神道)를 포함한 천황 국가의 이데올로기는 해체되었다. 미국 연합 사령부 GHQ의 지령(指令)은 통화(通貨)와 수표 등에 군국주의와 국가주의, 신도(神道)를 상징하는 모든 초상의 사용을 금지하였다. 이것과 함께 재판소의 벽면에서 국화 문장은 제거되었다. 그런데 팔척경은 오늘날도 모든 재판관과 재판소 직원들의 배지로 사용되고 있다. 현재의 디자인은 1948년(昭和 23)에 고안되었다. 그런데 전쟁 중 1940년에 고안된 그 이전의 배지에도 거울이 들어 있었다. 이처럼 거울은 전쟁 전에도 후에도 재판관의 신분을 나타내는 마크로 답습된 것이다. 전쟁의 불행한 경험은 있었지만 지금도 선악을 비추는 상징, 파사현정(破邪顯正)의 상징으로서 거울이 선택되고 있는 것이다. 이 상징의 선택에는 민족 문화적 기원이 고려된 것이다. 이렇게 본다면 일본에서의 정의의 여신은 아마데라스 오미가미(天照大神)와 결부되는 것이다. 팔척경은 현재 이세신궁(伊勢神宮)의 신체(神體)를 이루고 있다. 재판관과 직원의 배지는 아마도 이세신궁의 외궁에 모은 신보(神寶)의 거울을 본뜬 것으로 해석된다.[47]

(7) 일본적 법상징

이상에서 일본 최고재판소의 아이콘은 역사적 인물과 태양과 달의 그림으로 장식된 것임을 보았고, 관음보살의 화신으로서의 유스티치아는 성의 세계와 속의 세계를 매개해 주고 있음을 보았다. 지·인·용의 유교적 덕치주의가 법가(法家)의 법치주의와 대립하기도 하고 지배

---

47) 같은 책, 291쪽. 일본의 3보(三寶)의 한국전래설에 관하여는 이진희, 「한국과 일본 문화」, 을유문화사, 1982.

하기도 하였다. 양자는 구체적으로 율령(律令)이라는 법률의 형식으로 동거하는 역사를 가지고 있었으며, 역사상 도덕과 법률은 항상 병존해 왔다. 유교는 법에 의한 지배가 아니라 법을 지배하는 인간에 초점을 두었다. 구 대법정에 게시된 세 개의 태자도(太子圖)가 유교적 덕을 표현하기 때문에 그것이 군자(君子)인 재판관에 행해지는 한, 법을 무화(無化)시키는 상징성을 안고 있는 것이다. 일본의 재판소에 놓인 법과 정의의 상징은 이처럼 많든 적든 신도(神道), 불교, 유교, 도교 등의 문화적 기원을 가지고 있는 것이다.[48] 그래서 서양에서 수입된 유스티치아도 일본 쪽의 요청에 따라 분해되고 그 일부가 장식 가공되어 정착되어 있다. 완전한 형태를 가진 브론즈 상으로서 정의의 상이 재판관의 책상에 정연히 놓인 것은 없다시피 하다.

서양의 법문화가 가진 유스티치아의 이미지는 모든 사회에서 역사를 넘어 비인격적으로 실현되어야 할 가치 관념을 가진 것으로 이해될 수 있다. 그러나 일본에서 위에 소개한 쇼토쿠 태자와 관음보살이 가진 법상징적 역할은 현실에서 체험되는 사법에서의 국민의 소외감을 덜어 준다는 해석도 있다. 지·인·용은 어디까지나 재판관을 향한 가치 덕목이고 그 재판관에 의해 선언되는 사회적 정의는 선명히 보이지 않는다.

고래(古來)의 역사를 추월하여 그때그때의 필요에 따라 일본인의 심성(心性)에서 재생산된 쇼토쿠 태자와 관음보살의 이미지, 그것의 신화적 세계관이 법을 말하는 장에서의 최고재판소와 각 재판소를 새롭게 말하는 장소로 점거하고 있는 듯한 인상이 든다. 최고재판소는 소우주적 질서가 생산되는 과정이 표상되는 것 같은 인상을 준다. 그러나 그 과정이 구상화, 가시화되는 절차를 지나 하나의 결과를 우리의 눈앞에 보여 주고 있는 것이다. 일본은 서양 법을 수용하여 자신의

---

48) 같은 책, 294쪽.

법문화로 가꾸어 가면서 점점 토착화의 길을 가고 있다.[49] 법제도와 법운용의 면에서 지금은 상당히 일본적인 것을 나타내고 있는데, 이러한 면모가 고스란히 법상징으로 나타난다고 하겠다. 이런 점에서 서양의 학자들이 일본 법과 법문화의 연구에 더욱 매력을 느끼는 것은 어쩌면 당연하다 하겠다.

3 한국에서의 법상징

한국인은 도대체 어떤 상징 세계에서 사는 민족일까? 이것 자체가 매우 흥미 있고 중요한 질문이다.『한국인의 상징세계』라는 책에 여러 상징물이 설명되고 있으며, 그것을 보면 한국인도 상징력이 풍부한 민족임을 알 수 있다.[50] 물론 이 책은 한국인의 상징 세계를 완전히 설명한 것은 아니다. 여기서는 법과 정의의 상징에 관하여 고찰해 보고자 한다.

(1) 해태

서울의 한복판 광화문 앞에는 해태 석상이 서 있다(그림 6-19). 많은 사람들이 그것이 왜 거기 서 있는지 별 관심도 없이 쳐다보거나, 언제부터인가 관악산의 불 기운을 잡아먹으라고 세웠다는 속설(俗說) 내지 속신(俗信)만을 알고 있다. 광화문의 해태 석상은 뿔이 없고 얼

---

49) Helmut Coing, u.a.(hrsg.), *Die Japanisierung des Westlichen Rechts*(Tübingen, 1990). 전후(戰後) 일본의 상징적 천황제에 관한 흥미 있는 연구로 **Masanori Nakamura**, *The Japanese Monarchy: Ambassador Joseph Grew and the Making of the "Symbol Emperor System,"*(N.Y., 1992) 長展龍一,『思想としての 日本憲法史』, 東京, 1995.
50) 구미례,『한국인의 상징세계』(교보문고, 1992).

그림 6-19 광화문에 대원군이 세운 해태 석상

굴이 마치 제주도 하루방을 연상시키듯 주먹코에 방울눈을 하고 있으며, 어떻게 보면 엄하게 무엇을 방어하는 수호신같이 느껴지기도 한다. 어떻게 보면 웃음기 어린 정다움을 느끼게 하는 표정을 짓고 있다. 몸에 난 털이 구름 같기도 하고 물결 같기도 하며, 꼬리가 따로 나와 있지 않고, 양쪽 자웅이 별 차이 없는 모습을 하고 있다. 왜 광화문에 해태 석상을 세웠으며, 그런 작품을 만든 작가는 누구이며, 어떤 근거에서 그렇게 만들었을까? 이런 궁금한 의문을 갖고 필자는 백방으로 문의하고 자료를 찾아보았다. 놀라운 것은 서울 정도(定都) 600년이라고 하면서도 문화재 관리국에도 서울 시사(市史) 편찬실에도 하나 씌어진 자료나 연구가 없다는 사실이다.[51]

이런 가운데서 불완전하나 필자가 알아본 해태 석상 설립 경위와 이동 경위는 다음과 같다. 우선, 왜 광화문에 해태상이 서 있느냐 하는 것이 가장 큰 의문이다. 지금까지 밝혀진 바로는 1865년(고종 2)에 대원군이 명석수(名石手) 이세욱(李世旭)에게 명하여 광화문에 해태 석

---

51) 그나마 서울에 관한 연구로는 김영상,『서울 6백년』, 1권(대학당, 1994).

그림 6-20 경복궁 근정전 돌계단의 해태상

상을 세웠다는 것이다. 이에 대하여 두 가지 가설이 가능하다. 첫째는 해태가 옛부터 정의(正義) 내지 바른 정사(政事)를 상징하는 신수(神獸)이니, 경복궁의 근정전(勤政殿) 돌계단에도 해 세웠듯이(그림 6-20) 정문 좌우에도 백성들로 하여금 경각심을 갖고 보도록 하는 장식물로 해 세웠다는 견해이다. 둘째는 항간에 많이 펴져 있듯 경복궁이 화재(火災)를 당하니 관악산의 불 기운을 삼키도록 풍수지리의 사상에 따라 세웠다는 견해이다. 이것을 검증하기 위하여는 우선 이 작품이 언제 세워졌는지 알아보아야 할 것이다.

해태상을 궁 앞에 세운 것은 〈정의의 동물〉이라는 상징성 때문이다.

현재 궁궐에 거처하고 있는 임금이 성군임을 칭송하는 의미도 되고, 한편으로는 백관들이 궁궐을 출입할 때 스스로의 마음을 가다듬고 경계하는 자세를 갖게 하기 위해서였다. 그래서 신하들로 하여금 해태가 세워진 자리에 이르면 말이나 탈것에서 내리게 하였다.『고종실록(高宗實錄)』권7 경오(庚午, 1865) 10월 조(條)에 보면, 고종이 어느 날 궁 문을 나서다가 해태가 앉아 있는 그 안쪽에서 말을 타고 있는 신하를 보고 크게 노하여 호통을 치면서 꾸짖었다는 기록이 있다. 〈그렇게 처신하면서 어떻게 신하로서의 체통과 도리를 지킨다고 할 수 있겠는가〉라고 했다.[52] ≪조선일보≫의 이규태(李圭泰) 논설위원도 해태의 방화(防火) 풍수설은 어디까지나 풍문에 불과한 것이라고 지적한다.[53] 『한경지략(漢京識略)』에 보면 이미 대원군이 경복궁을 중수하기 이전에 해태 석상을 궁 안에서 목격했다는 기록이 있고, 18세기의 실학자 이덕무(李德懋)도 지금 조선 호텔 자리에 있던 남별궁(南別宮)에 해태 석상이 있어 그것을 경복궁으로 옮겼다고 했으며, 충청도 홍성 남양부의 동헌(東軒) 입구에도 해태상이 있었다는 기록이 있다. 그는 지금 것은 대원군이 경복궁을 중수할 때 명석수 이세욱으로 하여금 새로 조각케 하여 세운 것이나, 그 석수(石獸)를 세운 뜻은 풍수도참설(風水圖讖說)과는 전혀 관계없는 것이라고 잘라 말한다. 그는 〈아마도 대원군이 경복궁을 지을 때 화재를 풍수도참설로 예방하고자 이 물짐승을 세웠다는 풍설이 나 있었기에 물짐승에 견강부회(牽强附會)하다 보니 해타(海駝)에서 해태란 말이 생겨나지 않았나 싶다〉고 말한다.[54] 또 〈우리 나라의 상징적 풍물이 되고 있는 광화문 앞의 해태상은 대원군이 경복궁이 중수할 때 당대 명인 이세욱으로 하여금 조각

---

52)『고종실록』권7, 庚午 10월 條 ; 허균,『서울의 고궁 산책』(효림, 1994), 26쪽.
53) 이규태,「광화문 해태」,『눈물의 한국학』(기린원, 1987), 143쪽, 그리고,「虎岩山의 해태」,『욕심의 한국학』(기린원, 1987), 246쪽.
54) 이규태,『눈물의 한국학』(기린원, 1987), 142-143쪽.

그림 6-21 신라(위)와 백제(아래) 벽화 속의 일각수

케 해 세워 둔 것으로 본뜻은 곡직(曲直)을 바로잡는 정치 신념을 보이기 위한 것이었다. 한데 중수 중에 불이 잇달아 나고 민심이 흉흉해지자 풍수를 정치적으로 이용하는 데 능수능란했던 대원군은 이 해태상을 화산(火山)인 관악산의 불기를 막는 풍수적 괴수(怪獸)로 소문을 냈고, 그래서 해태가 불을 막는 짐승이라는 민속 신앙이 자리잡게 된 것이다〉라고 밝히고 있다.[55]

중국 문헌『이물지(異物志)』에 보면, 해태는 신선이 먹는 멀구슬나무의 잎만 먹고 사람이 싸우는 것을 보면 반드시 그 사악한 쪽에 대들어 물어뜯는다고 기록되어 있다. 외뿔 짐승(一角獸)이기에 성질이 충(忠)하고 청백하며 곡직(曲直)을 능히 판별하는 짐승이라 하여, 초(楚)나라 때부터 행정과 사법의 이상적 상징으로 궁문이나 관문 앞에 세워 두고 본을 받았으며 관복이나 관모에도 도입하였다. 우리 나라에도 최치원(崔致遠)의 첩(牒)에 보면 신라 말에 해치부장(獬豸部將)이란 벼슬이 있었으며, 어사(御使)의 별칭을 〈해치〉라 했고, 근년까지 법관들이 썼던 검은 모자도 바로 해치관(獬豸冠)에서 비롯된 것이었다.

이왕 광화문의 해태상에 관하여 언급한 바에 그것이 오늘날의 위치에 서 있게 된 경위에 관하여도 좀 알아볼 필요가 있다. 앞서 지적한 바와 같이 대원군이 경복궁을 중건할 때 고종 2년(1861)에 당시 명석수 이세욱에게 의뢰하여 만들었지만, 실상 이세욱에 대하여 알려진 바가 전혀 없다. 그래서 그가 어떤 생각으로 이러한 형상의 해태상을 만들었는지 알 수가 없다. 다시 말하면 어느 정도 정의의 상징물로서의 의미와 어느 정도 풍수적 의미 내지 기능을 가진 조형물로서 만들었는지 베일에 가려져 있다.

어쨌든 이렇게 만들어진 해태 석상은 오늘날의 위치보다는 80-90m 앞선, 오늘날의 세종로, 당시 육조(六曹) 거리인 의정부 앞과 그 맞은편(지금은 정부종합청사 앞)에 각각 서 있었다. 구한말의 사진을 보면 그 위에 아이들이 올라가서 놀 정도로 친근한 석조물이었음을 알 수 있다. 어쨌든 임금과 만조백관의 성원 속에 태어나 의연히 광화문을 지키던 이 해태상은 일제의 침략과 함께 슬픈 운명을 맞게 된다. 조선조의 종말을 부릅뜬 눈으로 묵묵히 지켜본 이 해태는 1923년 10월 어

---

55) 이규태,『욕심의 한국학』(기린원, 1987), 206쪽.

느 날 저녁에 돌연 자취를 감추고 만다. 그 무렵 일본인들은 부업공진회(1923년 10월)를 개최하느라 부산하였고, 한편 1916년 6월에 기공한 총독부 건물 공사로 경복궁 담이 헐리고 대궐 터에 길이 뚫리면서 만신창이가 되어 해태상도 제자리를 지킬 수 없었다. 당시 ≪동아일보≫(1923. 10. 21)는 이런 기사를 싣고 있었다.

근년에 이르러 넘어가는 저녁 햇볕이 눈물에 젖은 옛 대궐에 비치고, 북악에서 넘어오는 쓸쓸한 바람이 너의 낯을 스쳐 지나갈 때 말없이 우두커니 섰는 네 모양은 참으로 쓸쓸하였노라. 성이 헐린 터가 길이 되고, 임금이 있던 대궐 터에 총독부가 새로 서는데 너만이 편안히 살 수 있겠느냐. 그러나 춘풍추우 지키던 그 자리를 떠날 때에 네가 마음이 있다면 방울 같은 눈매에도 응당 눈물이 흘렀으리라. 긴 세월 동안 위엄 있고 유순하게 경복궁을 지키고 섰던 네가 무슨 죄가 있어서 무지한 사람들이 다리를 둥이고 허리를 매어 끌어갔으랴. 말 못하는 너는 시키는 대로 끌려갔을 뿐이었다.[56]

그보다 조금 일찍 일본인으로 한국미에 심취했던 야나기 무네요시(柳宗悅)는 ≪개조(改造)≫지에 「잃어지려 하는 한 조선 건축을 위해서」라는 제목으로 광화문의 해체 작업을 비판하면서, 그 앞에 선 해태상에 대하여도 다음과 같이 애석해하였다.

아아, 문전에 안치된 두 개의 큰 해태여, 너희들은 잘도 왕국의 정문을 지켜 주었다. 추울 때나 더울 때나 조금도 그 모습을 흐트리지 않고 다가오는 자의 마음에 권위를 가지고 임했다. 그리하여 문에 알맞은 위엄과 확실성을 가지고 궁전에 더욱 강한 아름다움을 첨가해 주었다. 너희들은 지금도

---

56) ≪동아일보≫ 1923년 10월 21일자.

묵묵히 앞을 노려보고 있지만 너희 주인의 신상에 덮친 운명을 알고나 있는가? 물론 모를 것이다. 이미 그는 임종의 자리에 누워 있다. 오오, 너희들이 움직이지 않겠다고 생각하는 그 장소에서 움직여야 할 날이 멀지 않다는 것을 알고 있는가? 너희들이 어디로 철거되어 갈 것인지, 나도 그것을 모른다. 철거하는 사람들조차 어디로 가져가는지 그날까지 모를 것이다. 용서해 다오. 나는 죄짓는 자의 모두를 대신해서 사과하고 싶다. 나는 그 증표로 삼고자 지금 붓을 든 것이다.[57]

정말 해태상이 어디로 옮겨졌는지 알지도 못하다가 근 2년이 지나서야 ≪동아일보≫ 기자는 총독부 청사 서편 담장 밑에 방치되어 있는 것을 알고 찾아가 본다. 그러고는 ≪동아일보≫에 다시 이렇게 적었다.

너의 꼴을 보러 대궐 안에 들어가니 너는 한편 모퉁이에 참혹히 드러누워 있더라. 그것을 본 흰옷 입은 사람의 가슴이 어찌 편안할 수 있겠느냐. 끝없이 일어나는 감회를 무엇이라 표현하겠느냐. 무슨 하늘도 못 볼 큰 죄나 지은 것처럼 거적자리를 둘러쓰고, 고개를 돌이켜 우는 듯 악을 쓰는 듯 반기는 듯 원망하는 듯한 해태를 발견하고 가슴이 흐뭇하였다. 옛 주인이 경복궁 뒤로 밀려나가고 낯선 사람들이 지어 놓은 총독부 새 집 앞에서 모든 학대와 갖은 구박을 다 받은 해치의 신상을 염려하는 조선 사람들이 많은 것을 그가 안다면 피나는 설움이라도 참을 듯하다.[58]

이렇게 수모를 당했던 해태상은 총독부 건물이 완성되자 그 앞으로 다시 옮겨져 갔다. 조선 왕조의 정궁(正宮)을 지키던 해태가 일제(日帝)의 아성을 지키는 꼴이 되고 말았다. 그런가 하면 조선총독부 건물 바로 뒤편 경복궁 정원 근정전에 들어가는 영제교 옆에 조선총독부 박

---

57) 柳宗悅・朴在姬 옮김,『조선의 예술』(동서문화사, 1977), 184쪽.
58) ≪동아일보≫ 1925년 9월 15일자.

물관을 세웠다. 이 박물관(현재 민속공예관) 입구 좌우에는 또 한 쌍의 해태가 섰다. 그러나 그것은 일본인에 의하여 제작된 것으로 광화문 해태와는 사뭇 외형과 느낌이 다른, 한마디로 일본식 고마이누의 상(像)이다. 고마이누에 대하여는 앞에서 이미 설명하였거니와, 구 총독부 건물, 즉 중앙청 건물은 일제 잔재라 하여 파괴한 지금도 별로 이에 주목하는 사람이 없어 버젓이 서있다. 마치 사자의 모양으로 한 마리는 입을 다물고 한 마리는 입을 열고 포효하듯, 해방이 되고도 그대로 내려오다가 1961년 제3공화국에 이르러 광화문 건물이 복원되면서 해태상을 지금의 자리에 옮겨 놓았다. 광화문 앞에 서 있다는 점에서는 복원된 셈이지만, 엄격히 말하면 완전히 옛 자리에 복원된 것은 아니다. 지금의 정부종합청사 건물 앞 위치에 세종로 좌우로 세우기에는 오늘날의 도로 교통상 불가능할지 모르지만, 엄밀한 옛 위치가 아니라는 사실은 잊어서는 안 될 것이다.

　위치와 관련하여 부수적인 문제가 또 제기되었다. 1983년 5월 광화문에 있는 중앙청(총독부 건물)에서 과천으로 정부 기관이 옮기게 되니, 해태 석상도 따라서 과천으로 가야 하느냐 그대로 두어야 하느냐는 문제가 제기되었다. ≪동아일보≫는 「고바우」 만화에 박물관으로 들어가는 해태의 모습을 싣기도 하였다. 과천으로 옮기느냐, 박물관에 넣느냐, 그대로 두느냐의 세 가능성이 있었는데, 지금까지 그대로 두고 있다. 그렇다면 결과적으로는 광화문이나 경복궁의 일부로 보기 때문이든지, 지리풍수의 일환을 따른 것이라 볼 수 있다. 해태의 꼬리는 진미(塵尾)라 하여 사심(邪心)과 부정(不淨)을 씻는다는 상징적 의미가 부여되어 있어, 궁문을 드나드는 대·소 관원들은 이 해태의 꼬리에 손을 얹고 마음을 씻는 관습이 있었다. 이규태는 〈그렇다면 광화문 해태는 일어서서 정부 기관을 따라 과천에 가야 한다. 광화문에 딸린 문화재이기에 제자리에 두어야 할 필요가 있다면 과천 청사 앞에 분신(分身)을 만들어 드나드는 대·소 관원들로 하여금 조석(朝夕)으로

'진미(塵尾)'하도록 권해 보는 것이다〉라고 주장하고 있다.[59]

　　미술사학자 허균(許鈞)은 광화문의 해태상을 〈온순하면서도 위엄이 늠름하고, 맹렬하면서도 공손이 넘치는 조화 있는 용자(勇姿)〉로 평가한다.[60] 필자도 이러한 이면적(裏面的) 조화의 미를 갖춘 명작이라고 생각한다. 중국이나 일본에서도 이처럼 명물은 보지 못했다. 그렇지만 법과 정의와 관련하여, 일각수로서의 뿔이 보이지 않는 것은 한국의 풍수 사상으로 너무 토착화된 작품이 아닌가 생각하게 된다. 오히려 그 모양이 물과 관련된, 방화(防火)의 상징물같이 오해되어 웃지 못할 해프닝도 벌어졌다.

　　관악산의 연맥인 시흥의 호압산에서 해태로 보이는 석상이 발견되어 신문에서도 크게 보도하고 이것을 소방 마스코트로 삼으려는 움직임이 있었다. 한국소방연합회에서는 그곳에다 〈한국 소방 정신의 발상지〉라는 표지까지 세웠다. 문화재 위원들의 지적에 의해 이 잘못 이해된 표지판은 철거되었지만, 지금도 석상과 한우물은 그대로 있다. 관악구청에서 낸 『관악의 어제와 오늘』(1991)에는 이렇게 적혀 있다.

　　　삼성산(三聖山)의 서쪽으로 뻗은 산마루에 길이 22m, 폭 12m 되는 사시사철 변함없이 물이 고여 있는 큰 우물이 있으니 속칭 한우물, 용보(龍洑)라고 한다. 우물의 사면 벽은 사괴석(四塊石) 모양으로 네모나게 다듬어진 돌로 둘러 있어서 언뜻 보기에는 연못 같으나 옛부터 큰 우물이라는 뜻으로 〈한우물〉이라 불려 내려온다. 빗물이 고여 있는 것이 아니고 항상 물의 양에는 변함없이 생수가 가득 고여 있다. 이 천정(天井)의 유래는 기우(祈雨) 또는 군사 작전상 음료용 등으로 전해지나 우물 곁 산마루에 석해태가 서 있는 것으로 보아 소화용의 뜻이 많은 것으로 여겨지기도 한다. 기우제는 『동국여지승람』에 〈호압산(虎押山)에 옛 성이 있고 그 성 안에는

---
59) 이규태, 『눈물의 한국학』(기린원, 1987), 143쪽.
60) 허균, 앞의 책, 26쪽.

한 못이 있어 날씨가 가물면 비 오기를 빌었다〉고 한 데에서, 그리고 〈고적조(古蹟條)〉에서 〈호압 산성을 돌로 쌓았는데 그 둘레가 1681보이며, 성 안에 큰 우물이 있는데 날씨가 가물면 비를 비는 기우제를 올린다〉고 한 데서 유래한 것이라 한다. 음료용이란 말은 많은 군인의 음료가 작전상 지대한 부담이므로 임진왜란 때 적장이 진을 쳤던 자리가 이 천정 부근일 것으로 예상한 데서 유래한 설일 것이다. 또 한 가지 군용설을 부여해 주는 자료를 보면, 호압산에 고성이 있어 석축의 기둥이 1618척이라 했으니 성 중에 수비군이 주둔했을 것도 예상되며 유사시에는 다수의 군인이 합세하기도 했을 것이다. 이로 보면 기우, 군용설에도 일리가 없는 것은 아니다. 그것은 기우, 음료용으로 쓰였다 함이 타당할 것이요, 유래는 경복궁 앞의 석해태와 관련지을 수 있다. 즉, 이태조는 한양에 도읍을 정하면서 풍수설에 의한 방비를 게을리 하지 않았으니, 산중의 한 바위가 호랑이 형상과 같다 하여 호암산(虎岩山)이라고 불러 왔던 산명을 지금의 호압산(虎押山)이라 개명하고, 시흥리에 있던 호암사를 산상(山上)으로 개축하면서 절 이름도 호압사라고 명명했으며, 방화신(防火神)인 해태를 우물 곁에 세운 것도 우물로서 방화를 상징한 것이 아닌가 여겨진다. 큰 우물 동북쪽 100m 떨어진 돌 성벽 안쪽에 돌로 조각한 해태상 하나가 동그마니 앉아 있다. 그 조각 솜씨가 고졸(古拙)하며 매우 귀여운 모양인데 북쪽을 향해 앉아 있다. 이 해태상에 얽힌 전설로는, 일찍부터 관악산 주봉의 뾰족뾰족한 모양새가 마치 불길이 타오르는 것 같은 형세라 사람들이 이를 화염산으로 여겨 오던 중에, 조선 왕조 초에 대궐 터를 경복궁 터로 잡을 때부터 의견이 분분하였다. 무학 대사는 관악산 정면을 바라보고 절을 앉히면 관악산 화기가 뻗쳐 내우외환이 끊이지 않을 것이라 하고, 삼봉(三峰) 정도전(鄭道傳)은 남쪽을 향하더라도 중간에 한강이 있으니 별로 큰 영향이 없을 것이라고 주장하던 끝에, 궁궐을 북악의 남쪽 기슭에 남면해서 앉혔다는 이야기가 전해 온다. 그런데 경복궁에서는 과연 태종에 의한 방석의 난이라는 골육상쟁의 난이 일어났고, 세조가 단종을 내몬 찬탈의 변이 었었으며, 또 경복궁

에 자주 화재가 발생하곤 하였다. 이에 고종 2년(1865년)에 흥선 대원군이
임진왜란 때 모두 불에 탄 경복궁을 새로 세울 때 관악산의 화기를 범접하
지 못하게 하는 수단으로 궁 앞, 광화문 좌우에 한 쌍의 돌해태를 조각하여
세웠다. 이세욱이라는 이가 새겼다는 경복궁 앞 해태는 지금도 광화문 앞에
있거니와 이 시절에 이곳 호압 산성 안 한우물 속에 구리로 만든 용을 던
져 가라앉혀서 그 용의 조화로써 관악산의 화기를 막게 하였다는 전설이
지금까지 사람들 입에 오르내리고 있다. 그렇다고 하면 이곳의 돌해태 한
마리는 그 조각 솜씨에 있어서는 경복궁 앞 한 쌍의 돌해태 솜씨와 판이하
게 다르지만 그 시대에 설치된 것인지도 알 수 없는 일이다. 높은 산마루에
비바람에 씻기고 닳아서인지 호압산 해태는 한층 연대가 오래된 듯한 기풍
을 풍기고 있다. 전설을 미루어 생각하면 이곳의 한우물이 관악산의 화기를
막는 용보(龍洑)라는 전설도 그럴듯한 점이 없지 않다. 그러나 호압 산성
과 한우물은 『동국여지승람』에서도 고적으로 다루고 있고, 또 지금도 한우
물 언저리에서 삼국 시대의 토기 조각이 채집되고 있는만큼, 이 한우물은
고대부터 산성의 우물로서 그 수량이 무궁무진하였다는 데서 더욱 소중하
게 여겨 왔음에 틀림없다. 날이 가물면 여기에서 기우제를 지내던 풍습이
있었다는 것도 이 한우물의 신성함을 나타내는 한 가지 요인일 것이다. 천
정(天井)은 현재는 구로구 소재이며 서울특별시 유형 문화재 제10호로 지
정되어 있다.[61]

이처럼 호압산의 석상을 광화문의 해태상과 연결지어 설명하는 견
해에 대하여 반대하는 설도 있다. ≪조선일보≫의 이규태 논설위원은
다음과 같이 설명한다.

불을 막는다는 민속 신앙이 없었던 것은 아니기에 소방 마스코트나 소방

---

61) 관악구청, 『관악의 어제와 오늘』(1991), 195-198쪽.

심벌 마크가 못 될 것은 아니지만 고증 측면에서 더 신중해야 할 것 같다. 호압산에서 발견했다는 해태상은 해태가 아닌 석사자상(石獅子像)일 가능성도 없지 않기 때문이다.『증보동국여지승람』호압산 편에 보면 이 산세가 범이 북쪽을 향해 달려들 것 같은 형세라 이 기운을 누르기 위해 북쪽 모퉁이에 호압사를 지었고, 다시 그 북쪽에 활을 겨냥하는 궁교(弓橋)를 놓았으며, 다시 북쪽 10리 밖에 달려들지 못하게 사자암을 지었다고 했으니, 이 석상도 호랑이 기운을 누르기 위한 석사자일 가능성이 없지 않기 때문이다.[62]

풍상에 마멸되기도 했기 때문에 외형을 가지고 해태다 사자다 판단하기는 어렵다. 이와 다른 관점에서 이것은 개를 형상화한 것이라는 해석도 있다. 서울대 국사학과 이태진(李泰鎭) 교수는 호암산이 호랑이가 북쪽 한양을 향해 곁눈질하는 형세이니 그 눈목에 희생물로 개를 형상화해 세웠다고 해석한다.[63]

필자가 이를 확인하기 위하여 호암산에 가 보니 다음과 같이 되어 있었다. 즉, 가는 길목에는 해태상이라고 적혀 있었으나 현지의 표지판에는 다음과 같이 적혀 있었다.

이 석구상(石駒像)은 해태상으로 전하여 왔으나, 이곳으로부터 남서쪽 50m 지점의 한우물 조사 발굴 때 조선 시대에 쌓은 석축에서 〈석구지〉라 음각(陰刻)된 장대석이 나왔고, 또『시흥읍지』〈형승조〉에 〈이곳 호암산 남쪽에 석견(石犬) 사두(四頭)를 묻어 개와 가깝게 하고자 하였으며, 지금 현남 4리에 '사견우'가 있다〉라는 내용의 기록이 있는 것으로 미루어 〈석구상〉으로 판단되었다. 북쪽을 바라보고 앉은 석구상 주위에는 자연암 네 개

---

62) 이규태,『욕심의 한국학』(기린원, 1987), 206-207쪽.
63) 1994년 서울대 이태진 교수 연구실에서의 면담. 이 교수는 당시 서울대 총장 조완규 박사도 동석하여 이 석상은 분명히 개 모양이라고 했다 한다.

가 있고, 석수상은 사실적으로 조각되어 이목구비가 뚜렷하고 발과 꼬리도 잘 묘사되어 있다.

다만 그 옆의 절 호압사에는 최근에 세운 해태 석상이 암수 한 쌍 서 있었다. 그 모습은 중국의 사자 모양에 가까운 해태상이며, 다소 현대적으로 조잡하게 만든 느낌이 드는데, 이상(以上)의 복잡하고도 깊은 뜻을 모르는 석공의 날림식 작품으로 역시 해태에게서 중요한 외뿔은 흔적도 찾아볼 수 없었다.

어쨌거나 해태는 한국인에 의하여 그 모양이 변형되면서도 사랑을 받아 여기저기에 그려지고 세워져 있다. 광화문뿐만 아니라 여의도 국회의사당, 청와대 안뜰, 경찰청 앞에도 같은 모양으로 세워져 있고, 시·도 경계석은 물론 어린이 놀이터, 예식장 앞에도 같은 모양으로 세워져 있다. 이런 변형된 모양의 해태상이 난립되다시피 하는 데에는 해태제과 회사에서 기증하는 형식으로 세워지기 때문에 더욱 그러하다는 얘기도 있다. 우스꽝스러운 것은 해태제과 야구 팀의 상징이 〈타이거〉이고 현대 팀의 상징은 〈유니콘〉으로 뒤바뀌어 있다는 사실이다.

아무튼 해태는 과거부터 지금까지 사랑을 받아 비단 유교 문화권에서만 아니라 불교에도 습합되어 불화(佛畵)에도 해태가 등장한다. 지옥도에서 업경대(業鏡臺)를 받쳐 주는 동물로 그려져 있을 뿐만 아니라, 양산의 통도사(通度寺)에서처럼 사찰의 벽화에도 그려진 경우가 있다. 정의의 상징인 해태가 등장한 이유는 해태가 불법(佛法)을 따르는 사람들을 수호하고 그것을 비방하거나 따르지 않는 사람들을 응징하는 동물로 각색되었기 때문이다. 이처럼 한국에서 다양한 방면으로 중요한 역할을 하는 해태상의 의미와 형태에 대하여 좀더 진지하고 정확한 연구가 이루어져야 할 것이다. 중국에서는 해태와 기린을 혼용하고 있는데, 최근 우리 나라 미술사학계에서 경주의 천마총(天馬塚)에 그려진 동물화가 천마(天馬)가 아니고 기린(麒麟)이라는 주장이 대두되어 흥미롭다.⁶⁴⁾ 해태와 관련하여 이에 대하여도 더 깊이 있는 연구가 필요할 것이다. 더욱 넓게는 해태 내지 기린과 서양의 유니콘의 비교 연구도 흥미 있는 테마이다.⁶⁵⁾ 무엇보다 중요한 것은 해태의 의미가 무엇인가를 바르게 알고 잃어버린 외뿔을 복원하는 일일 것이다. 수많은 해태 석상에 뿔을 달 수는 없겠지만, 법과 정의의 상징으로 외뿔 달린 해태상을 바르게 건립해야 할 것이다.

(2) 용

동양에서 인간이 상상으로 만들어 낸 동물로 봉황, 해태를 비롯하여 그 권위와 능력에서 압도적인 것은 용이다. 인간은 용을 통하여 끝없는 이상과 꿈을 펼치기도 하였고, 벽사복(辟邪福)과 무병장수(無病長壽)를 기원하였으며, 권선징악의 교훈으로 삼기도 하였다. 용의 관념은 고대 이집트, 바빌로니아, 중국, 인도 등 문명의 발상지를 중심으로 발전되어 왔다. 특히 동양에서는 용에 대한 숭배 사상이 확고하여 수천년 동안 동양인의 마음과 정신 세계를 지배하여 왔다. 용에 관한 수많은 신화, 설화, 전설은 용에 대한 신앙, 사상, 문학과 미술의 형태로 발전되었다.⁶⁶⁾

---

64) 李在重,「三國時代 古墳美術의 麒麟像」, ≪美術史學硏究≫203호, 1994, 5-41쪽; 出石誠漫,「古形の古文學に現る麒麟について」,『支那神話傳說の硏究』(中央公論社, 1973), 163-186쪽.

65) 유니콘에 관하여는 최종고,「그림으로 본 해태와 유니콘」, ≪월간미술≫ 1994년 11월호; 최종고,『법과 미술』(시공사, 1995), 273-276쪽; F. Cardini, The Unicorn in Fact and Fancy, *Ulisses 2000*(Alitalia), No. 64(1989), 115-122쪽. J. Einhorn, *Spiritalis Unicornis*, 1998. 필자가 1996년에 프라이부르크를 방문하였을 때 대학도서관에서 유니콘에 관한 특별 전시회가 W. Hagenmaier 박사의 주도로 개최되고 있었다. 여기에 유니콘 전문가인 Jürgen Einhorn 신부(〈*Spiritalis unicornis*, München, 1998〉의 저자)도 참석하였는데, 필자가 동양에서의 유니콘이 법과 정의의 상징임을 말해 주자 놀라워하였다.

용을 말할 때 동양인의 머릿속에 떠오르는 이미지는 대체로 구름과 함께 긴 몸을 비틀며 여의주를 물고 하늘로 올라가는 모습이다. 용은 뇌성, 괴운(怪雲), 회오리바람, 번갯불, 폭풍우 등과 밀접하게 관련되어 탄생되었다고 보고 있다. 중국 문헌 『광아(廣雅)』에 따르면 용의 모습은 아홉 가지 다른 동물의 모습을 하고 있다. 즉, ① 낙타의 머리, ② 사슴의 뿔, ③ 토끼의 눈, ④ 소의 귀, ⑤ 뱀의 목, ⑥ 조개와 같은 배, ⑦ 잉어의 비늘, ⑧ 호랑이의 발, ⑨ 매의 발톱을 가졌다. 이러한 용의 이미지는 권위의 상징으로 인식되어 왕권이나 왕위의 상징물로 위치를 굳히게 되었다. 임금의 얼굴을 용안(龍顏), 임금의 덕을 용덕(龍德), 그 지위를 용위(龍位)라 하였고, 임금이 앉는 자리를 용상(龍床), 용좌(龍座), 임금이 입는 의복을 용의(龍衣) 또는 용포(龍袍), 임금이 타는 수레를 용가(龍駕) 또는 용거(龍車)라 하였고 심지어 임금이 흘리는 눈물을 용루(龍淚)라 하였다. 임금이 즉위하는 것을 용비(龍飛)라 하였는데, 조선조 세종 때에 지은 『용비어천가(龍飛御天歌)』의 용자도 이러한 의미이다. 학자들에 따르면 용은 물의 원리를 표상화한 것, 물을 상징한 것으로 볼 수 있다. 용의 유연한 모습은 물의 흐름을 나타낸 것이며 비와 관련된 뇌운에서 결정적인 도상이 유출되고 있다. 용의 변화무쌍한 형체는 천변만화하는 물의 능력을 관념적으로 표현한 것이다. 농사를 생업으로 삼아 온 선인(先人)들에게 비(雨)는 생명이었으며, 홍수, 천둥, 번개 등은 불가항력의 두려움으로 느껴졌다. 이처럼 수신(水神)으로서의 강력한 위치를 확보한 용은 나아가 다른 모든 것에서도 초능력을 발휘할 수 있는 존재로 여겨졌다.

우리 나라에서 용을 말할 때 중요한 부분의 하나는 나라를 지키고 불법(佛法)을 지키는 수호신으로서의 역할이다. 용은 임금과 하늘의

---

66) 자세히는 진 쿠퍼, 『그림으로 보는 세계문화상징사전』, 이윤기 옮김(까치, 1994), 그리고 이혜화, 『용 사상과 한국 고전문학』(깊은샘, 1989).

관계로 맺어져 왕권을 수호하는 호국 용(護國龍)의 관념을 자연스럽게 탄생시켰다. 불국정토(佛國淨土)를 이상으로 한 신라는 호국 용의 관념을 탄생시키고 숭불호국(崇佛護國)의 용신(龍神) 사상을 낳았다. 인간 세상에 정법(正法)을 펼쳐 이로움을 베푸는 용의 모습을 선용(善龍)이라고 불렀고, 정법대로 행하지 않는 용을 악룡(惡龍)이라고 불렀다.[67]

용은 또한 권위와 길상(吉祥)의 상징으로 선비들에게 성취와 최상의 것을 의미하는 존재로 생각되었다. 입신출세의 관문을 등용문(登龍門)이라 하였고, 〈미꾸라지가 용 되었다〉느니 또는 〈개천에서 용 났다〉는 말은, 크게 성공한 사람을 가리키는 말이다. 등용문이란 말은 중국 황하의 잉어들이 산서성(山西省)에 이르면 높은 폭포를 거슬러 올라가 상류의 협곡에 있는 용문(龍門)으로 다투어 뛰어오르는데, 그곳을 넘어서면 잉어가 용이 된다 하여 〈어변성용(魚變成龍)〉이라 하고 후일 입신출세의 관문을 등용문이라 부르게 된 것이다. 용꿈을 최고의 꿈으로 치고 특히 태몽으로 용꿈을 꾸면 큰 인물을 낳을 것으로 보고 집안의 경사라 하였다. 이러한 용꿈을 몰래 간직하기 위하여 몽룡도(夢龍圖)를 그리기도 하였다. 고구려 고분 벽화의 청룡도는 사신도(四神圖)의 최고 작품으로 평가되고 있으며, 수천 년이 지난 오늘날에도 풍수지리에서 좌청룡(左靑龍), 우백호(右白虎)의 신앙으로 우리의 일상 생활을 지켜 주는 존재가 되고 있다. 용은 궁궐의 지붕이나 사찰의 법당을 비롯하여 탑, 종, 부도 등과 그림, 가구, 의류, 문구, 장신구 등에 이르기까지 생활의 전 분야에 즐겨 사용되고 있다. 고구려의 벽화에서부터 근세의 민화(民話)에 이르기까지 시대적으로나 유형적으로 방대하게 전해지고 있는 용 사상은 고대의 용 신앙이 불교와 유교와 습합되고 우리 민족의 정서와 융합되어 독창적인 〈한국 용(韓國龍)〉

---

67) 이혜화, 같은 책, 25-30쪽.

으로 발전되었음을 알 수 있다. 글씨에서도 용 자를 크게 쓴 글씨는 옛부터 선비들이 다투어 써 왔다. 범종을 매달기 위해 만든 고리 부분을 종뉴(鍾紐) 혹은 용뉴(龍紐)라 하였다. 뒤에 언급할 서울대 법대에 세운 「정의의 종」에도 이러한 용 장식이 달려 있다.

서양에서는 용을 이교적이고 사탄적인 것으로 혐오한다.[68] 성 게오르그 St. George가 용을 퇴치하는 모습이 즐겨 성당과 기독교 미술에 그려졌다. 프라이부르크 대성당 마당에 성 게오르그 성인이 용을 짓밟고 있는 조각상이 서 있다. 일본의 어느 성당에 스위스의 한 작가가 이런 스테인드글라스를 그려 주었다가 철회되었다는 얘기도 있다.[69]

(3) 봉황

봉황(鳳凰)은 고대 중국에서 신성시했던 상상의 새이다. 기린, 거북, 용과 함께 사령(四靈)의 하나로 여겨졌다. 수컷을 봉(鳳), 암컷을 황(凰)이라고 하는데 그 생김새는 문헌마다 조금씩 다르게 묘사되어 있다. 『설문해자(說文解字)』에는 봉의 앞부분은 기러기, 뒷부분은 기린, 목은 뱀, 꼬리는 물고기, 이마는 황새, 깃은 원앙새, 무늬는 용, 등은 호랑이, 턱은 제비, 부리는 닭을 닮았으며, 오색을 갖추고 있다고 적고 있다.

『악즙도(樂汁圖)』에는 닭의 머리와 제비의 부리, 뱀의 목과 용의 몸, 원앙의 날개와 물고기의 꼬리를 가진 새라고 하였다. 이처럼 봉황의 모습은 얼마간 차이를 보이지만 상서롭고 아름다운 상상의 새로 인

---

68) Max Burkolter-Trachse, *Der Drache: das Symbol und der Mensch*(Stuttgart, 1981).
69) Harald Borges, *Drache, Einhorn, Phönix*(Stuttgart, 1993) ; Christel Senger, *Das Symbol des Drachen als Ausdruck einer Konfliktgestaltung in der Sandspieltheraphie* (Frankfurt, 1998).

식된 것만은 확실하다. 봉은 동방 군자의 나라에서 나와서 사해(四海) 밖을 날아 곤륜산(崑崙山)을 지나 지주(砥柱)의 물을 마시고 약수(弱水)에 깃을 씻고 저녁에 풍혈(風穴)에서 자는데, 이 새가 세상에 나타나면 천하에 큰 경사가 일어나고 태평성대가 이룩된다고 한다. 봉황은 암수가 서로 사이 좋은 새로 알려져 있다.

부처의 도량에 봉황이 나타나는 것은 불국토가 이룩되어 부처의 공덕이 온 세상에 미쳐서 천하가 평화롭고 중생들이 행복하게 잘 산다는 것을 상징한다.[70]

봉황은 오늘날에도 우리 나라 대통령 문장(紋章)에 사용되고 있고, 청와대 앞 광장에 큰 조각상으로 제작되어 있다. 민주주의 시대에 대통령의 상징으로 적합한지 여부를 떠나 여전히 사랑받고 있음을 나타내 준다 하겠다.

(4) 까치와 까마귀

우리 민족은 길상(吉祥)과 정의를 해태와 용뿐만 아니라 날짐승 가운데 유독 까치를 그 대상으로 삼았다. 이웃 나라 일본과 서양에서는 까마귀를 길조(吉鳥)로 생각하는 데 비해 한국 민족은 흰색을 좋아하는 백의민족이어서인지 까치를 가장 친근한 새로 여겨 왔다. 까치의 울음소리는 반가운 손님의 예방을 예고한다고 여겼고, 소박하고 간결한 흑백의 배색과 경쾌하고 명랑한 소리는 화려하고 기교적인 것보다 담백하고 단아한 것을 선호하는 한민족의 기질과 부합된다고 여겨져 왔다. 이런 뜻에서 우리 나라는 까치를 국조(國鳥)로 삼고 있다. 까치는 높게 멀리 날아다니지 않고 언제나 사람들의 주변에서 친근하게 지내는 새이므로 우리 민족의 관점은 까치를 신성시·영물시하는 측면보

---

70) 구미례, 앞의 책, 171쪽.

다는 인간의 생활과 관련지어 인간사의 기복과 교훈으로 삼고자 한 면이 크다. 까치를 통해 길상(吉祥)과 기쁨을 나타내고 옳고 그른 것의 분별을 깨우쳐 주고자 하는 의미를 담았다. 까치는 마을을 수호하고 인간의 길흉화복을 주관하는 선왕신(善王神)의 사자로서, 신탁(神託)을 맡는 영물로 인식되기도 하였다.[71]

까치는 또한 은혜를 알고 갚을 줄 알며 정의를 실현하는 존재로 인식되어 왔다. 까치와 관련된 설화와 전설에는 까치가 인간에게 도움을 받고 그 은혜를 갚기 위하여 자신을 희생한다는 내용이 많이 다루어져 왔다. 가장 대표적인 설화가 「까치의 보은(報恩)」이다.

옛날에 어느 선비가 길을 가던 중에 뱀 한 마리가 둥지 안의 새끼 까치를 삼키려 하는 것을 보았다. 선비는 재빨리 활을 쏘아 뱀을 죽이고 까치들을 구한 뒤 다시 길을 떠났다. 날이 어두워 산 속의 빈 절간에서 잠을 자게 되었는데, 한밤중에 가슴이 답답하여 눈을 떴더니 뱀이 몸을 감고서 〈낮에 남편을 죽인 원수를 갚으러 왔다. 만약 절 뒤에 있는 종이 세 번 울리면 살려 줄 것이고 그렇지 않으면 죽이겠다〉고 하였다. 이에 선비는 꼼짝없이 죽을 수밖에 없게 되었는데, 갑자기 종소리가 세 번 울리는 것이었다. 그러자 뱀은 스르르 몸을 풀고 용이 되어 하늘로 올라갔다. 기이하게 생각한 선비가 날이 밝자마자 종각으로 가 보았더니 종 아래에 까치들이 머리에 피를 흘린 채 죽어 있었다. 까치들은 은혜를 갚기 위해 머리로 종을 받아 종소리를 낸 뒤 죽었던 것이다.

또한 뱀에게 잡아먹히게 된 까치를 구해 준 사람이 그 뒤 뱀의 독이 있는 딸기를 먹고 죽었는데, 까치가 온 몸을 쪼아 독을 제거하여 은인을 살렸다는 내용도 있다. 까치가 정의의 심판관으로 표현된 「까

---

71) 같은 책, 172-174쪽.

치의 재판」이라는 설화도 있다.

　　아득한 옛날에 참새와 파리가 자주 싸웠다. 이때 까치가 이들을 불러 인간에게 해가 됨을 들어 꾸짖었다. 파리가 재빨리 참새의 악행을 낱낱이 고해 바치자 까치는 이를 옳게 여겨 참새의 종아리를 때려 주었다. 참새는 아파서 톡톡 뛰며 파리가 인간에게 끼치는 악행이 더함을 고하였다. 이에 까치가 파리의 종아리를 때리려 하자 파리는 앞발로 싹싹 용서를 빌었다. 까치는 참새와 파리에게 다시는 싸우지 말고 인간에게 해를 끼치지 않기를 명하고, 이를 명심하도록 하기 위해 그 뒤에도 참새는 톡톡 뛰어다니게 하고, 파리는 앞발을 싹싹 빌고 있게 하였다.

　한편, 세시풍속과 관련된 아름다운 전설로 우리에게 너무나 익숙한 견우와 직녀 이야기가 있다. 음력 칠월 칠석에 견우와 직녀는 수천 수만 마리의 까치와 까마귀가 서로 꼬리를 물고 은하수에 길게 다리를 놓은 오작교를 건너서 만나게 된다. 칠석이 지난 가을에는 까치와 까마귀의 머리털이 벗겨져 있는데, 이는 견우와 직녀가 새의 머리를 밟고 지나갔기 때문이라는 재미있는 해석도 있다. 근래에 발견된 고구려 고분인 덕흥리 고분의 벽화에서도 이러한 견우직녀도가 그려져 있어, 견우와 직녀의 설화가 당시에도 존재하였음을 보여 주는 귀중한 자료가 되고 있다.

　한국 민족이 백의민족임을 자랑해서인지 까마귀에 대해서는 부정적 의미를 부여해 왔다. 시조에도 〈까마귀 싸우는 골에 백로야 가지 마라. 성낸 까마귀 흰 빛을 새오나니, 청파에 조희 씻은 몸 더럽힐까 하노라〉라는 내용도 있다. 그러나 원래 까마귀는 동양에서도 나쁜 의미를 가진 새는 아니었다. 한말 개화기의 소설 안국선(安國善)의 「금수회의록」에 보면 다음과 같은 대목이 나온다.

우리 까마귀 족속은 먹을 것을 물고 돌아와 어버이를 기리며 효성을 지극히 하여 망극한 은혜를 갚아 하느님이 정하신 본분을 지키어 자자손손이 천만 대를 내려가도록 가법(家法)을 변치 아니하는 고로, 옛적에 백낙천이라 하는 분이 우리를 가리켜 새 중의 증자(曾子)라 하였고, 『본초강목(本草綱目)』에는 자조(慈鳥)라 일컬었으니, 부모는 자식을 사랑하고 자식은 부모에게 효도하니 하느님의 법이라. 우리는 그 법을 지키고 어기지 아니하거늘, 지금 세상 사람들이 말하는 것을 보면 낱낱이 효자 같되 실상 하는 행실을 보면 주색잡기에 침혹하여 부모의 마음을 상케 하며, 제 한 몸만 생각하고 부모가 주리되 돌아보지 아니하고 여편네는 학식이라고 조금 있으면 주제넘은 마음이 생겨서 온화·유순한 부덕을 잊어버리고 시집가서는 시부모 보기를 아무것도 모르는 어리석은 물건같이 대접하고 심하면 원수같이 미워하기도 하니, 인류 사회에 효도 없어짐이 지금 세상보다 더 심함이 없도다. 사람들이 일백행실의 근본되는 효도를 알지 못하니 다른 것은 더 말할 것 무엇 있소. 우리는 천성이 효도를 주장하는 고로 출천지효성(出天之孝誠) 있는 사람이면 우리가 감동하여 노래자를 도와서 종일토록 그 부모를 즐겁게 하여 주며 증자와 갓 위에 모여서 효자의 아름다운 이름을 전케 하였고, 또 우리가 효도만 극진할 뿐 아니라 자고 이래로 사기에 빛난 일이 한두 가지가 아니오나 대강 말씀하오리다. 우리가 떼를 지어 논밭으로 갈 때, 곡식을 해하는 버러지를 없애려고 가건마는 사람들은 미련한 생각에 그 곡식을 파먹는 줄 아는도다! 서양 책력 일천 팔백 칠십 사 년, 미국 조류학자 〈삐이루〉라는 사람이 우리 까마귀 족속 이천 이백 오십 여덟 마리를 잡아다가 배를 가르고 오장을 꺼내어 해부하여 보고 말하기를, 〈까마귀는 곡식을 해하지 아니하고 곡식에 해 되는 버러지를 잡아먹는다〉하였으니 우리가 곡식밭에 가는 것은 곡식에 이가 되고 해가 되지 아니하는 것은 분명하고 또 우리가 밤중에 우는 것은 공연히 우는 것이 아니요. 나라에서 법령이 아름답지 못하여 백성이 도탄에 빠져 천하에 큰 병화가 일어날 징조가 있으면 우리가 아니 울 때에 울어서 사람이 깨닫고 허물을 고쳐서 세상

이 태평무사하길 희망하고 권고함이오.[72]

여기에서 까마귀가 호법(護法)의 이미지를 갖고 있는 날짐승으로 나타나고 있다. 까치와 까마귀라는 어찌 보면 비슷하고 어찌 보면 다른 날짐승을 두고, 동서양 그리고 가까이 한·일 간에도 이처럼 상징을 달리하고 있는 것은 상징과 문화 전승의 밀접한 관련성을 극명하게 보여 준다.

(5) 문자도

한자는 상형 문자이기 때문에 글씨와 그림을 연결시킬 수 있는 것은 자연스런 일이다. 우리 나라에 조선 후반기에 민화(民畵) 내지 속화(俗畵)의 일종으로 문자도(文字圖)라는 것이 널리 보급되었다(그림 6-22).[73] 19세기 초의 실학자인 이규경(李圭景)은 〈우리 나라 여염집의 병풍, 족자 그리고 벽에는 속화가 붙어 있다〉고 지적하고 있다. 주로 유교 윤리관에 입각하여 효제충신예의염치(孝悌忠信禮義廉恥)의 여덟 글자를 즐겨 써 붙였다. 따라서 좋은 의미에서의 법과 정의를 문자로까지 연결시키지는 못했지만 법이 지향하는 가치 내지 이념이 의(義) 내지 정의(正義)라고 한다면, 의(義)의 문자도를 분석해 보면 한국인의 정의에 관한 관념을 추정할 수 있을 것이다.

---

72) 안국선,『금수회의록』, 구인환 평설, 강환손 그림(우로출판, 1997). 흥미 있는 것은 이 〈개화기 소설〉의 내용인즉 일본의 안도 쇼에키(安藤昌益)의『法世物語』를 요약한 작품이라는 것이다. 안도 쇼에키의 이 작품은 영어로 번역되어 있기도 하다. Ando Shoeki, *Hosei Monogatari*, tr. by Jeffrey Hunter, *The Animal Court: A Politial Fable from Old Japan*(N.Y., 1992); 박규태,「安藤昌益의 상대주의 자유」, ≪종교와 문화≫ 제4호, 1998, 81-106쪽.
73) 자세히는 유홍준,『문자도』(대원사, 1993) ; 최종고,『법과 미술』(시공사, 1995), 82-84쪽.

그림 6-22 조선의 문자도

의(義) 자에는 보통 『삼국지(三國志)』의 〈도원결의(桃園結義)〉의 고사(故事)에서부터 한 쌍의 꿩이나 새가 그려지고, 전체는 건물의 형상으로 나타난다. 또 어떤 작품에는 해태인지 양인지 말인지 분간하기 어려운 짐승이 그려져 있다.

1960년대까지만 하더라도 이런 문자도가 성행하였는데, 이제「서편제」영화에나 남겨져 있을까 사라져 버린 것이 아쉽다. 오히려 중국이나 하와이에서는 길거리에서 이런 문자도를 그려 관광객에게 파는 모습을 볼 수 있다. 현대적으로 문자도를 재개발해 봄직하다고 생각된다.

(6) 오봉산일월도

　서울의 고궁 경복궁의 근정전에는 왕이 앉는 의자 뒤편에 「오봉산일월도(五峰山日月圖)」가 크게 그려져 있다. 다섯 봉우리와 해와 달 그리고 파도가 그려져 있는 이 그림은 「일월곤륜도(日月崑崙圖)」라 부르기도 하지만 「오봉산일월도」라 부르는 것이 옳다고 생각된다. 왜냐 하면 곤륜산은 동양의 옛 신화에 나오는 전설적 산으로 다섯 봉우리가 아니라 세 봉우리로 되어 있기 때문이다. 「오봉산일월도」는 다소 단순하고 형식적인 그림같이 보이지만 자세히 관찰하면 오묘한 정신 세계의 상징성이 깃들여 있다. 우선 오봉은 오악(五嶽) 신앙과 관계가 있다. 오악은 중국에서는 동의 태산(泰山), 서의 화산(火山), 남의 형산(形山), 북의 향산(香山), 중앙의 순산(巡山)을 가리켰다. 우리 나라에서는 금강산, 묘향산, 지리산, 백두산을 동서남북으로 하고 중앙에 삼각산을 대응시켰다. 오악 신앙은 천신(天神) 사상과도 관련되어 민족 신앙의 대상이요, 국가를 수호하는 상징적 지주였다. 또한 「오봉산일월도」는 도교 사상과도 관련이 있다. 오봉은 복(福) 자, 상(祥) 자, 길(吉) 자, 희(喜) 자, 모양의 부적에 대입해 길상과 행복의 주재자로 간주되기도 하였다. 「오봉산일월도」에 등장하고 있는 해와 달은 음양오행설과 관련지어 해석할 수 있다. 하늘의 도를 따르고 민심을 두루 살펴 백성이 편안하도록 나라를 다스리는 것이 왕의 도리임을 상징하였다. 해와 달에 부끄럽지 않은 임금, 혹은 해와 달과 같이 언제나 백성에게 빛을 비추는 존재로 상징되었다. 「오봉산일월도」의 파도는 산수복해(山壽福海)라는 동양 고대의 길상 관념과 관련이 있다. 바다의 파도, 즉 조(潮)는 조정의 조(朝)자와 발음이 같아서 조정(朝廷)을 상징하기도 하였다. 백관이 입는 관복의 흉배에 파도 문양을 수놓은 것도 이러한 이유에서이다. 결론적으로 말하면 「오봉산일월도」는 왕에게 향한 백성의 칭송과 국가의 융성을 기원하는 염원, 그리고 우주 질서

에 대한 외경심과 자연의 숭배 속에서 인간 질서와 왕의 권위를 조화시킨 그림이라 하겠다.[74]

(7) 북

북을 울림으로써 백성들의 억울함을 신원(伸寃)하는 제도는 원래 중국의 송나라에서 모방하여 1402년(태종 2년)에 대궐 앞에 북을 달아 세움으로써 시작되었다. 임금의 직속인 의금부(義禁府) 당직청(堂直廳)에서 이를 주관하여 북이 울리는 소리를 임금이 직접 듣고 북을 친 자의 억울한 사연을 처리하도록 하였다. 그러나 신문고를 울려 상소하는 데에는 제한이 있어서, 이서(吏胥)와 복예(僕隷)가 그의 상관이나 주인을 고발한다거나 품관·향리·백성 등이 관찰사나 수령를 고발하는 경우, 또는 타인을 매수하거나 사주하여 고발하게 하는 자는 오히려 벌을 주었다. 오직 종사(宗社)에 관계된 억울한 사정이나 목숨에 관계되는 범죄 혹은 누명 및 자기에게 관계된 억울함을 고발하는 자에 한하여 그 상소 내용을 접수하여 해결해 주었다. 그러나 이러한 제한 조건에도 불구하고 신문고에 의해 사건 해결의 신속성을 얻기 위하여 사소한 사건에까지도 이용하는 무질서한 현상을 초래하였는데, 이는 조선 초기에 관리들의 권력 남용으로 인한 일반 백성들의 고통을 단적으로 표시하는 것이었다. 그 후 신문고는 그 사용을 더욱 엄격히 제한하였는데 『속대전(續大典)』에 따르면 자기 자신에 관한 일, 부자지간에 관한 일, 적첩(嫡妾)에 관한 일, 양천(良賤)에 관한 일 등에 관하여만 사용하도록 하였다. 그러나 실제에 있어 신문고는 주로 서울의 관리들에게만 사용되었으며 본래의 취지와는 달리 일반 상민이나 노비 또는 지방에 거주하는 관민은 사용 빈도가 매우 낮았고 소용도

---

74) 허균, 앞의 책, 61-64쪽.

없게 되었다. 그 후 연산군 때에 이르러 오랫동안 이 제도가 폐지되었다가 1771년(영조 47)에 다시 부활시키고 병조에서 주관하게 하였다. 이처럼 조선 시대에 억울함을 신고하는 정의의 상징적 의미를 가진 신문고는 오늘날 법적 제도로서의 의미는 상실하였으나 청와대에 그 모조품을 달아 상징적 작용을 계속하고 있다. 각 신문이나 잡지에서도 〈신문고〉라는 난을 만들어 국민 생활의 억울한 사정을 보도하기도 한다.

(8) 지부상소(持斧上疏)

정의의 실현을 칼만이 아니라 도끼로도 상징했던 것은 서양에서도 없었던 것이 아니다. 뇌물을 받고 부정당한 재판을 하여 손을 도끼에 찍힌 불의의 재판관이 팔이 없는 모습으로 경고화(警告畵, Mahnbild)로 그려져 법정에 걸렸던 것은 위에서 보았다. 동양에서도 부정의에 대하여, 특히 왕의 부당한 권력 행사에 대하여 신하나 국민이 도끼를 등에 지고 궁궐 앞에서 상소를 하는 것이 정의로운 행동으로 비쳐졌다. 도끼는 원래 암행어사 제도에서 기원하며, 바른 것을 세우고 그릇된 것을 깨 부순다는 파사현정(破邪顯正)의 상징이었다.[75] 실제로 1905년 을사보호조약이 체결되자 당시 법부주사 안병찬(安秉贊)은 등에 도끼를 메고 궁궐에 들어가 오적(五賊)을 참(斬)할 것을 상소한 바 있다.[76] 그러나 다소 끔찍하게 여겨지는 도끼의 상징이 우리 나라에서 회화나 조각으로 조형화된 것은 볼 수 없다. 중국의 정의로운 재판관들이 법을 집행하는 데에는 도끼로 찍고 작두로 목을 베는 장면이 자주 나온다.[77]

---

75) 암행어사 제도에 관하여는 전봉덕,「암행어사 제도 연구」,『한국 법제사 연구』(서울대 출판부, 1968). 도끼의 상징에 관하여는 진 쿠퍼, 앞의 책, 24쪽.
76) 안병찬에 관하여는 최종고,『한국의 법률가상』(길안사, 1995), 213-224쪽.
77) 자세히는 Robert Van Gulik, *Celebrated Cases of Judge Dee (Dee Gooug An): An*

(9) 대법원의 법상징

우리 나라에서도 법상징이 중요하다는 사실을 현실적으로 깨닫게 된 것은 1995년 대법원의 서초동 이전에서 본격적으로 시작되었다고 할 수 있다. 원래 법원의 건축과 장식에는 법상징과 법미학의 특특한 역할이 필요한 것이지만, 우리 나라에서는 이때까지 이 방면에 별로 주목할 여유를 가져 보지 못하였다. 마침 근대 사법 100주년을 기념하는 해에 대법원까지 이전하기 때문에, 그 건축과 장식에 특별한 의미와 가치를 부여한다는 데에 의견이 일치되어 〈법원 건축 위원회〉와 함께 〈법원 조형물 건립 위원회〉가 구성되었다. 필자도 한 위원으로 참여하여 여러 차례 회의를 가졌는데, 15명으로 구성된 이 위원회는 한국 사법사상 최초로 법률가와 건축가, 화가, 조각가, 미술 평론가, 언론인이 공동 참여하는 담론의 장이 되었다.[78]

대법원 건물은 〈원 도시건축연구소〉에 의해 설계되었다. 다소 오피스텔 같다는 평도 있었지만 제한된 공간에 거대한 대법원 살림을 넣으려니 고층화될 수밖에 없었다는 설명이었고, 어쨌거나 이 건축은 대한민국 건축 대상을 수상하기도 하였다. 이 건축이 갖는 특징과 상징성에 관하여는 다행히 〈원 도시건축〉 대표 이사인 윤승중(尹承重) 건축가와 이범재 단국대 건축공학과 교수의 대담이 중요한 자료가 된다. 두 사람은 잡지사 ≪건축가≫의 주선으로 1996년 4월 24일 대법원 건축에 관하여 다음과 같이 대담하였다. 대법원 건축의 중요성과 그 의미를 정확히 알기 위해 그 대담의 전부를 전재해 본다.

이: 배치 계획에 있어 대칭을 이루게 된 점과 네 방향으로의 진입 위계를 동등하게 간주하신 걸로 아는데 계획상 상충되는 점이 있었을 것 같습

Authentic Eighteenth-Century Chinese Detective Novel(N.Y., 1976).
78) 최종고, 「법조미술론」, ≪시민과 변호사≫, 1996년 12월호, 139-146쪽.

니다.

윤: 계획 대지는 크게 보면 강북의 세종로에서부터 이어지는 주요 국가 기관이 배치되는 축이라고 볼 수도 있겠으나, 실제로 이 지역에 밀집된 각 사법 기관 건물군의 배열이 동서 방향으로 전개됨으로써 최고 사법부로서의 위상을 표현하기 위해 그 축을 의식하기에는 미흡했습니다. 현재로선 대지 전면 동서 방향의 도로가 반포로에 비해 정면의 상징성을 강화시켜 주기에는 미약할 뿐만 아니라 그것으로 인해 건물의 스케일에 맞는 전면 광장의 확보도 적절하지 못했습니다. 다만, 당초부터 네 개의 서로 다른 정면성을 갖도록 의도한 것은 〈대법원〉이라는 개념 안에 최고 재판 기능을 맡는 대법관과 법정, 그리고 사법부의 수뇌부, 또 사법 도서관 등이 중복되어 있음을 알 수 있습니다. 따라서 각각 중요한 의미를 갖는 이 기능들을 네 개의 정면성을 갖도록 접근시키고 중앙의 상징적인 메이저 스페이스인 대홀에서 만나도록 설정한 것입니다.

즉, 양측 날개에 사법부의 최고 기관인 행정처와 사법 도서관을 배치하고 검찰과 마주하여 법정동 그리고 중앙에 수직으로 최고 재판부를 위치시킨 것입니다. 테헤란로에 면한 남측 정면은 전체 〈대법원〉의 상징적인 정면이 되며 가장 중요한 것은 접근축이 됩니다. 그러나 현상 공모 당시 많은 안들은 대검찰청의 경우처럼 반포로 방향으로 주진입의 위계를 두거나 동서 가로 방향으로 주진입을 두는 방식의 위계를 양자택일하는 경우가 많았고, 어떤 경우는 교차로 방향에서 45도 방향으로 주진입의 위계를 두는 경우도 있었습니다. 이들 안들은 두 개 거리의 위계가 대등하다고 봐서 그런 해법도 가능하겠으나 주변의 각급 사법 기관들의 현재와 같은 배치 콘텍스트와 사법부 최고 기관으로서의 대법원의 위상을 고려하면 위의 두 가지 경우의 해석은 잘 맞지 않는다고 생각합니다. 물론 우리의 안도 나중에 반포로 방향의 진입을 강화하긴 했습니다만 그런 점에서 우리의 안이 비교될 수 있을 것입니다.

이: 대칭의 문제에 있어 그 상징성을 강화하는 과정에서 저층부 네 모서

리에 있는 환기 박스의 경우처럼 기능이 있기도 하고 같은 형태이긴 하나 기능이 없기도 하는 등의 표현이 나타났습니다.

윤: 요소에 대해서는 특별한 의미를 두지는 않았습니다만, 기법 면에서 전체적으로 선대칭과 점대칭에 의해 그 상징성을 건물의 성격과 결부시키는 과정에서 만들어진 것이라고 할 수 있습니다. 대칭의 의미는 두 가지로 설명될 수 있을 것입니다. 의미상으로는 형평성, 즉 〈밸런스〉라고 할 수 있겠지요. 이것은 또 시각적 대칭의 수법으로 다루어져야 한다고 생각합니다. 또 한 가지 〈대위〉의 의미를 갖고 있다고 할 수 있겠는데 이는 기능이나 의미상의 대칭이라고 할 수 있습니다. 이 건물의 경우 실제로 정확한 대칭은 아니고 굳이 말한다면 〈대칭적 비대칭성〉을 갖고 있다고 하겠습니다.

건물의 전체적인 대칭성은 3권 중의 하나인 사법부의 최상급 기관으로서의 권위와 격식이 대칭이 갖는 의미로 설명될 수 있다고 생각한 것이지요. 이 권위성과 상징성의 문제는 건축주인 대법원이 갖고 있는 건축적 이미지가 오히려 그리스의 아크로폴리스적인, 즉 높은 곳에 위치하기를 지침서를 통해 요구했고 그것을 따른 응모안들이 꽤 많았습니다. 그러나 우리 경우는 원래 언덕이었던 이 대지를 가능한 한 낮춰서 주변 지역과 연계함으로써 다운타운화하려는 생각이었으나, 대지의 지하 토질이 암반이어서 지금과 같은 상황으로 절충되었습니다.

이: 건축에서 취해야 할 권위의 표현과 상징성은 구별되어야 하지 않을까요?

윤: 일반적으로 관공서 건물이 시민에 대한 봉사 기관으로서 민주적이어야 함은 분명하지만, 기능적이기만 한 일반 사무소 건축과는 구별되는, 즉 당당하게 보여지는 격식이 필요하다고 생각됩니다. 이것은 문턱이 높다는 뜻이 아니라 다소 비일상적인 경험을 주는 장소가 되어야 한다는 뜻이지요. 특히 〈대법원〉의 경우는 이런 의미를 의도적으로 강조할 필요가 있었다고 생각합니다.

이: 건물을 답사하면서 1층 진입부 정면에 있는 실내화된 중정(中庭)이

개인적으로는 그 위치뿐만 아니라 스케일도 적절하고 이곳에서 다양한 형태를 유도할 수 있는 매우 좋은 공간이라고 생각했습니다만, 현재로서 상징성을 갖는 데만 그친 것 같은 아쉬움이 있습니다. 대법정 입구의 과장된 높이의 문이라든가, 대법정의 위엄과 입구성을 강조하기 위해 만들어진 벽의 레이어링이라든가 하는 것은 이 중정에서 예상할 수 있었던 형태에 비추어 봤을 때 격이 안 맞는 것이 아닌가 하는 생각이 듭니다.

윤: 우리도 역시 가장 비중을 둔 공간이었습니다. 다만 실시 설계 과정에서 원래 지금보다 1개 층 아래에 두었던 대법정과 그 앞에 중정을 두고 동서측의 레벨 차를 고려해 동서 방향의 진입 동선이 이 중정을 통해 집중 분산되는 활력 있는 공간으로 의도했습니다만, 현재와 같이 되면서 고대 서양의 신전이나 한국 전통 건축의 진입 과정처럼 대지로부터 점진적으로 상승되어 정점에 도달하고 다시 마지막 단계인 대법정으로 들어가도록 하는 긴장의 시퀀스를 부여한 것입니다. 어쨌든 설계가 진행되면서 당초 예상과는 달리 현재와 같이 비워진 공간이 되고 말았습니다.

이: 결과적으로 전면 진입이 강조된 형식이 되었는데, 아까 말씀하신 동등한 위계의 네 방향 진입을 통한 평등성의 구현과는 다소 거리가 멀어진 것 같은 아쉬움이 있습니다.

이: 대법원의 상징성과 권위를 표현하는 데 있어 의장적 요소가 갖는 의미는 무엇입니까? 예를 들면 코트에서 장식적 기둥이라든가 대법정 외관에 붙여진 기둥 저층부 측면의 과장된 기둥에 의한 회랑 처리 등의 의도에 대해 설명해 주시겠습니까?

윤: 굳이 상징과 권위를 대변하는 요소라기보다는 면과 매스의 스케일을 완화하고 동선의 유도 등을 위한 분절의 장치라고 말할 수 있습니다. 이 같은 분절의 장치는 실내 벽면, 천장 등 곳곳에 일관된 규칙을 가지고 다양한 방식으로 나타나도록 하였습니다.

이: 공공 건축이고 사법부 건물이라는 특성상 이해되기도 합니다만, 주요 부분의 실내 공간의 표현은 전체적인 건축적 의도와는 거리가 있는 것

같습니다.

윤: 변명이 되겠지만 국민의 세금이 바탕이 되는 국가 예산의 한계성 때문에 상대적으로 적은 예산으로 실행되어야 했고, 설계와 시공 과정에서 여러 당사자들과의 합의가 필요했으므로 당초의 많은 생각들이 실현되지 못한 부분들이 많았습니다. 다만, 우리로선 건축적 의도에서 지향한 비례라든가 분절이라든가 하는 질서와 규칙들이 건축주가 요구하는 사항들과 부합되도록 조정하는 것으로 만족해야 했습니다.

이: 특히 공공 건축의 설계에서 빈번히 나타나고 있는 최근의 현상으로 건축가들이 자의든 타의든 자기 목소리가 아닌 과장된 표현을 행하고 있는 것도 현실입니다.

윤: 이 건물의 현상 공모에서 제시된 안들이 어쩌면 공공 건축의 설계에서 1980년대 말의 건축가들의 고민을 함축하는 것일지도 모르겠습니다. 그것은 곧 개인의 표현 의지와 사회적 한계가 맞닥뜨리는 경계선상에 있었던 건축가들의 딜레마였다고나 할까요.

이: 주로 정방형 모듈을 천장, 바닥, 벽 등 세부에까지 적용하셨는데 정방형 모듈이 갖는 특별한 의미가 있는지 말씀해 주십시오.

윤: 정방형 모듈의 적용에는 두 가지 의미가 있습니다. 개인적으로 학창 시절부터 생각해 온 것인데 모든 공간을 지배하는 질서가 존재하고 그것을 조작하는 것이 건축이라고 생각해 왔습니다. 그 중 가장 기본적인 것이 그리드이고 큐빅입니다. 이것을 제 건축을 통해 표현해 온 것으로 보아, 저의 모듈에 대한 이 같은 기본 생각과 기호가 적용된 것이라고 할 수 있습니다. 또 한 가지 정방향이 엄격한 질서와 의미를 갖는 패턴이기 때문에 아까 말씀하신 시머트리와 상징성과도 잘 결부된다고 할 수 있겠습니다.

이: 석재를 외장에 사용하신 특별한 이유가 있는지요?

윤: 화강석을 사용하게 된 것은 우리 나라의 자재 사정과 국가 기관의 건축으로서 예산상 국산 화강석을 사용할 수밖에 없어 그렇게 된 것입니다. 화강석은 대형 건물에서 전체 외장재로 사용할 경우 너무 멋이 없는 성격

을 가질 소지가 있고 또 현재 우리 나라 건축물의 경우 거의 대부분 화강석을 많이 사용하고 있기도 한데, 화강석재를 현재와 같이 판재로 사용하면 멀리서 볼 때 돌이라는 느낌보다는 단순히 흰 벽으로 보여지기도 하는데 이 같은 단점을 보완하기 위해 부분적으로 혹두기 패턴을 사용하게 되었습니다. 예를 들면 창문 외곽에 텍스처를 둔다든지 띠를 돌린다든지 하는 것이 그것입니다. 텍스처를 바꿔서 두 가지 면을 갖도록 하였는데 당초의 의도와는 달리 혹두기가 너무 거칠어서 거친 면의 무게감이 지나쳤고 어떤 면에선 통속적이 되어 버린 것 같습니다.

이: 이 건물에서 보이는 중첩의 효과는 어떤 의도를 갖고 있습니까? 입구 부분이라든가 건물이 상층부로 갈수록 면과 매스가 중첩되게 보이는데 건축 어휘로 구체적인 의도를 설명해 주십시오.

윤: 타워에서의 중첩은 당초 의도한 것도 아니고 원래 콘셉트 중에도 없던 부분이었습니다. 그것은 원래 타워 부분에 수용되는 두 가지 주된 기능인 대법관들의 쿼터, 즉 집무실과 대법관을 지원하는 재판 연구관과 행정 사무 요원들의 거주 공간입니다. 이것을 다루는 방법은 보통 베이에서 모듈을 변화시켜 조정했습니다만 그 같은 방법은 제가 원치 않았고, 법원의 요구를 수용하는 과정에서 원래 안처럼 중심 부분을 오픈하는 등의 방법으로 소화할 수 있을 것으로 생각했는데, 그러한 요소들이 모두 사라져 버리고 결국 다양한 면적을 가져야 하는 단위 공간들을 조정, 깊이를 달리 하는 방향으로 함으로써 결과적으로 중첩이 이루어지게 되었습니다. 그리고 또 다른 중첩의 효과는 전면 정원과 엔트런스 사이, 그리고 후면의 가벽에서 상징성을 만들어 내는 모티프로 표현되고 있는데, 특히 전면 상징 마당의 경우는 원래 조경과 조화를 이루어 상징적인 내·외부의 관계를 모색했던 것이지만 그것이 이루어지지 않아 의미를 상실한 상태로 남아 있습니다.

이: 결국 현상 설계 당시 안과 지금의 안은 크게 차이가 없는 것으로 이해할 수 있겠습니다.

윤: 대지의 해석이나 전체 형식을 만들어 내는 원리는 큰 변함이 없으나

그것을 표현하는 단계에서는 많은 절충 등으로 인해 변한 부분이 많습니다. 건축을 건축가 개인의 건축 원리에 의한 성취로 보려는 관점에서는 이해되기 어렵겠지만, 우리 팀 내에서도 상당 부분 공동 작업을 이끌어 내고, 또 건축주와도 많은 부분 합의를 이룸으로써 결국 이 건물은 법률적 용어에 비유하면 전원 합의에 의해 이루어졌다고 말할 수 있겠습니다.

이: 결과적으로 이 작품이 처음 구상에서 변경된 데에는 법원과 대검찰청이 각자의 건축적인 권위를 경쟁하는 과정도 한몫 한 것으로 생각됩니다.

윤: 그렇지만 이 건축물 곳곳에 눈에 보이지 않게 반영되어 있는 건축의 질서와 규칙들은 잃지 않도록 했습니다. 건축 어휘 면에서 기하학적 질서나 비례 체계에 의한 분할 등을 통해 어휘들의 분절이 결국 통합의 단위로서의 역할을 잃지 않도록 한 것입니다. 다만 현상안 당시의 구상과 스케치를 통해서 기대했던 격식과 건축적 즐거움이 적절히 조화를 이루지 못한 것이 아쉽습니다. 이번 일을 하면서 대학 3학년 때인가요, 대법원 청사와 대법원장 공관 현상 공모가 있었을 때 1등 한 일이 기억납니다. 그때 생각했던 법과 평등에 대한 생각들, 그것을 나타내기 위한 건축적 개념과 디자인 어휘에 대해 회고되는군요.

이: 이 건축물을 보면 묘한 이중성을 느끼게 되는데 그것은 커다란 매스를 유지하면서도 건축가 자신이 생각하는 그 어떤 다른 부분을 표현하고자 한 점으로 이해됩니다.[79]

문제는 이러한 건물 주변에 어떠한 법상징의 예술 작품을 가시화할 것인가에 있었는데, 이를 위하여 구성된 〈법원 조형물 건립 위원회〉에서 무엇보다 상징 조각에 관하여 처음부터 의견이 다양하게 개진되었다. 서양에서는 칼과 저울을 든 유스티치아 여신상을 세운다는 사실은 다 알고 있었지만 우리의 건축 환경 속에 반드시 서양적 상징 조각을

---

79) 윤승중,『건축되는 도시, 도시같은 건축』(간향미디어, 1997), 305-315쪽.

그림 6-23 1995년에 건축한 새 대법원 청사

그대로 흉내내어 세울 필요가 있느냐는 강한 의문이 제기되었다. 이리하여 동양적 정의와 법상징의 대표인 해태상을 세우자는 의견도 제시되어 검토되었고 신문에 그렇게 보도까지 나간 일이 있었다. 그러나 현재 우리 나라에는 광화문의 해태 석상이 본래의 형태에서 변질된 모습으로 와전되어 행정부는 물론 여의도의 국회의사당과 경찰청 그리고 시·도 경계석과 심지어 어린이 놀이터, 결혼 예식장 앞에까지 난립되고 있기 때문에 아무리 사법부에 본래적 의미의 해태상을 세운다 하더라도 그 의미가 희석될 것이라는 필자의 설명이 받아들여졌다. 그리하여 결론은 동서양의 법과 정의의 상징에 관한 설명을 작가에게 제공만 하고 그 작품화는 작가의 이미지네이션에 전적으로 맡긴다는 데에 합의하였다. 정말 서양과 같은 추상같이 엄격한 정의의 여신상이 나올 것인지, 치마 저고리를 입은 토착화된 여인상이 나올 것인지, 광화문 석상과는 달리 외뿔을 가진 해태상이 등장할 것인지 실로 궁금하면서도 자문 위원회의 역할은 거기서 그쳐야 했다.

그림 6-24 엄태정 작,「법과 정의의 상」

이러한 과정을 거쳐 지명 공모에 의해 세 작가의 작품이 모형으로 제출되었는데, 정면 정원에 세울 상징 조각품은 결국 서울대 미대 엄태정(嚴泰丁) 교수의 작품「법과 정의의 상」이 선정되었다(그림 6-24). 청동으로 제작된 700cm 높이의 추상 조각 작품인데, 1995년 10월 30일에 거행된 제막식에서 배부된 작품 설명서에 따르면 이 작품은 다음과 같은 의미를 가진다.

두 개의 원을 십자(十字)로 교착시키되 외곽의 원은 뒷부분 상단 약 4분의 1을 제거하여 수직으로 세우고 그 내부에 반원을 수평으로 가로로 놓은 형상이며, 평면상의 구조는 좌우상하 대칭으로 사방에서 안쪽 중심부로 집중하는 형태이다. 외곽 원의 수직 상승 구조는 한국적 법과 정의의 상징인 해태의 꼬리를 주된 조형 요소로 도입한 것으로서 법의 엄격성과 존엄성을 나타내고, 내부 반원의 수평 구조는 저울을 조형화한 것으로서 법의 형평성 및 사랑과 보호를 표현한 것이다. 이 점에 있어 대법원의 상징 조형

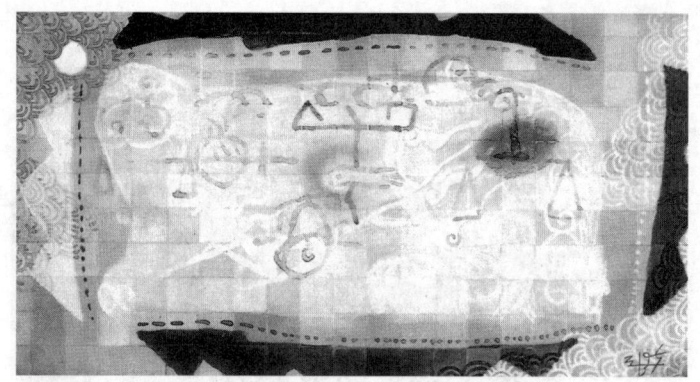

그림 6-25 이종상 작, 「원형상 95」

물은 시비곡직과 선악을 구별한다는 해태의 형상과 저울을 조형화한 셈이다. 이 작품은 둥근 원의 조형적 공간 구조를 기본으로 하고 청동(브론즈)을 재질로 사용함으로써 박스 형의 대형 석조물인 대법원 청사와 완벽한 조화를 이루며, 이와 같은 조형물의 설치로 근대 사법 100년의 기념비적 건물이자 통일에 대비한 신청사의 상징성과 예술성이 더욱 높아질 것으로 기대된다.[80]

현관 정문으로 들어서면 로비에 좌우로 높이 동유 벽화가 한 쌍 보이는데, 이 작품은 서울대 미대 이종상(李鍾祥) 교수의 「원형상(源形像) 9501-평등, 9502-정의」이다(그림 6-25). 동판 위에 유채로 특수 처리하여 그린 모자이크화에 가까운 이 작품은 작가의 명성에 어울리는 독특한 동양화의 기법을 풍부히 드러내 주고 있다. 작품 설명서에 따르면 다음과 같다.

---

[80] 대법원에서 제공한 자료에 기초하여 최종고, 「법조미술론」, ≪시민과 변호사≫, 1996년 12월호, 139-146쪽.

미완(未完)의 미를 내면적 가능성의 절대미(絶對美)로 파악하여, 가시적 외연이 아니라 모든 사물의 외화(外華)를 갖추기 이전의 기운(氣運)이 생동(生動)하는 근원 형상(根源形象) 형태로 조형화함으로써 작품의 절대 순수 예술성을 표현하고 있다.

동쪽은 여명, 해돋이, 희망, 설계, 꿈, 인(仁)을 상징하며, 학문이 일어나는 것과 춘매화(春梅花)를 표상한다. 예로부터 청색으로 표현되었고 권위를 상징하는 용으로 수호신을 삼아 왔다. 작품에는 한국의 오방색(五方色), 오방위(五方位)의 조형 사상으로 통일된 국토를, 그리고 중앙에 청해치를 포치하여 『이물지(異物志)』에 기록된 정의를 암시하고 있다. 동서 고금에 전하는 바로는 유니콘과 관련된 정의의 상징성도 작품 속에 용해되어 있다. 법을 상징했던 청룡 등이 여러 동서의 정의 표징들과 함께 원형상 작품에 자연스럽게 용해되어 조화를 이루고 있다.

서벽에는 백색이 정의를 상징하므로 서문이 돈의문(敦義門)으로 명명된다. 추수하는 농심은 가을을 상징하는 서방(西方)을 보며 심판을 받을 준비를 한다. 백색은 의(義)요 심판이다(경복궁을 중심으로 법원이나 형무소 등이 모두 서쪽에 위치함은 우연한 일이 아닐 것이다). 서방은 금속성이다. 무기과 칼을 상징한다. 심판하는 의로운 단죄의 칼을 상징한다. 한국인들은 농경 문화 속에서 해지는 서녘을 보며 하루를 심판했고 가을을 맞으며 추곡의 심판을 기다렸다. 백호(白虎)로 수호되는 서방은 정의로운 심판의 표징이다. 동벽과 유사성을 갖는 외곽의 통일된 국토 개념 속에 백색의 해치(해태)를 상징적으로 용해시키고, 물그릇 위에 칼, 저울, 심판 등을 원형상의 기(氣)로 조형화하였다.[81]

한국화의 유명 작가가 법과 정의의 상징을 이처럼 토착화하여 작품

---

81) 같은 책, 143쪽.

그림 6-26 박충흠 작, 「자유, 평등, 정의」

으로 처리한 것은 매우 뜻깊은 일이요 귀한 작품이라 하겠다. 위의 일본 최고재판소의 일월도(日月圖)의 의미와 비교해 볼 때 많은 것을 생각하게 한다.

대법원 건물의 제1층에는 대법정이 있는데 이 입구에는 대형 청동 부조 작품이 설치되어 있다. 가로 800cm, 세로 340cm인 이 대형 작품은 이화여대 미대 박충흠(朴忠欽) 교수의 「자유, 평등, 정의」이다(그림 6-26). 중앙에 정의의 여신이 한국의 전통적 선녀상을 하고 법전과 저울을 들고 서 있는 인상적인 작품이다. 작가 스스로 설명서를 통하여 다음과 같이 말하고 있다.

군중 속의 정의의 여신상을 주제로 하여 부조의 형식으로 표현되어 있다. 법과 정의는 인간의 삶과 불가분의 관계를 갖고 있으므로 모든 사람과 좀더 친숙하고 가까운 관계 속에서 자유, 평등, 정의가 구현되어야 함을 나타내고 있다.

중앙의 정의의 여신상은 고전적인 전통 의상을 입고 법전과 저울을 들고 있는 온화한 모습으로 표현되어 있으며, 위의 하늘 부분에는 상징적인 비천녀(飛天女)들이 칼과 법전을 들고 있다.
　어린아이들과 해태가 옹위하고 있는 정의의 여신을 중심으로 왼쪽 부분은 자유와 평등을 희구하는 군상으로, 오른쪽 부분은 정의가 실현된 군상으로 각각 표현되어 있어 전체적으로 안정감 있는 대칭 구도를 갖고 있다.[82]

　필자는 법과 정의의 상징물에 대하여 서양의 유스티치아 여신상과 해태상 등 여러 모티프를 생각하여 왔으나, 예술가의 상상력은 상상을 초월하여 발달될 수 있다는 사실을 이 작품을 통하여 실감하였다. 우리 나라에서도 법과 정의에 관한 이 정도의 대규모 부조물이 설립될 수 있었다는 것은 하나의 큰 수확이라 하겠다. 선녀 같은 정의의 여신 옆에 앉아 있는 해태상은 광화문의 해태상과는 느낌이 다른 형상을 하고 있어 뜻 깊고 참신한 느낌이 들기도 한다. 다만 해태가 너무 사자 모양에 가깝고 외뿔이 보이지 않는 것은 아쉽다고 하겠다.
　대법정에 들어가는 정문 위에 4각 공간을 만들어 정의의 여신상을 올려놓았다. 이 여신상 역시 박충흠 교수에 의해 제작되었는데 작품 설명서에는 다음과 같이 기록되어 있다.

　법과 정의를 상징하는 정의의 여신상은 본래 서구적인 개념의 상징적인 여신상이지만, 이것을 한국인의 모습을 한 한국적인 정의의 여신상으로 형상화하고자 하였다. 인체의 표현에 있어서 얼굴의 모습은 전형적인 한국 여인의 고운 자태가 엿보이도록 하고, 의상 역시 우리 고유의 전통적인 의복으로 처리하였으며, 한쪽 손에는 저울을 높이 들고 있고 또 한 손에는 칼

---

82) 같은 책, 144쪽.

대신 법전을 들고 앉아 있는 좌상으로 구상하였다. 법전 역시 서구적인 책의 모양이 아니라 고서의 형태로 처리하고자 하였다.[83]

이 작품도 독특하게 토착화된 명품이라 할 수 있으나 다만 그 위치가 너무 높아 가까이서 작품을 느끼고 감상할 수 없다는 단점을 갖고 있다.

건물의 동쪽 원형 광장에는 스텐레스스틸로 만들어진 추상 조각 작품이 우뚝 서 있는데, 이것은 근년에 작고한 조각가 문신(文信, 1923-1995)의 「화(和)-95」란 작품이다(그림 6-27). 이 작품은 그의 생의 마지막 걸작으로 더욱 유명하게 되었다. 높이 550cm에 이르는 대형 추상

그림 6-27 문신 작, 「화(和)-95」

---

83) 대법원에서 제공한 해설 자료.

조각품을 얼핏 보면 그 뜻을 이해하기 어려울 것 같지만 대법원에서 발간한 설명서에는 다음과 같이 씌어져 있다.

　이 작품은 조형상에 있어 어디까지나 추상 작품의 세계에 속한다. 균형의 유지와 역학적 안정감을 자아내는 〈대칭의 양식〉이 바로 이 작가의 특징이다. 하나의 축을 중심으로 좌우에 같은 형체의 배경 조성은 자연 세계의 엄연한 질서와 화합을 나타내고 있다.
　스텐레스스틸을 거울같이 마광을 한 작품 표면에는 주위의 사물이 모두 비추어지게 되므로 그 움직임과 채색의 변화를 여실히 볼 수 있는 것도 이 작품의 특징 중의 하나이다.
　특기할 것은, 이 작품은 세계적으로 이름을 날린 작가가 제작을 거의 마친 단계에서 유명을 달리함으로써 작가의 가장 최후의 작품이 되었으며, 그로 인하여 작가를 논함에 있어 빠뜨릴 수 없는 작품이 되었다는 것이다.[84]

　필자는 제막식에 참석하여 중요한 사실을 알게 되었다. 작가를 대신하여 참석한 미망인은 인사를 통해 〈이 작품은 남편의 최고 절정기에 이루어진 작품〉이라고 설명하면서 〈작가는 이것이 바로 해태상〉이라고 거듭 말하였다고 증언하였다. 설명을 듣고 작품을 쳐다보니 가운데 뿔이 나 있는 형상으로 해태를 추상화한 작품같이 느껴졌다. 그렇다면 이 작품은 동양적 정의의 상징인 해태를 초현대적 조각 예술로 형상화한 한국 최초이자 세계 유일의 작품이 아닐까 생각된다.
　이렇게 대법원의 건축은 유수한 작가들의 작품이 설치되는 중요한 계기를 이루게 되었다. 가장 큰 특징은 회화이든 조각이든 서양적인 것이 아니라 우리의 전통적인 법과 정의의 상징을 작품화하였다는 사실이다. 그 중에서도 해태의 모티프가 크게 작용하였다는 것이 공통적

---

84) 대법원에서 제공한 해설 자료.

이다.

이 밖에도 대법원에는 유수한 국내 작가들에게서 기증받은 미술품들이 조각, 회화, 서예 등 71점에 이르도록 풍부하게 소장되어 있다. 김병로(金炳魯) 초대 대법원장의 흉상(胸像)도 서 있다. 그러나 위에서 설명한 대표적 몇 작품 외에는 법과 정의를 주제로 한 것은 없고 일반 미술품으로서의 장식에 지나지 않는다. 그렇지만 대법원이 이만큼 풍부한 예술품을 소장하고 있다면 그 속에 상주하는 법관들과 직원만 감상할 것이 아니라 최소한 도록(圖錄)을 만들어 일반인들에게도 알리는 것이 좋을 것이다. 그리고 〈법원 자료 전시실〉이 만들어져 김병로 초대 대법원장과 김홍섭(金洪燮) 판사의 법복 및 각종 자료를 전시하고 있는 것은 진일보한 일이다. 그러나 공간이 너무 협소하고 미학적 면에서 좀더 입체성을 살리지 못한 점이 아쉽다.

(10) 서울대 법대의 법학 도서관과 「정의의 종」

한국에서 유일한 법학 전문 도서관인 서울대학교에 세워진 국산 법학 도서관이다. 1983년에 세워진 이 도서관의 정면에는 홍익대학교 교수인 조각가 전뢰진(田雷震)의 정의의 여신상이 부조로 새겨져 있다. 서양에서 보는 정의의 여신상의 표준형으로 양손에 저울과 칼을 들고 눈을 안대로 가리고 있다. 그 옆에는 아기 천사와 같은 두 동자(童子)가 종려나무 가지를 들고 환영하는 모습을 새겨 놓고 있다. 정식 조각이 아니고 부조이며 다소 크기가 작지만 매우 사랑스런 작품이라 하겠다(그림 6-28).

사법부에서 법과 정의의 상징물에 관한 관심이 고조되던 1995년 같은 해에 한국 법학계는 근대 법학 교육의 출발 1세기를 기념하게 되었다. 이러한 일환으로 서울대학교 법과 대학에서는 〈근대 법학 교육 100주년 기념관〉을 동창회의 지원으로 건축하고, 그 정원에 법과 정의

그림 6-28 서울대 법대의 법학 도서관 위에 새겨진 정의의 여신상

를 상징하는 조형물을 세우기로 하였다. 동창회에서는 미술 대학, 공과 대학의 전문가들과 협의하여 여러 조형물 가운데「정의의 종」을 주조하기로 합의하였다. 기념관 건축 공사의 지연으로 이듬해인 1996년 10월에 개관식과 함께 건립한「정의의 종」은 다음과 같은 형태와 의미를 다룬 상징 조형물이 되었다.

우선「정의의 종」은 한국의 고유한 전통 종을 기본 모델로 하였다. 실은 법대 강의동 옆에 1957년에 동창회에서 기증한「정의의 종」이 서 있었으나 그것은 서양의 종 모양을 한 것이다. 알려진 대로 미국 필라델피아에「자유의 종」은 있지만「정의의 종」은 그렇게 흔한 것은 아니다. 전설에 의하면 서양에서 혹독한 주인의 등쌀에 집을 나온 말이 성문에 걸려 있는 덩굴을 뜯어먹기 위해 입으로 잡아당겼는데 그 바람에 그 위에 걸려 있는 종이 울려 사람들이 알게 되어 주인을 책망하게 된 데서 그 종을 〈정의의 종〉으로 불렀다 한다. 이러한 얘기는 전설이나 어린이 동화에 지나지 않고, 사실 종면(鍾面)에 칼과 저울을 든 정의의 여신 유스티치아를 새긴 작품은 독일의 프랑크푸르트에서 볼 수 있다. 1702년 요한 바르텔스 Johann Georg Barthels에 의해 제작된 이 종은 현재 프랑크푸르트 역사 박물관에 소장되어 있다.[85]

어쨌든 서양의 종이 우리 것보다 아랫면이 넓고 종추(鍾紐)를 좌우로 치면 땡땡 소리가 직선적으로 울리는 데 반해, 동양의 종, 특히 한국의 종은 둥그스럼한 원형으로 밖에서 치면 그 울림이 안으로 땅에 진동하여 다시 위의 구멍으로 빠져나가 오래 울리는 것이 특징이다. 경주의 에밀레 종에 얽힌 사연은 일견 정의의 상징보다는 비련과 신앙의 상징으로 느끼게 한다.

서울대 법대에 세운 「정의의 종」은 기본적으로 한국의 전통 종의 모델을 택했다는 점에서 정의의 토착화를 시도한 작품이라 해석된다. 서울대학교 미술 대학 최만린(崔滿麟) 교수에 의해 디자인되었는데, 이러한 모티프의 구상에는 서울대 법대 동창회 부회장 이상혁(李相赫) 변호사와 필자의 의견이 많이 반영된 것으로 안다. 종 고리는 전통 종의 종뉴(鍾紐)를 그대로 살리고 음통의 외부 장식은 비교적 단순하게 처리하였다. 종문(鍾紋)은 한 마리의 용이 곧은 정신의 상징인 대나무를 등에 짊어지고 있는 모습으로 힘찬 기상의 장면을 동적으로 표현하였다. 상대(上台)는 하늘을 상징하는 구름과 서울대학교의 교조(校鳥)인 학(鶴)을 도안하였다. 모두 다섯 마리의 학이 하늘을 날고 있는 모습인데, 제각기 날개 모습을 다르게 표현하였고, 사이사이로 잔잔한 구름을 전통적인 회화 양식으로 장식하였다. 좌우 면에는 전통적인 구름 당초문(唐草紋)을 현대적인 미감각에 어울리도록 각색하여 장식하였다. 법과 정의의 강직함을 상징하고자 굵은 선을 이용하여 힘찬 운동감을 강조하였고, 변화무쌍한 구름의 다양성을 표현하면서도 복잡함을 피하려고 노력하였다. 유각(流脚)은 공평을 상징하는 저울과 칼을 모티프로 하여 전통적 당초 문양식으로 도안하였다. 하부의 횡대 중앙에

---

85) 최종고, 『정의의 상을 찾아서』(서울대출판부, 1994).

는 받침저울을 당초 문양식으로 도안하여 배치하였고, 양쪽 종대(鍾台)에는 역시 손고리형 저울을 우리의 전통적인 영락(永樂) 장식 문양을 이용하여 도안하였다. 또한 유곽(流郭) 하부의 양 모서리에는 정의의 심판을 상징하는 칼을 중심으로 양쪽에 당초 무늬를 배치하였다. 유두(流頭)는 법을 상징하는 정방형과 달인(達人)을 상징하는 원을 이용하여 반 돌출형으로 도안하였다. 전면 당좌에는 유두와 만찬가지로 원과 정방형을 이용하여 도안하였다. 큰 원을 당좌(唐座)의 외곽선으로 이용하여 그 안에 정사각형을 배치하고 그 안에 또 하나의 중심원을 배치시켰다. 그리고 중심원 속의 공간은 소리의 영향을 감안하여 무문(無紋)으로 처리하였고, 원과 사각의 모서리가 만나서 생겨나는 공간 속에는 저울과 칼을 모티프로 하는 당초문을 도안하여 장식하였다.

후면 당좌에는 서울대학교 교표를 당좌의 크기에 맞추어 이용하였는데, 그 안에는 서울대 법대의 전신인 법관양성소가 설립된 1895년과 100년 후인 1995년의 연도를 박아 넣었다. 종복(鍾服)의 면에는 정의를 상징하는 해태상을 새겼다. 조선조 사헌부의 흉배로 장식되었던 해태상을 원본으로 삼았는데, 필자가 원래 해태는 외뿔을 가진 신수(神獸)이기 때문에 광화문의 석상과는 달라야 한다고 강력히 주장하여 외뿔을 선명하게 박아 넣었다. 구름을 타고 비천하는 해태의 모습으로 우리의 전통적 구름 무늬를 현대적 미감각에 어울리도록 도안하였다. 이로써 사라진 해태의 뿔이 오랫만에 복원된 것이다. 하대(下台)에는 법학 교육의 뿌리가 모태되었던 인왕산과 북악산, 그리고 서울대학교가 처음으로 자리하였던 동숭동의 낙산(駱山)과 오늘날의 관악산의 모습을 그려 넣었다. 종면의 전면에는 큰 글씨로 〈정의의 종〉이라고 새겼고, 후면에는 〈법대백년 백세정의(法大百年 百世正義)〉라고 새겼는데, 이 글씨는 서울대 법대 박병호(朴秉濠) 교수가 쓴 것이다. 이처럼 정의의 상징으로 전통적인 종의 모티프로 여러 요소들을 종합하여 조형한 것이 특징이다. 얼핏 보면 전통 종의 모습으로 무미한 듯 보이기도 하고 자세히 볼수록 용과 해태가 동시에 조형되어 약간 조잡한 느낌도 갖게 하지만, 법학 교육 1세기를 기념하여 여러 심사숙고를 통하여 이루어진 상징 조형물이라는 점에서 뜻 깊은 작품이라 하겠다.[86]

(11) 대한변호사협회 회관의 「법의 여신상」

광화문 세종문화회관 뒤 대한변호사협회 회관의 정문에는 「법의 여신」이라는 이름의 조형물이 서 있는데, 강원대학교의 조각가 신석필

그림 6-29 신석필 작, 「법의 여신」

---

86) 이영배, 「서울대학교 법과대학 근대 법학교육 100주년 기념 종에 관한 연구」 (1996) 참조.

(申石弼) 교수의 작품이다(그림 6-29). 이 작품은 서양의 정의의 여신상과는 상당히 느낌이 다르게 오른손에 저울을 등불처럼 쳐들고 있고 왼손으로 큰 칼을 지팡이처럼 앞에 내려 짚고 있으며 두 눈을 지긋이 감은 채 명상에 잠긴 듯 서 있는 여성상이다. 머리에는 왕관이라기보다는 부처의 두상을 연상케 하는 관을 쓰고 있어 전체적으로 추상 같은 정의의 여신상이라기보다 수심에 잠긴, 혹은 자비심에 겨운 보살상과 같은 느낌을 준다.

(12) 헌법재판소의 「헌법의 수호자상」

안국동의 헌법재판소는 건물부터 중후한 석조 장식으로 지어졌는데, 그 중앙 로비에 「헌법의 수호자」란 조각상이 서 있다(그림 6-30). 서

그림 6-30 최의순 작,「헌법의 수호자」

울대학교 미술 대학의 최의순(崔義順) 교수의 작품으로, 얼핏 보면 서양인의 느낌을 주는 인물이 헌법 텍스트를 쥐고 하늘 쪽을 향해 쳐다보고 있는 형상이다. 작가는 원래 〈헌법의 수호자〉라고 제목을 붙이지 않고 창작했다고 하는데, 어쨌든 한국에서 헌법의 모티프를 형상화하는 최초의 작품으로 뜻 깊다 하겠다.

(13) 사법연수원의 「정의의 여신상」

서초동 사법연수원의 입구 로비에는 1995년 홍익대학교 이현우(李賢雨) 교수의 정의의 여신상이 건립되어 있다. 이 작품은 목조로 된 칼과 저울을 든 정의의 상인데, 한국적 이미지를 살리기 위하여 치마 저고리는 아니지만 상당히 한국미가 느껴지는 처녀상으로 제작되었다. 전체적으로 아담하면서도 진지한 느낌을 주는 작품이다.

(14) 대검찰청의 해태상

1999년 최근에 대검찰청 로비에 법과 정의를 상징하는 조형물로 해태상을 해 세웠다. 작가는 밝히지 않았으나 이 해태의 모양은 산양보다는 소와 염소를 연상시키는 쪽에 가깝다. 어쨌든 중국의 고요(皐陶)가 재판할 때 해태를 사용했다는 옛 그림을 음각(陰刻)하여 동양적 의미의 법과 정의의 이미지를 강하게 살린 작품이다. 여기에서 해태는 외뿔을 완연히 보여 주고 있다.[87]

이상에서 설명한 〈정의의 상〉 외에도 한국 가정법률상담소 등 몇

---

87) 원래 이 작품은 검찰청 1층 한쪽 구석에 있었는데, 뿔이 청사 안쪽을 향하고 있어 1999년이 검찰 수난의 해가 되었다고 하여 2000년 초에 로비 한가운데로 옮겨 놓았다(e-mali 한겨레, 2000년 8월 15일자).

군데에 정의의 상 조형물이 있으나 자세히 설명할 수 없다. 결론적으로 말하자면 한국의 정의의 상들은 상당히 한국적으로 토착화된 작품들이 대부분이다. 따라서 오히려 서양에서와 같은 표준적(?) 유스티치아 상을 찾아보기는 어렵다. 한때 여류작가 송우혜 씨의 법률소설 『저울과 칼』을 TV 드라마로 방영하였는데, 눈을 가리고 저울과 칼을 들고 있는 정의의 조각상을 찾기가 어려워 적당히(재빨리 지나가도록) 처리한 일이 있었다. 한국에도 어디엔가는 표준이 될 만한 유스티치아 상도 하나쯤 있을 필요가 있다고 생각된다. 그리고 한국적으로 토착화한 작품도 더 심오한 성찰을 통하여 작품화하였으면 한다.

제 7 장 사법상징과 국가상징

　국가와 법은 같은 실체의 다른 측면이라고 설명한 법학자 한스 켈젠 Hans Kelsen의 표현을 빌리지 않더라도, 국가의 작용은 대부분 법을 통하여 이루어지고 있다. 그래서 법상징에서 중요한 부분을 차지하는 것은 국가상징 내지 권력상징 혹은 정치상징이라고 할 수 있다. 일반적으로 국가상징으로 중요시되는 것은 국기(國旗), 국가(國歌), 국화(國花), 국장(國章), 국조(國鳥) 등이다. 이에 관하여 하나하나 연구하려면 또 하나의 방대한 실증적 연구가 필요할 것이나, 여기서는 국가상징 중에서 가장 중요시되는 국기에 관하여만 고찰하기로 한다. 이에 관하여는 정부에도 행정자치부 산하에 〈국가상징물위원회〉가 있어 신중한 연구를 진행하고 있다. 특히 우리 나라는 남북 통일을 지향하면서 앞으로 국기를 포함한 국가상징에 관한 문제가 크게 부각될 것이다.[1]

---

1) 우리 나라 국기에 관한 연구로는 이선근,「우리 국기 제정의 유래와 그 의의」,『국사상의 제문제』2집(국사편찬위원회, 1959) ; 유승국,「태극기의 원리와 민족의 이상」, ≪정신문화연구≫ 1983년 여름호 ; 최창동,「우리 나라의 상징에 관한 소

1 세계 각국의 국기

여러 형태의 깃발 중에서도 국기는 단순히 채색된 천 조각 이상으로 그 국가의 이상(理想), 대의(大義) 또는 목적을 나타내는 상징이다. 그것을 어떻게 사용하느냐에 따라 국민들에게 기쁨과 슬픔, 용기와 희망을 불러일으킬 수 있다. 세계의 각국은 저마다 국기를 가지고 자주 독립의 주권과 국민적 통합 및 민족 정신을 나타내고 있다. 국기가 주권 내지 국가 이념의 상징성을 지니고 있다는 점에서 그것은 헌법적 사항이라고 할 수 있다. 프랑스, 러시아, 중화민국, 이탈리아, 독일, 북한 등 상당수의 국가에서 국기를 헌법에 명문적으로 규정하고 있다. 세계에는 역사적으로 또는 지리적으로 연관되어 있는 국가들이 있기 때문에 국기들도 도안상으로 계보나 유사성을 갖는 경우도 있다. 각국의 국기를 유형별로 분류해 보면 다음과 같다.[2]

(1) 십자기

십자가기의 기원은 제3회 십자군(1189-1192)에 종군한 유럽의 기사단이 적군인 사라센군과 구별하기 위하여 기를 사용하기 시작한 데서 비롯되었다. 당시 투구에 가려진 얼굴을 알아볼 수 있게 하기 위하여 성 요한 기사단은 붉은색 방패에 흰색 십자를 썼던 것이다. 또한 1259년 로마 교황의 교서 encyclica는 이 십자가 도안이 그려진 상의를 착용할 것을 명하였고, 그 후 원정이 끝나고 각자의 나라로 돌아간 후에도

고: 국기에 관한 법 규정을 중심으로」,『동서양의 법철학과 사회철학』, 서돈각박사 고희기념논총(법문사, 1990).
[2] 자세히는 손도심,『세계의 국기』(재조출판사, 1965); Maymie R. Rathe, W*hat So proudly We Hail*(N. Y. 1968); Peter M. Mäder, *Fahnen und ihre Symbole*(Zürich, 1993).

그들의 십자가는 그들 나라의 표지로 남게 되었다. 1219년 덴마크에서는 붉은 바탕에 흰 십자를 넣은 기를 사용했고, 1339년에는 스위스의 국기에도 십자 모양이 나타났다. 또한 프랑스의 루이 11세도 붉은 바탕의 흰 십자를 넣은 기를 사용하였다. 오늘날에는 주로 북유럽 국가들의 국기에 십자가를 그린 것이 많은데, 이들 나라들은 역사적, 지리적 결연이 깊고 종교적으로는 같은 그리스도교 국가들이다. 구체적으로 예를 들면 영국, 스웨덴, 노르웨이, 핀란드, 아이슬란드, 덴마크, 스위스, 그리스 등의 국기가 그것이다.[3]

(2) 태양기

태양을 국기에 사용하는 나라는 주로 아시아 국가라고 할 수 있다. 중화민국의 〈청천백일기(靑天白日旗)〉와 일본의 〈일장기(日章旗)〉 외에도 필리핀, 네팔 국기가 있고, 아시아는 아니지만 남미의 아르헨티나와 우루과이에서도 국기에 태양(5월의 태양, 혁명의 상징)을 쓰고 있다.[4]

(3) 초생달기

국기에 초생달과 별이 사용되는 경우는 주로 이슬람 국가들에서 볼 수 있다. 색채에서도 회교도에게 성스러운 색이라고 여겨지는 초록색이 쓰이고 있는데, 터키, 파키스탄, 리비아, 튀니지, 알제리, 모리타니 등이 그러하다.

---

3) Peter M. Mäder, 앞의 책, 6-9쪽.
4) 손도심, 앞의 책, 2-4쪽. 일본에서는 최근 日章旗의 國旗 制定에 대하여 논란이 있다. 자세히는 歷史敎育者協議會 編,『日の丸君が代50問50答』, 大月書店, 1999.

(4) 성조기

이것은 별과 줄을 함께 사용하는 국기인데, 미합중국의 성조기(星條旗, Stars & Stripes)를 대표적인 것으로 하여 영국과 역사적으로 관련이 있는 나라가 여기에 해당된다. 라이베리아, 쿠바, 칠레, 토고, 말레이시아, 수리남, 푸에르토리코 등이 있다. 특히 라이베리아 기는 미국의 것과 비슷한데, 이것은 라이베리아 독립에 지도적 역할을 한 것이 미국에서 해방된 노예였고 라이베리아 건국에 많은 원조를 한 사람이 미국의 먼로 대통령이었기 때문에 미국과의 우호를 기념하여 성조기와 흡사하게 도안한 것이다.[5]

(5) 삼색기

삼색기(三色旗)는 프랑스 국기의 별칭이기도 하다. 프랑스의 〈삼색기 Tricolor〉는 절대 군주제를 근대 국민 주권제로 전환시킨 프랑스 혁명(1789) 당시에 사용된 혁명군의 군기(軍旗)에 바탕을 둔 것으로서 혁명의 상징으로 생각되고 있다. 세계의 국기 중에는 세로 또는 가로의 삼색기를 합치면 삼색기의 도안이 가장 많다고 할 수 있다. 세로로 된 삼색기로는 벨기에, 이탈리아, 아일랜드, 프랑스, 기니, 나이지리아, 말리, 차드, 코트디부아르 등이 있고, 가로로 된 삼색기는 헝가리, 독일, 네덜란드, 가봉, 말라위, 시에라리온, 룩셈부르크, 감비아, 에티오피아 등이 있다.[6]

---

5) Maymie R. Rathe, 앞의 책, 1-3쪽.
6) Perter M. Mäder, 앞의 책, 6-9쪽 ; Lothar Gall, *Die Germania als Symbol nationaler Identitätim 19 und 20 Jahrhundert*(Göttingen, 1993).

(6) 적성기(적기)

 이것은 사회주의 공화국 또는 인민 공화국이라는 명칭이 붙은 나라인 사회주의 국가의 국기에 많이 사용되는 유형이다. 적기(赤旗)는 처음부터 공산주의의 것은 아니었고, 오히려 프랑스 혁명 때는 혁명을 방지하기 위한 계엄령 시행에 사용되었다. 그런데 소련이 이 적성기를 제정하고 나서부터 제2차 세계 대전 이후 사회주의 국가가 된 나라에서 다투어서 적색기를 채택하였다. 이들은 적색 바탕에 노랑색 별 또는 빨강 별 혹은 노랑색의 테를 두른 붉은 별을 사용하고 있는 것이 공통된 특징이다. 이런 종류의 국기를 사용하는 나라에 구 소련, 중국, 구 유고슬라비아, 알바니아, 베트남, 베냉, 앙골라, 콩고, 예멘, 모잠비크, 북한 등이 있다.[7]

 이상에서 각국의 국기를 도안의 형태별로 분류해 보았는데, 이것을 크게 동양 문화권과 서양 문화권, 자유 진영과 공산 진영으로 대별하여 볼 수 있다. 동양에서는 주로 해와 달 등 우주 자연 현상이나 철학적 내용의 상징이 많고, 서양은 십자나 줄무늬 도안이 대부분이다. 또한 자유주의 국가에서는 푸른 색깔과 자연 현상을 주로 사용하는 데 비하여 사회주의 국가에서는 붉은색과 낫, 망치, 톱니바퀴, 컴퍼스 등 인공적인 물건을 사용하는 것이 또 하나의 특징이다.[8]

2 대한민국의 태극기

 대한민국은 〈태극기(太極旗)〉를 국기로 사용하고 있는데, 그 기원과

---

7) 손도심, 앞의 책, 4-6쪽.
8) 최창동, 앞의 책, 707쪽.

의미에 관하여 대체로 알려져 있으면서도 상당히 주장들이 대립되고 있다. 태극기는 구한말 1882년에 제정되어 이듬해 1월에 전국에 공표되었다. 박영효(朴泳孝)가 만든 것으로 알려져 있는데, 그가 사용한 사실은 확실하나 제정 유래나 원형에 대하여는 여러 설이 있다.[9] 태극기는 1876년 일본과의 강화도 조약 이후 국기 제정의 필요성이 논의되어 오다가 1883년 고종이 〈태극 주위에 4괘를 배한다〉고 공표함으로써 정식으로 국기가 되었으며, 이를 공표 이전에 박영효가 일본에 수신사로 가면서 가져갔다는 것이 일반적 설명이다. 이 과정에서 공주 관찰사 이종원이 태극 도형을 제안했다고도 하고, 청나라의 외교관 마건충(馬建忠)이 반홍 반흑(半紅反黑)의 태극도를 사견으로 제안했다고도 한다. 이때의 태극기 원형이 1884년 우리 나라가 발행한 최초의 우표 도안에서 발견된다. 국사학자 이태진 교수에 따르면, 박영효는 서울대 규장각에 소장되어 었는 8괘로 된 〈어기(御旗)〉를 국기로 할 생각이었으나 수신사 일행이 탄 배의 영국인 선장이 복잡하다고 지적하는 바람에 4괘만 이용하고 태극도는 단순화하여 새로 태극기를 만들었다고 한다. 태극팔괘도는 정조(正祖)의 위민(爲民) 정치 이념을 담은 〈선천변위후천조(先天變位後天圖)〉에 입각하여 만든 것이라 설명한다.[10]

그런데 연구자들에 따르면, 태극기의 유래는 한말의 고종의 공표 이전으로 훨씬 거슬러 올라간다. 천홍의 태극 무늬와 4괘가 있는 고려 국기를 들 수 있고, 규장각에서 발견된 황색의 태극 무늬와 8괘의 깃발도 태극기의 원형으로 보고 있다. 이 기는 종이에 그려진 것으로 한 면에는 어기, 다른 면에는 국기라 적혀 있으며 1882년 이전의 것으로

---

9) 자세히는 이선근, 앞의 책 ; 유승국, 앞의 책 ; 최창동, 앞의 책 외에 김용식,『태극기에는 소리가 있다』(문경출판사, 1994) ; 이유직,『태극기 해설』(민족사상선양회, 1967) ; 박민섭,『올바른 태극기 해설』(한국윤리위원회, 1991) ; 백광하,『태극기: 易理와 과학에 의한 해본』(동양수리연구원, 1965) 논문 외에 참조.
10) 이태진,「대한제국의 皇帝政의 民國 정치 이념」,『대한제국기 근대화 정책과 문화』(서울대 한국문화연구소 제10회 학술토론회, 1998. 10. 30), 91-112쪽.

추측된다. 이보다 훨씬 이전의 것으로, 태극 무늬와 괘로 구성된 도형이 1392년 공양왕 때 제작된 것으로 추정되는 고려 범종(梵鐘)에 보인다. 이것은 오늘날의 태극기의 원형을 보는 것과 같다. 다음으로「임진정외도(壬辰征外圖)」에 보이는 태극 깃발이 있다. 이 그림은 명나라의 종군 화가가 그린 것으로, 태극 모양은 뚜렷하나 4괘는 구름 모양의 무늬이다. 태극 도형은 중국의 도형이기 이전에 우리 나라의 전통 무늬이기 때문에, 뒤에 애기할 북한의 주장처럼 태극 도형이 중국에서 왔고 괘 역시 주역(周易)의 중심 개념이라는 주장은 틀렸다고 하겠다. 중국 북송의 주돈이(朱頓頤)가 지은『태극도설(太極圖說)』에 태극 도형이 등장하지만, 우리 나라 경주시 양북면 용담리에 있는 감은사(感恩寺) 절터 장대석에 있는 태극 도형이 주염계(朱廉溪)의 태극 도형보다 388년이나 앞서고 있다.[11]

이렇게 볼 때 태극기의 도형은 신라 시대부터 있어 온 고유한 무늬가 14세기 이후 전해진 성리학적 태극 도형과 자연스럽게 합일되어 애용되어 왔던 것이라 볼 수 있다. 괘는 태극과 관련되어 그 채택이 당연한 것으로 받아들여졌을 것이다. 실제로 현재의 태극기는 1949년 2월 국기제정위원회에서 종래의 여러 도형을 검토한 후 채택한 것이므로, 태극 도형도『태극도설』과 다르고 괘도 주역에서의 복희 8괘도나 문왕 8괘도의 배열과는 일치하지 않는다. 따라서 태극 도형과 괘의 의미 해석은 본래의 뜻은 살리되 우리의 기준으로 해야 함이 마땅하다. 태극 무늬를 주역의 관점에서 보면 우주의 본체를 나타내는 모든 것의 근원이라 해석할 수 있다. 그러나 우리의 전통적 무늬라는 관점에서는 음양의 대립이 아니라 상호 포용하면서 신축과 조화의 의미를 갖고 있다고 볼 수 있다. 즉, 국가 형성의 모체가 되는 국민을 나타낸다고 할

---

11) 사단법인 대한민국국기선양회,『광복 50주년 기념 대한민국 태극기 변천사』(1995. 8. 4-20, 세종문화회관 전시실), 도록, 6-9쪽.

수 있다. 괘는 본래가 우주 만상의 변화 이치를 표현하는 것으로 태극기에서는 주역 8괘 중 4괘를 취했는데 건(乾), 이(離), 감(坎), 곤(坤)이 그것이다. 이를 설명하면 건은 실질·강견, 이는 태양·열, 감은 지혜·전진, 곤은 순종·겸허라는 뜻을 가지고 있다. 이 4괘가 네 귀에 배치됨으로써 국가의 시책이 국토 전체에 미치고 있음을 상징하는 것이 된다. 그리고 태극기의 흰 바탕은 순결한 단일 민족, 백의 민족의 국토를 상징한다. 이상에서 본 태극기의 도형은 ① 태극의 창조성, ② 건괘의 발전성, ③ 이괘의 광명성, ④ 감괘의 전진성, ⑤ 곤괘의 겸허성, ⑥ 흰 바탕의 단일 순결성을 표상하고 있는 것이다.[12]

태극기는 1883년 이래 8·15광복 이전까지는 통일된 도안으로 사용되지 않고 개인에 따라서 또는 단체에 따라 다소 다른 형태의 태극사봉도안(太極四封圖案)으로 만들어 사용되었다. 이것은 이승만 대통령의 지시로 태극기 통일 도안을 제정할 때 제시되었던 다섯 가지 도안에서도 알 수 있다.[13]

이후 태극기가 오늘날과 같은 도안으로 통일, 제정된 것은 1949년 1월 4일 이승만 초대 대통령이 특명으로 국기 시정(是正) 통일을 총무처에 지시하면서부터이다. 대통령의 지시에 따라 1월 7일 총무처가 국무회의에 상정하여 의결된 안이 1월 8일 문교부에 회부되어 〈국기시정위원회 위원〉이 위촉되었다.

〈대한민국 국기시정위원회〉는 2월 3일 42명의 시정 위원을 위촉하고, 2월 7일 제1차 회의를 가졌는데, 이때 네 가지 형식의 도안 중 신중한 조사 연구를 거쳐 하나를 선택하기로 의결했다. 이때 제시된 네 가지 도안은 구 왕실에서 소장하고 있던 것, 당시 문교부에서 공표한 것, 이정혁 위원의 건의안, 〈우리국기보양회〉가 제시한 것 등이었다. 그러나 당시에도 〈차제에 태극기를 버리고 새로 국기를 제정하자는 동

---

12) 유승국, 앞의 책.
13) 최창동, 앞의 글, 713쪽.

의도 있었으나, 이는 불순한 원인의 증언이며 남북 통일, 완전 자유 독립 쟁취의 도살, 삼일 정신을 말살시키려는 주동의 원인이 된다는 이유로 부결되고 말았다〉.[14]

1949년 2월 23일에 〈국기제정위원회〉는 42명 중에서 선정된 국기시정위원 12명으로 회의를 갖고 제안된 국기 도안 중에서 제3안인 우리국기보양회 안을 국기로 채택하기로 의결하였다. 아울러 깃봉도 국화(國花)인 무궁화 모양의 봉으로 제정하고, 이를 미화하기 위하여 미술계의 전문가인 고희동, 장발, 이순석, 윤승옥에게 도안을 일임하였다.[15]

종전에는 깃봉의 도안으로 연꽃 무늬를 사용해 오다가 이때 무궁화 봉오리의 형태로 바꾸게 되었다. 그런데 2월 28일에 열린 위원 전체회의에서는 느닷없이 독립문에 있던 태극기 원형에 의거했다는 제5도안과 같은 별개의 도안이 새로 튀어나왔다. 이에 갑론을박 장시간의 논란 끝에 표결에 붙인 결과, 이미 결정된 제3도안이 부결되고 새로 나온 제5도안(독립문 도안)이 통과되는 기현상을 낳았다.[16] 이때의 의결에는 찬성 28, 반대 12, 기권 1, 불참 1이었다. 그런데 그 당시 국기시정위원회 특별 위원이었던 외솔 최현배의 말에 따르면, 1949년 3월 중앙청 회의실에서는 최대 다수의 출석과 절대 다수의 동의로써 독립문에 있는 태극기 양식을 국기로 채택하기로 결의하고 중앙의 태극도의 선의 돌기만 약간 수정하기로 한 후 산회했으며, 그 후 그 수정을 의제로 한 회의 소집 때에 자신을 위시하여 많은 사람들이 불참했더니, 집회 목적과는 어긋나게, 미리 태극기 보급을 위하여 많은 국기를 제작해 놓았다는 소문이 있었던 모씨의 주장에 따라, 옛날 외국 문헌에 남아 있는 도형을 채택했다고 지적한다.[17] 최현배는 다음과 같이 비

---

14) 김일수,『국기 해설』(우리 국기보양회출판부, 1967), 37쪽.
15) 김종호,『국기 해설』(집문당, 1978), 53쪽.
16) 사단법인 독립동지회 태극기보급위원회,『국기 해설』(국민윤리), 1984, 38쪽.

판하는 글을 남기고 있다.

　그 뒤 한참 오래 있다가 그 수정을 의제로 한 소집 통지서를 받았으나, 나 및 많은 사람들이 불참하였더니 웬걸 집회의 목적을 변경하여 그만 종래의 국기 보급을 목적으로 제품을 많이 준비하여 놓았다는 모씨의 주장하던 것, 곧 옛날 외국 문헌에 남아 있는 그림을 채용하였다. 이 불법적 결의를 듣고 나는 심히 불쾌함을 금치 못했다. 제 나라에서 최후까지 쓰던 것보다는 또 제 나라 안의 독립문에까지 새겨진 것보다는 서양인이 보고 그렸다는 그림을 채용하였으니 이런 본말전도의 처사가 어데 있을쏘냐? 사대주의와 배금주의가 광복 첫머리에 이 엄숙한 국기 제정에 횡포작희했다는 것은 참 부끄럽기 짝이 없는 일이라 뒷 자손들에게 무어라고 변명할 말이 없다. 그 뒤 단기 4291년 9월 4일에 또 국기 문제로 문교부 회합이 있었는데 국기를 사용해 온 것을 생각하고 묵묵히 동의를 하고 돌아오기는 하였으나 그 부정불의에 대한 분노가 새삼스레 치밀어올라 밤잠을 이루지 못한 일이 있었다.[18]

　최현배의 이러한 주장이 사실이라고 한다면 지금까지 일반적으로 알고 있던 태극기 제정의 배경이 다소 미화된 것 같은 느낌이 든다.
　이승만 대통령을 명예 총재로 하고 이시영 부통령을 고문으로 추대하고 있던 〈우리국기보양회〉가 최종 결정도 되기 전에 자신들이 제안한 도안대로 다량의 태극기를 미리 제작하였다는 점과 결과적으로 당초의 도안인 독립문 태극기 도안이 탈락되게 된 사실에서 볼 때 당시

---

17) 여기의 모씨는 김일수(金一秀) 우리국기보양회 회장인 듯하다. 우리국기보양회는 명예 총재에 이승만 대통령, 회장 김일수, 고문 이시영 부통령, 신익희 국회의장, 안호상 문교부 장관 등 각부 장관과 국회의원, 신문사 사장으로 구성되어 있었다. 최창동, 앞의 책, 715쪽.
18) 최삼철, 『태극기도설』(태극기고양회, 1960), 1쪽, 머리말(「추천사」: 최현배).

의 정치적 배경과 국기 도안의 채택은 밀접한 관련성을 가졌다고 할 것이다.[19] 태극기 제정과 관련하여 특정 개인이나 단체의 영리적 의도가 작용했다는 것은 크게 반성할 일이다. 이 무렵 미국의 뉴헤이번 국제 박람회에서는 이승만 대통령에게 국기를 기증해 줄 것을 요청했으며, 정부는 1949년 4월 11일에 〈우리국기보양회〉가 제작하여 납품한 태극기를 처음으로 외국에 보내게 되었다. 그 후 국내에서도 이 태극기가 계속 사용되어 오고 있다.

1966년에 대통령 고시 제2호로 〈국기 게양 방법에 관한 건〉이 발표되었고, 1984년에는 〈대한민국 국기에 관한 규정〉이 대통령령 제11361호로 제정되었다. 국가의 상징에 관해 헌법이나 법률이 아닌 하위 규범으로 규정한 것은 개선의 여지가 있다는 지적이 있다.[20]

1996년 8월에 공보처에서 현대 리서치 연구소에 의뢰한 〈국가상징 및 국경일에 관한 국민 의식 조사〉가 전국의 만 20세 이상 성인 남녀 1000명을 대상으로 전화를 통해 이루어졌다. 그 결과 〈귀하께서는 태극기에 담긴 뜻을 어느 정도 알고 계십니까?〉라는 질문에 정확하게 알고 있다는 응답자가 12.1%, 대체적인 뜻은 알고 있다는 응답자가 51.8%, 잘 모르겠다는 응답자가 36.1%였다. 학력이 높을수록 인지도가 높았으며, 주부, 농어민과 함께 대학생 층에서도 인지도가 낮았다. 연령별로는 태극기를 정확하게 그릴 수 있다고 응답한 40대의 인지도가 가장 높았으며 여성보다는 남성의 인지도가 높았다. 〈귀하께서는 태극기가 우리 나라 국기로서 얼마나 잘 어울린다고 생각하십니까?〉의 질문에 아주 잘 어울린다 59.0%, 대체로 잘 어울리는 편이다 32.8%, 어울리지 않는 부분이 많다 4.3%, 전혀 어울리지 않는다 0.4%였다. 〈어울리지 않는다면 어떤 점이 어울리지 않는다고 생각하십니까?〉의 질문에는 국민성과 어울리지 않는다 2.1%, 복잡하고 산만하다 36.2%, 일제

---

19) 최창동, 앞의 책, 716쪽.
20) 같은 책, 718쪽.

잔해가 남아 있다 2.1%, 태극 모양이 나누어져 통일에 저해된다 12.8%, 이해하기 어렵다 2.1%, 중국에 대한 사대주의이다 6.4%, 태극 마크의 빨간색이 눈에 튄다 2.1%, 태극 모양이 원래와 다르다 2.1%, 태극과 4괘가 조화되지 않는다 8.5%, 오행의 출처가 불분명하다 2.1%, 4괘와 국가 가사가 안 어울린다 2.1%, 진취성이 부족하다 6.4%, 디자인이 색깔에서 처진다 2.1%, 무응답 12.8%에 이른다.[21]

여기서 북한의 〈홍람오각별기〉에 대하여 언급할 여유를 갖지 못하나,[22] 앞으로 남북이 통일되면 국가상징인 국기에 대한 논의도 진행될 것이 분명하다.

3 정치상징

정치에서 상징의 이용이 얼마나 중요한 것인지는 설명할 필요도 없다. 국가마다 정치적 목적을 위해 각종 슬로건과 조형물을 만들어 활용한다. 혁명은 말할 필요도 없고 선거철이 되면 각 정당과 후보자들을 자기들의 상징 조작에 혈안이 된다.[23]

국가가 갖는 이데올로기에 따른 상징들이 나라를 지배하고 있다. 자유 민주주의를 지향하는 나라에서는 자유, 평화와 인권 등의 이념을

---

21) 공보처, 「국가상징 및 국경일에 관한 국민 의식 조사 보고서」(현대 리서치 연구소, 1996).
22) 임채욱, 『북한의 상징』(공보처, 1995) 참조. 그리고 최종고, 「남북한의 국가상징과 법」, ≪법학≫ 40권, 3호(서울대, 1999).
23) 혁명에 관하여는 John Berger, *Art and Revolution* (N. Y. 1969) ; Herald Siebenmorgen, *Ausstellung Schwarz-Rot-Gold, Ein Symbol der Revolution 1848/49 in der Zeitgenössischen Kunst* (Karlsruhe, 1998); Thomas Rogers, *Myth and Symbol in Soviet Fiction*, San Francisco, 1992; Frederic Jameson, *Das politische Unbewußte* (Reinbek bei Hamburg, 1988).

상징으로 홍보하고 있다. 이에 비해 사회주의를 지향하는 나라에서는 나름의 평화와 평등, 연대성을 상징물로 제시한다. 지금 러시아를 여행하면 구 소련의 국가 이데올로기적 상징물을 건축에서부터 작은 조각품에 이르기까지 골동품처럼 볼 수 있다.

구 동독의 국가상징물들을 모아 독일 타쉔 Taschen 출판사에서 낸 『동독 기념품 DDR-Souvenirs』(1994)이라는 책을 보면 사회주의가 휩쓸고 지나간 상징물들을 그림과 사진으로 생생히 볼 수 있다.

북한에서 김일성의 신격화에 따른 상징 조작은 격심하기 그지없다. 남한에서도 정치적 상징물들이 정권이 바뀔 때 따라서 바뀌는 예를 볼 수 있다.

여기에서 상징이라는 것을 통하여 예술과 이데올로기, 정치적 목표의 관계가 어떠해야 하는가 하는 근본적 물음이 제기된다. 사회주의 국가는 예술이 예술 자체를 위하여 있는 것이 아니고 국가와 인민의 복리를 위하여 존재한다는 사회주의적 예술관이 공공연히 지배하였다. 그러나 사회주의 체제의 몰락과 함께 이러한 예술관과 상징 조작도 어이없이 무너지고 폭로되고 있다. 정치 권력에 아부하여 예술들을 팔아먹는 예술가는 단죄되고 만다. 그러면서도 예술이 완전히 정치와 무관할 수는 없고, 상징 예술이 오늘날 〈홍보 사회〉에서 더욱 중요성을 띠고 있는 추세라고 아니할 수 없다.

4 법복상징

전문직에는 그 업무의 효율성과 상징성을 나타내는 제복(유니폼)이 있다. 의사의 가운, 성직자의 성복(聖服)과 함께 법관의 법복을 가리켜 이른바 세 〈가운을 입는 직업〉이라고 부르기도 한다. 세계 각국의 법복은 그 유래를 따지면 이러한 전형적 제복에서 출발하여 조금씩 변천해 온 것이다. 아직도 유럽의 법복들은 목에 리본을 단 것으로 성직자의 성복과 유사한 형태로 남아 있다. 색깔도 붉은색과 자주색으로 상당히 화려하다. 이에 비해 미국에서는 검은색으로 대학의 학위복과 별 차이 없이 〈민주화〉되었다.[24] 이러한 서양식 법복이 일본을 거쳐 우리 나라에 도입되어, 근대 사법 100년을 지나는 동안 한두 차례 검토가 있었으나 최근에 이르러 우리에게 맞는 법복으로 정착되었다.

돌이켜보면 개화기에는 일본의 법복을 차용하여 사용하였고, 1920년에는 7월 26일에 칙령 제255호 〈조선총독부 재판소 직원의 복제에 관한 규정〉이 발표되어 조선총독부 판사, 검사 및 재판소 서기의 법복이 일본 재판소의 것과 같은, 대형 오동나무잎 무늬가 새겨진 검은색 법복으로 바뀌었다.

해방 직후에는 우리의 법복이 제정되지 않아 판사들이 한복을 입거나 양복을 입고 법정에 들어오는 것이 통상적이었다. 1946년 1월에 군정청이 새로운 법복을 현상 모집한 적이 있으나 현실적으로 사용되지는 못하였다. 정부 수립 이후 1953년 3월 5일 대법원 규칙 제12호로 〈판사, 검사, 변호사 및 법원 서기 복제 규칙〉을 마련하여 시행한 것이 우리 나라의 공식적인 법복 제도의 시발이었다. 이때의 법복은 앞에 다섯 개의 숨김 단추가 있고, 가슴에는 직경 20cm의 무궁화 무늬 속에 직경 10cm의 입체 무궁화가 그려져 있었다. 또한 법모도 제정되어 검은 색깔에 직경 5cm의 무궁화 무늬 속에 태극장(太極章)이 자리잡고 있었다. 1966년 1월 15일 대법원 규칙 제268호로 〈법관복에 관한 규칙〉을 제정하여 같은 해 4월 1일부터 현재와 같은 법복을 착용하게 되었는데, 이는 종전의 법복 및 법모가 다소 거추장스러워 이를 더 간소화하자는 의견에 따른 것이었다. 당시 조진만(趙鎭萬) 대법원장은 미국 법복의 디자인을 모델로 하여 만들게 하였는데, 그 후 그것이 너무 간

---

24) 자세히는 Jacques Boedels, *La Justice*(Dole, 1992), 189-195쪽.

소하고 미국의 법복과 별 차이가 없어 우리의 전통미를 느낄 수 없다는 지적이 제기되었다. 이리하여 근대 사법 2세기를 맞이하는 1995년부터 법원에서 우리 나라 사법부의 전통성을 살리고 세계 속의 선진된 사법 기관으로서의 위상을 높이기 위해서 새 시대에 걸맞는 법복이 제정되야 한다는 의견이 제시되었다. 1995년 8월 법원 행정처에서 전국의 법관 및 7급 이상의 법원 공무원을 상대로 법복 개량에 관한 의견을 조사한 결과, 약 60%가 법복의 개량을 원하는 것으로 나타났다. 이에 1996년 2월에 〈법복 개량 기본 계획안〉을 보고하고 홍익대 금기숙(琴基淑) 교수와 경원대 조효숙(趙孝淑) 교수를 법복 디자인 용역 교수로 공동 선정하고 용역 계약을 체결하였다. 영국 등 9개국으로부터 법복을 수집하여 참고로 하였고, 1996년 6월 19일 법복 디자인 심의회를 개최하였다. 디자인 교수들이 제시한 네 가지 법복 시안에 대해 각급 법원의 법관 등의 의견을 수렴한 후, 이를 다시 디자인 교수들에게 전달하여 그 의견을 반영한 새로운 시안을 제시케 하는 방법으로, 3차에 걸친 법복 디자인의 수정 과정을 거쳤다. 7월 14일 최종 법복 시안이 제출되었는데, 제1안(깃 없는 법복)과 제2안(깃 달린 법복)에 대하여 각급 법원 법관들에게 최종 의견을 물은 결과, 총 응답 법관 777명 중 제1안에 562명(72.3%), 제2안에 185명(23.8%)이 동의하여 1997년 9월 2일 제1안이 확정되었다.

채택된 법복은 1998년 3월 1일부터 착용하게 되었는데, 그것이 갖는 의미와 상징은 다음과 같다.

(1) 법의 존엄성의 표상

엄숙함과 숭고함의 상징으로 예로부터 예복에 많이 사용된 검정색을 법복의 주색으로 사용함으로써 법의 존엄성과 숭고한 법 의식을 표현한다.

(2) 법관의 강직성 표상

법복의 앞면에 수직의 주름을 강조하여 법관의 강직하고도 단정한 이미지를 표현한다.

(3) 법관의 고매한 기품 표상

법복의 보조색으로 검은빛이 도는 검자주색을 사용하여 우리 나라에서 전통적인 선비가 가지는 고매한 품격을 표현한다(자주색은 동서양 모두 고귀함과 품의의 상징성을 가지고 있다). 목 둘레에 검정색 공단 테이프를 두르고 소매 끝에 자주색의 가는 선을 둘러 정교한 봉제 기법으로 표출되는 품위를 추구한다.

(4) 항상성과 포용성 함축

법복의 주색을 검정색으로 함으로써 어떠한 외부적 영향에도 동요하지 않는 법 집행에 있어서의 항상성을 표현하는 한편, 보조색으로 검자주색을 사용하여 변화의 이미지를 가미해, 시대 변화에 적극 대응하여 사회 정의에 부합하는 판단 기관으로서의 법관의 이미지를 표현한다.

(5) 법복으로서의 특징 표출

자주색 앞단에 법원의 상징 마크를 활용하여 일반 복식과는 대비되는, 법복으로서의 특성을 표현하였다. 다만, 문양이 바탕과 두드러지지 않는 수자직 기법을 사용하여 화려함을 피하고 은은한 느낌을 주어 착용자들로 하여금 자긍심과 사명감을 갖도록 하였다.

(6) 한국적 전통미 표출

소매에 한국적 곡선미를 살리기 위해 두루마기형 소매를 응용하였으며, 전체적으로는 한복 포(袍)의 자연스러운 선을 나타내었고, 법복 뒷면 중심에 검정색의 전통 매듭을 장식하여 한국적 미를 표현하였다.

(7) 실용성 도모

법복의 뒷면 가운데에 자연스럽게 떨어지는 맞주름을 잡아 주어 넉넉한 실루엣으로 활동성을 부여하고, 소매의 중심에 앞단과 동일한 검자주색 양단으로 속주름을 주어 겉의 화려함보다는 내면의 미를 갖게 하면서 동시에 활동의 편리함을 추구하였다.

한마디로 기존의 법복은 학위 가운을 기본으로 한 미국 법복을 그대로 수용한 것이었으나 새로운 법복은 검정색으로 전통성을 유지하면서도 검은 자주색 양단, 소매 형태, 매듭 장식 등 한국적 미를 가미하여 국제화 시대에 부합하는 한국 법복의 특성을 살리려고 한 것이다.[25]

---

25) 이상의 설명은 전적으로 대법원 법원행정처에서 제공한 자료에 의존하였다.

제 8 장 궁극적 정의의 상징

 인간은 이 지상에서 법과 정의를 실현하려고 노력하지만 그것은 결코 완전한 것이 되지 못한다. 그래서 이 세상이 끝나는 날 최후의 심판이 있다고 상정하고 거기에서 궁극적으로 정의가 실현된다고 믿는다. 최후의 심판은 지상의 종말에 이르러 그리스도가 인류에게 내리는 대심판으로 모든 사람이 부활하여 이 심판을 받게 된다고 한다. 그리스도를 믿는 사람은 영생을 얻어 천당에 이르고, 악과 죄를 범하고 신앙을 갖지 않은 사람은 영원한 죽음의 지옥으로 떨어진다. 이러한 사상은 그리스도교의 근본 교리로서 많은 화가들이 회화의 제목으로 삼아 제작하였다. 그리스도교만이 아니라 불교 등 다른 종교에서도 설명방식은 차이가 나지만 궁극적으로 영원한 축복과 형벌이 마지막 심판을 통하여 내려진다고 상정된다.[1] 아래에서는 서양에서의 최후의 심판도와 동양에서의 불교적 지옥도를 비교 고찰하여 인간이 궁극적 정의를 어떻게 상정하였는가를 살펴보고자 한다.[2]

---

1) 그림과 함께 최후의 심판과 지옥에 관한 흥미 있는 서술로는 Alice K. Turner, *The History of Hell*(San Diego, 1993).
2) 최후의 심판도에 관하여는 D. Miloservie, *Das Jüngste Gericht*(1963); A

1 서양의 최후의 심판도

법원이나 재판정에는 정의의 여신상만이 아니라 〈최후의 심판〉을 그린 그림들도 걸렸다.[3] 중세 유럽의 그리스도교 사회에서 모든 사람들에게 전인류가 죽은 후 부활하여 영혼들이 신 앞에서 재판받는다는 사실은 명백한 신앙이요 가장 진지한 관심사였다. 자기가 선한 사람으로 영원한 축복을 받을 것인가 악인으로 영원한 형벌을 받을 것인가에 대해 진지한 나머지 두려운 생각에 짓눌려 있었다.

최후의 심판의 이미지는 요한 계시록 등 성서에 부분적으로 나타나 있는데, 14세기경까지는 최후의 심판도가 교회뿐만 아니라 그 밖의 공공 건물의 벽면을 장식하고 있었다. 플로렌스의 〈산 마르코 미술관〉에 소장된 프라 안젤리코 Fra Angelico의 1430년경의 「최후의 심판」을 보라. 틸리히 P. Tillich가 〈서양 미술사에서 가장 천상적인 화가〉라고 부른 안젤리코의 이 작품에서 구세주 예수는 최고의 재판관으로 화면 중앙 상단의 옥좌에 앉아 있고, 나팔을 불어 사람들을 예수 앞에 소환하는 천사들에게 둘러싸여 오른손을 들고 왼손을 내려 하단에 있는 사람들을 선인과 악인으로 나누고 있다. 예수의 오른손에 있는 선인은 천국으로 인도되고 왼손 편에 있는 악인은 지옥으로 떨어진다. 예수의 오른쪽 아래에는 성모 마리아가 예수에게 기도를 드리고 왼편 아래에는 세례 요한이 사도들과 함께 서 있다.[4]

Coeagnac, *La Jugement demier dans l'Art*(1995) ; P. Jessen, *Die Darstellung des Weltgerichts bis auf Michelanglo*(1883) ; Reiner Anselm, *Jüngstes Gericht und irdische Gerechtigkeit*(Stuttgart, 1994).

3) 최후의 심판도에 관하여는 G. Duchet-Suchaux, "Last Judgement," in *The Bible and the Saints*(Paris : Flammarion, 1994), 209-211쪽과 그에 적힌 Bibliography 참조.

4) Paul Tillich, *On Art and Architecture*(N. Y., 1987), 112쪽 ; Fra Angelico의 「최후의 심판」에 관하여는 최종고, 『법과 미술』(1995, 시공사), 98-108쪽.

그림 8-1 서양의 미카엘 천사(왼쪽)와 동양의 지장보살상(오른쪽)

당시 세계는 이 최후의 심판도에 나타난 바와 같은 계층 구조를 갖고 있다고 생각되었다. 그 전형은 1509년 바티칸 교황청의 〈서명의 방〉에 라파엘 Raphael이 그린 「성체의 논의」에서 발견된다. 여기에는 네 개의 계층 질서로 구성된 세계가 묘사되어 있다. 화면은 좌우로 넓게 구름에 의해 천상의 세계와 지상의 세계로 나누어진다. 천상의 세계의 최상부에는 아버지(聖父)인 신(神)이 서 있고, 그 아래 구름 사이에 천사들이 춤추며, 그 아래 구름 위에 예수 그리스도를 중심으로 하여 왼쪽에 성모 마리아가 오른쪽에 성 요한이 서 있고, 그 양쪽에 사도들과 예언자들이 서 있다. 맨 아래 사각의 돌로 연결된 지상의 세계는 신학자, 시인, 예술가들이 묘사되어 있다. 최상위의 4층에 있는 성부가 그 하위의 3층으로 이루어진 세계를 지배하고 있는 것으로 그려지고 있는 것이다(그림 8-2).[5]

중세인들은 최후의 심판도에 묘사된 천상의 전경을 현실의 것으로 생각하고 있었다. 최후의 심판에서 신의 재판을 눈으로 봄으로써, 사람들은 신의 재판으로부터 도피할 수 없다면 자신만은 무서운 지옥에 떨어지지 않기를 기원하였다. 최후의 심판도는 15세기, 특히 16세기에 북유럽에서는 신성 로마 제국의 재판소의 재판관석의 뒷면 벽에 걸려 있었다. 그것은 법정을 최후의 심판에 묘사된 신의 법정으로 만드는 일종의 교묘한 연출이었다. 사람들은 그것에 의해 지상의 재판을 천상의 예수 그리스도에 의한 최후의 심판과 동일시한 것이다. 지상의 재판관은 사람들의 눈에는 황제의 대리인으로서만이 아니라 신의 대리인으로 비쳐졌다. 최후의 심판도를 법정에 건 것은 천상의 신의 재판과 지상

그림 8-2 라파엘의 「성체의 논의」

5) Raphael의 「성체의 논의」에 관하여는 Eva-Bettina Krems, *Rafaels "Marienkrönung" im Vatikan*(Frankfurt, 1996).

에서의 인간의 재판을 동일시함으로써, 즉 성속(聖俗)의 일체화(一體化)를 시도함으로써 인간의 재판관도 신처럼 바른 재판을 행해야 한다는 교훈적 의미를 갖도록 하는 데에 뜻이 있다. 이러한 종말론적 실존의식 내지 윤리 의식은 바르지 못한, 특히 뇌물을 받아 먹은 재판관에 대한 준엄한 형벌로서 독특한 정의화(正義畵, gerechtigkeitsbild)의 장르를 발전시킨 계기가 되기도 하였다. 최후의 심판도는 동서양에서 그 표현을 달리하면서도 공통성을 가진 독립된 연구 영역을 이룬다.[6] 틸리히가 〈종교는 문화의 실질이요, 문화는 종교의 형식이다〉라고 하였듯이, 문화 개념의 하나인 법도 넓은 의미에서 종교, 종교적 상징과 관련되지 않을 수 없다.

(1) 니콜로의 「최후의 심판」

이탈리아의 화가 니콜로 G. Niccolo의 「최후의 심판」은 1235년에서 1240년경에 그려진 제단화로서, 현재 바티칸 박물관에 소장되어 있다. 둥근 원형 속에 5층 구조를 이루어 중앙 상단에 심판주로서의 예수 그리스도를 그리고, 맨 아래에 지옥의 광경을 그리고 있다. 마치 불교의 탱화를 연상시키듯 독특한 구도와 분위기를 전달해 주는 작품이다.

(2) 조토의 「최후의 심판」

르네상스 초기의 화가 조토 디 본도네 Giotto di Bondone의 「최후의 심판」은 1305년 파두아의 스크로베니 성당의 프레스코화로 그려졌다 (그림 8-3). 중앙에 태양처럼 빛나는 심판주 그리스도를 그리고, 왼편에 축복받은 천당의 광경과 오른편에 저주받은 지옥의 무시무시한 광

---

6) 자세히는 Paul Tillich, 앞의 책, 25, 105, 112, 240쪽.

그림 8-3 조토의 「최후의 심판」

경을 대조적으로 그리고 있다. 전체적으로 매우 평온하고 안정감 있는 분위기를 나타낸다.

(3) 노트르담 성당의 「최후의 심판」 조각상

파리의 유명한 노트르담 성당의 정문에는 1220년경에 제작된 「최후의 심판」 조각상이 있다(그림 8-4). 머리에 빛나는 후광을 한 심판주 그리스도 옆에 천사가 십자가를 들고 있고, 그 아래에 심판받는 사람들을 구원받은 자와 저주받은 자로 나누어 섬세하게 조각하고 있다. 저울과 칼을 든 미카엘 천사와 악마가 대립하여 심판주 앞에 서 있는 모습이 인상적이다. 서양의 대성당 정문들에는 대체로 이러한 최후의 심판 광경이 조각되어 있다.

그림 8-4 노트르담 성당의 「최후의 심판」

(4) 보슈의 「최후의 심판」

보슈 H. Bosch가 1485년에서 1505년경에 그린 「최후의 심판」은 현재 비엔나의 조형 미술 아카데미에 소장되어 있다(그림 8-5). 최후의 심판일에 일어날 가정적 광경을 그로테스크하면서도 온갖 상상력을 동원하여 그린 것으로 가장 미래적으로 느끼게 하는 명화이다. 지상과 천상의 사이에 어두운 공간을 배치하고, 그 위에 마치 구원의 무지개 위에 앉은 듯 심판주 예수 그리스도를 그려 넣었으며 사방으로 천사들이 긴 나팔을 불고 있다. 보슈의 작품에는 이 외에도 「지상적 쾌락의 정원」 등 종말론적 분위기를 느끼게 하는 명화들이 많이 있다.[7]

---

7) H. Bosch에 관하여는 Hans Holländer, *Hieronymus Bosch: Weltbilder und Traumwerk*(Dumont Taschenbücher, Köln, 1988); Walter Gibson, *Hieronymus Bosch*(London, 1973); 이 두 일반서 외에 Lynda Harris, *The Secret Heresy of Hieronymus Bosch*(Edinburgh, 1995); Renate Trnek, *Das Weltgerichtstriptycon von Hieronymus Bosch*(Rosenheim, 1989).

그림 8-5 보슈의 「최후의 심판」

(5) 프라 안젤리코의 「최후의 심판」

프라 안젤리코가 1430년에서 1433년경에 그린 목판 위의 유화인 이 작품은 현재 플로렌스의 산 마르코 미술관에 소장되어 있다(그림 8-6). 얼핏 보아 매우 밝은 분위기의 이 작품은 지상 위의 천상에 천사들로 둘러싸인 심판주 예수 그리스도를 성스런 모습으로 그리고, 그 아래에

그림 8-6 프라 안젤리코의 「최후의 심판」

이를 우러러 보는 인간 군상과 양쪽에 천당과 지옥의 모습을 함께 그리고 있다.[8]

(6) 반 데르 바이덴의 「최후의 심판」

반 데르 바이덴 R. van der Weyden의 「최후의 심판」은 적어도 1450년 이전에 제작된 제단화이다(그림 8-7). 중앙에 심판주 예수 그리스도가 무지개에 앉아 지구를 밟고 있으며 그 아래에 미카엘 대천사가 영혼을 저울에 달고 있다. 무지개 양쪽에 마리아와 요셉이 심판받는 인간의 영혼을 대신하여 기원하고 있다.[9]

---

8) John T. Spike, *Fra Angelico: Leben und Werk*(München, 1997).
9) Renata Hartleb, *Rogier van der Weyden*, Museum der Bilden den künste(Leipzig, 1998).

그림 8-7 반데르 바이덴의 「최후의 심판」

(7) 미켈란젤로의 「최후의 심판」

바티칸의 시스티나 성당에 그려진 미켈란젤로 Michelangelo의 「최후의 심판」은 서양 미술의 최고의 명작의 하나로 알려져 있다(그림 8-8).[10] 그 속에는 실물보다 더 큰 인류가 누르고 밀치고 선택해 달라고 아우성치는 역동적인 모습들이 가득하다. 중앙의 심판주로서의 그리스도의 모습은 다른 최후의 심판도들과는 전혀 달리 매우 인간적이고 동태적인 모습을 보여 주고 있다. 그리스도는 그 손으로 모든 혼란에, 복수심과 열정과 반항과 갈등에 종지부를 찍고 있다. 구성 전체에 다양한 강열함으로 되풀이되어 나타남으로써 천사들의 나팔 소리를 통해 퍼져가는 몸짓으로 작품 전체의 통일을 이룬다. 바사리 G. Vasari가

---

10) Robin Richmond, *Michelangelo und die Sistinische Kappelle*(Freiburg, 1999); Bernadine A. Bernes, *Michelangelo's Last Judgement*(Berkeley, 1998); Loren Patridge, *Michelangelo, the Last judgement : a Glorious Restoration* 9(N.Y., 1997).

그림 8-8 미켈란젤로의 「최후의 심판」

〈가장 위대한 르네상스적 인체 표현〉이라고 평가했던 것처럼 심판주 앞에 벌거벗은 영혼들의 우주적 믿음을 보여 주고 있다.

(8) 로흐너의 「최후의 심판」

로흐너 S. Lochner가 그린 최후의 심판도는 독일 쾰른의 발라프 리하르트 미술관 Walraf-Richartz Museum에 소장되어 있다(그림 8-9). 〈세계심판 Weltgericht〉이라는 이름을 붙인 이 작품은 상단 중앙의 심판주 옆에 예수 그리스도와 마리아가 기원하고 있고 그 아래에 심판받는 인간 군상이 천국행과 지옥행으로 나누어져 역동적으로 묘사되어 있다. 특히

그림 8-9 로흐너의 「최후의 심판」

지옥으로 행하는 군상들에게 가해지는 갖가지 괴물의 고통과 추락하는 천사들의 모습이 사실적으로 그려져 있다.[11]

(9) 루벤스의 「최후의 대심판」

루벤스 P. Rubens의 「최후의 대심판」은 1615년에서 1616년 사이에 그려진 작품으로, 현재 뮌헨의 알테 피나코텍 Alte Pinakothek에 소장되어 있다(그림 8-10). 재림주 예수를 중심으로 천상에서 심판받는 인간의 영혼의 모습을 적나라하게 동태적 모습으로 그리고 있다. 루벤스의 다른 작품들처럼 거대한 분위기를 느끼게 하며 이와 비슷한 테마로 「최후의 소심판」도 있다.[12]

---

11) Frank Zehnder, *Stefan Lochner: Meister zu Köln*, Walraf-Richartz Museum(Köln, 1994); Stafan Lochner, *Huldigung und Gericht*(München, 1948).
12) P. Rubens에 관하여는 수많은 문헌이 있지만 특히 최초 문헌으로는 Konrad Renger, *Peter Paul Rubens*, Alte Pinakotek(München, 1997)과 Hilliard Goldfare,

그림 8-10 루벤스의 「최후의 심판」

(10) 블레이크의 「최후의 심판」

영국의 신비적 시인이며 화가였던 블레이크 W. Blake의 「최후의 심판」은 어떠한 작품보다도 가장 역동적이고 환상적인 분위기를 느끼게 하는 작품이다. 마치 용암이 분출하는 듯한 역동성 속에 심판주에게 이르는 수많은 인간 군상의 모습이 폭발하는 물줄기처럼 그려져 있다.[13]

Titian and Rubens : Power Politics and Style, Isaklla S. Gardner Museum(Boston, 1998).

13) W. Blake에 관하여는 Kathleen Raine, *William Blake*(London, 1973) ; David Bindman(ed.), *The Complete Graphic Works of William Blake*(London, 1978)와 Robert N. Nissick, *William Blake at Huntington Library and Art Gallery of San*

그림 8-11 블레이크의 「최후의 심판」

2 동양의 지옥도

최후의 심판도와는 다르지만 동양의 불교에서도 특히 정토(淨土) 신앙과 관련하여 극락과 지옥 사상이 발달하여, 미술로도 극락도와 지옥도를 형성시켰다.[14]

불교의 지옥 사상은 인도 고대의 바라문교에서 비롯된 것으로서, 지옥을 주재하는 염라왕(閻羅王)은 베다 Veda의 초기 문헌에 나오는 야

Marino(California, N. Y., 1994).
14) 자세히는 홍윤식, 『극락도』(동국대학교 부설 역경원, 1986)과 이기선, 『지옥도』 (대원사, 1992) 참조.

마 Yama 왕을 불교가 받아들인 것이라는 것이 통설이다. 지옥(地獄)이 라는 한자어는 인도어〈나라카 naraka〉를 의역(意譯)한 것이다.

티그리스 강, 유프라테스 강 유역에는 옛부터 지옥 사상이 있었다고 알려져 있는데, 기원전 3000년경의 수메르인은 구루 Guru, 즉〈돌아오지 않는 나라〉가 있다고 믿는 신앙을 갖고 있었다. 명부(冥府) 구루는 땅 밑에 있는 어둡고 비참한 나라로서 바빌로니아와 아시리아, 헤브루 지역에도 이러한 지옥 신앙의 표상이 있었고, 그리스인이 믿던 지옥 하데스 Hades는 이러한 셈족의 신앙에서 영향을 받아 이루어진 것으로 알려져 있다. 명부의 하강 또는 명부 순례의 주제는 그리스의 경우 『오디세이 Odyssey』나 오르페우스의 『지옥행』에 나타나 있고, 라틴 문학에서는 베르길리우스 Vergilius의 『아에네이스 Aeneis』에서 찾아볼 수 있다. 그리스도교의 전개와 더불어 신의 왕국인 천당과 악마의 왕국인 지옥으로 크게 나뉜다. 이와 같이 티그리스 강, 유프라테스 강 유역에서 발생한 지옥 사상이 유럽에서 전개된 자취를 볼 때, 메소포타미아 지역과 인더스 문명 이래로 문화 교류가 있던 인도가 이러한 지옥 사상의 영향을 전혀 받지 않았다고 생각할 수 없다. 후기 베다 문헌 시대, 즉 기원전 10세기 무렵이 지나서 인도에 들어온 지옥 사상은 토착화가 이루어져, 야마가〈죽음의 신(死神)〉이 되어서 죽은 이의 잘잘못을 판정하며, 그 다스리는 나라도 낙토가 아닌 암흑의 세계로 바뀌게 되었다.[15]

중국의 경우 지옥이란 말은 불교가 들어오기 전까지는 쓰이지 않았으며, 황천(黃泉)이란 고유한 말이 널리 쓰였다. 황천이라는 개념은 황하의 황토층에서 비롯된 것으로 어둡고 쓸쓸한 곳을 의미하며, 죽은 사람이 가는 곳이지 특별하게 죄를 지은 자가 가는 곳은 아니었다. 한

---

15) 인도의 지옥 사상에 관하여는 Otto Strauß, *Indische Philosophie*(München, 1925) 그리고 Louis Frédéric, *Buddhism: Flammerion Iconographic Guide*(Paris & N. Y., 1995).

편 현실을 고(苦)로 인식하고 그 두려움에서 싹텄던 불교 우주관은 점차 신화화되었다.

　불교의 우주관에 따르면 이 세계는 크게 〈깨달음의 세계(悟界)〉와 〈헤맴의 세계(迷界)〉로 나누어지며, 다시 십계(十界)로 체계화된다. 십계란 지옥, 아귀, 축생(畜生), 아수라(阿修羅), 인간, 천(天), 성문(聲聞), 연각(緣覺), 보살(菩薩), 불(佛)이다. 이 중 지옥, 아귀, 축생, 아수라, 인간, 천의 여섯 세계를 범부(凡夫)가 스스로 지은 업에 따라 생사를 거듭하며 끝없이 윤회하는 육도(六途) 또는 육취(六趣), 육범(六凡)이라 한다. 그리고 성문, 연각, 보살, 불의 세계는 수행 공적으로 깨달음을 얻어 윤회의 굴레에서 벗어난 성자(聖者)의 세계로서 사성(四聖) 또는 오계(悟界)라 일컫는다. 즉, 불교의 우주관은 〈육범사성(六凡四聖)〉으로 함축할 수 있다. 헤맴의 세계인 육도 중에서도 특히 지옥, 아귀, 축생을 일컬어 3악도(三惡道) 또는 3악취(三惡趣)라 하는데, 이는 악업을 지은 대가로 태어나는 매우 고통스런 세계이다. 인간 세계나 천의 세계는 선업을 쌓아 태어나는 세계로, 복락(福樂)은 누리지만 깨달음은 얻지 못하여 아직 윤회의 굴레에서 벗어나지 못하는 세계이다.[16]

　불교의 이야기에 나오는 지옥의 모습은 매우 다양하여, 경전마다 지옥의 수나 종류, 위치, 크기 등이 조금씩 다르다. 그러나 모두 또한 지옥에 떨어지는 원인이나 지옥에서 죄인이 받고 있는 고통이 얼마나 크고 무거운가를 일깨워 선행을 행하도록 계도하는 데에 그 참뜻이 있다. 또한 지옥에서 고통을 받는 중생들의 아픔을 함께 나누는 대자대비(大慈大悲)를 표현하는 길이기도 하다. 즉, 지옥에서는 이승에서의 업에 대한 재판과 함께 지장보살(地藏菩薩)의 자비심에 의한 구제가

---

16)　자세히는 Marsha Weidner(ed.), *Latter Days of the Law : Images of Chinese Buddhism 850-1850*(Spencer Museum of Arts Univ. of Hawaii Press, 1994).

행하여진다.[17]

　지옥 사상의 기원에서, 야마 왕이 불교에 들어와 지옥을 다스리는 왕이 되면서 이름도 염마왕(閻魔王)이라 불리게 되었다. 이 염마왕이 중국에 들어와서는 도교의 영향을 받아 시왕(十王) 사상으로 전개되었고 오히려 시왕 가운데 한 존재로 나타나게 되었다. 시왕은 각자가 관장하는 지옥에서 사람들의 이승에서의 업을 심판하고, 알맞은 모습으로 윤회하게끔 한다. 지옥의 양상과 형벌의 예로서 현재 제주도 무속제의 굿 중 큰굿 속의 〈시왕맞이〉에 나타난 지옥의 모습을 들면 다음과 같다.

① 진광대왕 - 도산지옥[칼 선 다리 타기]←깊은 물에 다리 놓기(월천 공덕)·배고픈 사람 밥 주기(금식 공덕)
② 초강대왕 - 화탕지옥[끓는 물에 담그기]←목마른 사람 물 주기(금수 공덕)·벗은 사람 옷 주기(착복 공덕)
③ 송제대왕 - 한빙지옥[얼음 속에 묻기]←부모에게 효도하기·일가 방답하목·동네 어른 존대하기
④ 오관대왕 - 검수지옥[칼로 몸 베기]←함정에 빠진 사람 구출
⑤ 염라대왕 - 발설지옥[집게로 혀 빼기]←어른 말에 겉대답
⑥ 변성대왕 - 독사지옥[독사로 몸 감기]←역적 도모, 살인, 강도, 고문, 도적
⑦ 태산대왕 - 거해지옥[톱으로 뼈 켜기]←상인이 되나 말을 속여서 남의 눈 속이기
⑧ 평등대왕 - 철상지옥[쇠판에 올리기]←남의 남편 우러러 바라보기·남의 가속 우러러 바라보기

---

17) 이수자,「저승, 이승의 투사물로서의 공간」,『죽음이란 무엇인가』(도서출판 창, 1990); 히로사치야,『저승 관광』, 진전묵 옮김(금하출판, 1992); 林雅彦,「韓國·臺灣의 地獄繪」,『地獄百景』, 1988, 88-96쪽.

⑨ 도시대왕 - 풍도지옥[바람길이 앉힘]←혼인 풍덕·혼인식 못한 것 등
⑩ 전륜대왕 - 흑암지옥[암흑 속에 두기]←남녀 구별 몰라서 자식 못 낳은 것
⑪ 지장대왕
⑫ 생불대왕 : 인간 세상에서 아이 못 낳은 사람에게 아이를 마련해 주는 대왕
⑬ 좌도대왕 : 앞서의 일들을 심사
⑭ 우도대왕 : 문서의 정리
⑮ 등자판관 : 문서를 훑어보고 사자에 대하여 최후의 심판을 한다.[18]

지옥의 종류는 경전마다 차이가 있지만 일반적으로 8대 지옥이 가장 많이 알려져 있다. 대비바사론(大毘婆沙論)에 있는 8대 지옥은 다음과 같다. ①등활지옥(等活地獄), ②흑승지옥(黑蠅地獄), ③중합지옥(衆合地獄), ④호규지옥(號叫地獄), ⑤대규지옥(大叫地獄), ⑥염열지옥(炎熱地獄), ⑦대열지옥(大熱地獄), ⑧무간지옥(無間地獄)이 그것이다.

이 8대 지옥은 어느 곳에나 네 벽에 문이 하나씩 있고, 그 문으로 들어가면 문마다 네 종류의 소지옥이 또 있다. 각 지옥마다 16개의 소지옥이 있으니, 지옥의 종류는 모두 128개나 된다고 하겠다. 사람들이 이 세상에서 지은 죄업에 따라 각자의 지옥에 떨어지는데, 그 지옥에는 잔인하고 인정미 없는 옥졸들이 눈을 부라리고 있다는 것이다. 아래에서 중요한 지옥도를 몇 가지 설명한다.[19]

---

18) 이기선, 앞의 책.
19) 자세히는 山坵哲雄, 「地獄觀の源流」, 『地獄百景』(平凡社, 1988), 97-114쪽.

(1) 발설지옥

거짓말을 하거나 남을 비방하거나 욕설을 하는 등 구업(口業)을 많이 지은 사람이 죽어서 가는 지옥이 발설지옥(拔舌地獄)이다(그림 8-12).

여기서 보업(報業)으로 혀를 빼는 고통을 받는다. 그림은 형틀에 매달린 죄인의 입에서 혀를 뽑아 내어 몽둥이로 짓이겨 크게 부풀게 한 다음, 소가 쟁기로 밭을 갈듯이 혀를 갈아엎도록 하는 모습을 나타내고 있다. 형틀 옆에는 다음에 매달릴 죄인이 목에 칼을 찬 채 앉아 있다. 죄인의 고통과는 상관없이 한결같이 무서운 눈을 부라리며 형을 집행하는 옥졸들의 표정에는 인정미라고는 하나도 없다. 고통에 못 이겨 죽으면 다시 깨어나게 해서 또다시 형벌이 끝없이 집행된다. 죄인을 형틀에 매달고 집게로 죄인의 혀를 뽑아 버리는 벌을 주는데, 혀는 단 한 번 뽑는 것으로 그치는 것이 아니다. 고통에 못 이겨 까무러치면 다시 입 속에 혀가 생겨나고, 생겨난 혀를 또 뽑는 것이다. 이와

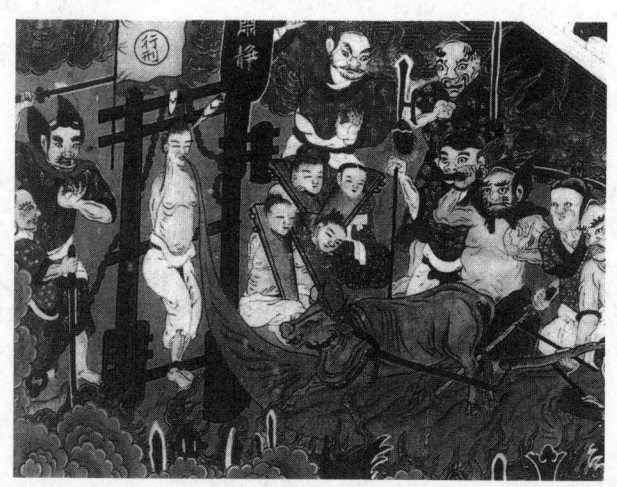

그림 8-12 발설지옥

같이 되풀이해서 끝없이 죄인에게 고통을 준다. 왼편 형틀에 까무러친 죄인이 머리를 떨구고 늘어져 있고, 땅에도 혀를 뽑혀 까무러친 죄인이 넘어져 있다. 그리고 담 아래에는 벌을 받을 죄인이 공포와 불안으로 떨고 있다.

(2) 화탕지옥

화탕지옥(火湯地獄)에서는 활활 타오르는 불길 위에 무쇠 솥을 걸고 그 속에 쇳물을 펄펄 끓인다. 뜨거운 가마솥에 지옥의 옥졸들이 죄인을 잡아 장대에 꿰어 집어넣는다. 죄인들이 뜨거워서 겪는 고통은 말로 다 형용할 수가 없다. 아무리 살려 달라고 비명을 지르고 발버둥쳐도 아무도 동정하거나 도와 주는 사람이 없다. 살은 삶기고 뼈는 물러져, 몸 전체가 녹아 없어지면 밖으로 끌어내어 다시 살게 한 다음 또 뜨거운 가마솥 속에 집어넣는다. 지옥에 죽음이란 없다. 차라리 죽을 수만 있다면, 죽어 버림으로써 모질고 힘든 그 고통에서 벗어날 수 있으련만 지옥의 옥고는 죽음으로도 끝낼 수 없다. 죽을 지경의 고통으로 까무러치면 다시 살아나서 몇 번이고 같은 고통을 받아야 한다. 커다란 가마솥을 꺼지지 않는 유황불이 지글지글 달구고 있다. 머리에 뿔이 난 지옥 옥졸들이 비명을 지르는 죄인의 발을 잡고, 죄인을 거꾸로 머리부터 펄펄 끓는 탕 속에 쑤셔박는다. 펄펄 끓는 뜨거운 물 속에 머리째 처박히니 숨도 못 쉬고 허우적거리며 살려 달라는 말도 나오지 않는다. 입으로 허파 속으로 뜨거운 물이 막 들어간다. 살이 익고 뼈가 타도 죽지 않으니 죄인이 느끼는 고통은 말로 다 할 수가 없다.

(3) 도산지옥

온 산에 뾰족뾰족한 날카로운 칼날이 빈틈없이 꽂혀 있는 능선을

그림 8-13 도산지옥

무기를 든 지옥의 옥졸들이 죄인들을 끌고 막 지나간다. 발등까지 날카로운 칼날이 파고들어 죄인들은 고통이 심해 걸을 수가 없다. 가다가 엎어지면 칼날이 온몸을 찌른다. 고통받는 죄인과는 대조적으로 지옥의 옥졸들은 죄인의 신음소리와 울부짖음이 마치 즐거운 노랫소리인 양 창을 든 표정이 장난스럽기만 하다. 손을 뒤로 묶인 채 맨발로 옥졸에게 끌려가는 죄인은 몇 번이나 이 칼의 능선을 지나가야 할지 고통스럽기만 하다. 또 다른 그림에서는 도산지옥(刀山地獄)의 무서움을 다른 각도로 표현하고 있다. 날카로운 칼날이 뾰족뾰족 튀어나온 평상 위에 알몸의 죄인을 눕히고, 지옥의 옥졸들이 커다란 칼로 막 찌른다. 실신해서 밑으로 떨어지면 정신을 차릴 때까지 기다려서 다시 평상 위로 올려놓고 끝없이 형벌을 집행한다.

(4) 정철지옥

죄인의 몸에 쇠못을 박는 지옥을 정철지옥(釘鐵地獄)이라고 한다. 지옥 형벌의 하나로 죄인의 머리와 몸 모든 곳에 커다란 못을 박아서 죄인에게 참기 어려운 고통을 주는 지옥이다. 목에 커다란 나무 칼을 찬 죄인과 못을 박을 때 고통으로 실신한 죄인이 왼쪽에 쓰러져 있다. 그리고 사납게 생긴 지옥 옥졸이 죄인 위에 걸터 앉아 머리채를 움켜 잡은 채, 커다란 못을 머리에 천천히 꽂으려 하고 있다. 이때 지장보살이 지옥고를 치르는 사람들을 구제하기 위해서 동자를 거느리고 나타난다.

(5) 거해지옥

거해(鉅解)란 말은 톱으로 썰어서 분해한다는 뜻이다. 거해지옥(鉅解地獄)에서는 톱으로 죄인의 몸을 자른다. 산 채로 몸이 잘리는 고통을 겪는 지옥이 거해지옥인데, 날카로운 톱날이 죄인의 몸을 파고든다. 목이 잘린 죄인이 피를 흘리며 땅에 쓰러져 있다.

(6) 독사지옥

독사지옥(毒蛇地獄)은 굶주린 뱀들이 우글거리는 침침하고 어두운 곳으로, 지옥의 옥졸이 무자비하게도 죄인을 떠밀어 넣는다. 비명을 지르며 밑으로 떨어지는 여인과 옥졸의 발에 매달려 살려 달라고 애원하는 죄인의 모습이 가엾기만 하다. 그러나 머리에 뿔이 달린 지옥의 옥졸은 인정 사정 없이 형벌을 집행한다. 뱀은 죄인을 물기도 하고, 죄인의 몸을 감고서 날카로운 눈으로 노려보며 혀를 날름거린다.

(7) 무간지옥

무간지옥(無間地獄)은 가장 크고 또한 가장 무서운 지옥이다. 이 지옥에 떨어지는 자는 부모를 죽였거나, 부처 몸에 상처를 냈거나 혹은 승가의 화합을 깨뜨렸거나 아라한을 죽인 중죄인들이다. 무간지옥에는 필바라침(必波羅鍼)이라는 무서운 바람이 부는데, 이 바람이 불면 온갖 것의 몸이 건조되고 피까지 말라 버리게 된다. 또한 뜨거운 불꽃이 휘날리면 온몸이 타거나 살과 가죽이 익어서 터져 버린다. 그뿐만 아니라 고통를 받는 사이마다 염라대왕의 무서운 꾸지람을 계속 들어야 한다.

우리 나라의 경우 지옥과 관련된 그림은 우란분경변상도(盂蘭盆經變相圖), 감로도(甘露圖), 시왕도(十王圖), 지장시왕도(地藏十王圖), 지장도(地藏圖), 인로왕도(引露王圖)로 나누어 볼 수 있다. 위의 분류 가운데서 직접 지옥의 장면을 그리고 있는 그림으로는 우란분경변상도와 시왕도가 대표적이며 지장시왕도에도 지옥을 묘사한 경우가 있다.[20]

우란분경변상도는 『우란분경(盂蘭盆經)』을 근거로 해서 그린 그림으로, 육도(六途) 가운데 하나인 아귀의 세계를 묘사한 것이다. 우리 나라에서는 오늘날까지 절에서 음력 7월 15일을 우란분절(盂蘭分節) 또는 백중(百中)이라 하여 크게 재를 올리며, 일반인들도 민속 명절로 기리고 있다. 문헌 기록에 따르면 고려 시대에 자주 우란분재(盂蘭盆齋)를 행하였다는 기록이 보이며, 조선 시대에는 민속 행사로까지 발전하여 음력 4월 8일의 연등놀이, 11월 8일의 욕불(浴佛)과 더불어 가장 큰 민속놀이로 성황을 이루었다고 한다.

감로도는 지금까지 흔히 『우란분경』을 소의 경전으로 해서 도설화

---

20) 이기선, 앞의 책.

그림 8-14 한국 지옥도의 특징을 나타내는 감로도

한 우란분경변상도 같은 것으로 여겨 왔다. 그러나 그 도설 내용을 살펴볼 때 아귀도(餓鬼道)를 떠도는 죽은 영혼에게 〈단 이슬(甘露)〉로 상징되는 음식물을 베풀어서 배고픔과 목마름을 달래 주고 마침내는 극락에 왕생토록 하는 의식을 집행한다는 「유가집요구아난다라니염구궤의경(瑜伽集要救阿難咤羅尼焰口軌儀經)」과도 관계가 있음을 알게 된다. 따라서 감로도는 죽은 사람의 넋을 천도하기 위해 재를 베푼 사람의 공덕을 그의 조상에게 회향한다는 조상 숭배적인 요소와 함께, 끝없는 윤회의 굴레를 헤매고 있는 여러 중생도 그러한 고통의 세계에

그림 8-15 염라대왕 앞에서 벌어지는 재판 광경

서 벗어나 극락에 태어날 수 있다는 바람을 가시적으로 보여 주기 위해 만들어진 것이라 하겠다.[21]

감로도는 우리 나라에서 널리 유행한 것으로, 한국 불화의 특색과 불교 신앙의 성격을 보여 주는 귀한 자료이다. 감로도는 그 도상 내용에 따라 상·중·하 삼단으로 구성되는데, 이 삼단의 내용은 아래쪽에

---

21) 자세한 것은 강우방·김승희, 『감로도』(예경, 1996), 341-375쪽 참조.

서 위쪽으로, 곧 하에서 중으로, 중에서 상으로 전개되는 구성을 이루고 있다. 하단은 육도윤회상(六途輪廻相)을 나타내고 있다. 성반(城飯)의 모습, 재를 올리는 사람들이 부처님의 덕을 기리는 모습, 수행 공덕을 상징하고 있는 수행 비구의 모습, 그리고 그러한 공덕을 모아 감로우(甘露雨)를 내리는 번개신(雷神) 등이 그려진다. 상단에는 중생을 구제하기 위해 나타나신 7여래(다보, 보승 묘색신, 광박신, 이표외, 아미타, 감로왕)와 세 보살(인로왕, 지장, 관음)이 묘사되고 있다. 이러한 하·중·상의 유기적 상승 구조로 화면을 구성하고 있는 것은 우리 나라 불교 의식의 삼단 형식의 범주에 속하는 것이라고 생각된다. 감로도의 하단에 그려지는 육도윤회상에는 화면이 적절하게 나누어져 육도를 헤매는 인간 업(業)의 갖가지 장면이 묘사되는데, 대개 20여 종의 장면으로 이루어진다. 지옥의 고통스런 장면, 아귀의 모습, 벼락 맞아 죽는 모습, 호랑이에게 먹히는 모습, 굿하는 모습 등등이 묘사된다. 19세기가 되면 하단 구성 내용 가운데 지옥의 모습은 사라지고 중생의 생활상이 나타나 당대의 풍속화로서의 기능을 한다.[22]

지옥의 재판관인 10명의 왕이 죄를 짓고 끌려온 죄인을 심판하는 모습을 나타내고 있는 그림을 시왕도라 한다.[23] 불교에서 경전의 내용을 간추려 그림으로 표현하는 도설을 경변상도(經變相圖) 또는 변상도라 하는데, 시왕도는 본래 『예수시왕생칠경(豫修十往生七經)』에 따른 변상도에서 비롯되었다. 이제까지 알려진 시왕도 가운데 가장 오래 된 것은 돈황에서 발견된 10세기경의 작품이다. 「시왕도」에는, 각 대왕이 좌우에 권속을 거느린 채 탁자를 앞에 두고 앉아서 죄인을 심판하는 모습과 스스로 저지른 죄의 대가로 무서운 형벌의 고통을 받고 있는 모습이 하나의 장면으로 묘사되고 있는데, 이러한 기본 형식이

---

22) 같은 책, 379-402쪽.
23) 인도, 중국의 Ten Kings of Hell에 관하여는 Louis Frédéric, 앞의 책, 252-253쪽; 김정희, 『조선시대 지장시왕도 연구』(일지사, 1996).

이후의 수많은 시왕도에 이어진다. 우리 나라에서 지금까지 알려진 것 가운데 연대가 가장 빠른 것은 13세기경 해인사에서 목판으로 새긴 「예수시왕생칠경변상도」인데, 이 또한 돈황에서 발견된 「시왕도」의 기본 형식을 따르고 있다. 이 전통은 조선 시대에도 이어져서 명부전 채색화의 화면 구성에도 나타나고 있다. 즉, 화면을 상·하단으로 나누어, 상단에는 각 대왕들이 재판하는 모습, 하단에는 죄인들이 벌을 받아 고통스러워하는 모습을 담고 있다. 우리 나라의 경우 시왕도는 명부전(冥府殿) 또는 시왕전(十王殿) 안벽에 봉안되어, 나무를 깎거나 흙으로 빚어 만든 시왕상의 뒤쪽 벽에 자리잡고 있다. 이러한 시왕도는 벽면에 직접 그려진 벽화로는 아직 알려진 예가 없고, 조선 시대 불화가 대개 그렇듯 화폭에 그려서 벽에 거는 방식, 즉 탱화(幀畵)로만 남아 있다.

시왕도는 경전의 내용을 그림으로 나타내고 있고 또 전통적인 형식을 잇고 있으나 그럼에도 불구하고 시대의 변화가 반영되어 있는데, 특히 화면 구성상 아래쪽에 배치된 지옥 장면의 묘사에 그러한 흐름이 잘 나타나 있다. 즉, 전통적으로 전해 오는 시왕과 그에 대응하는 지옥이 서로 어긋나는 경우가 있음을 찾아볼 수 있는데, 이러한 혼란상은 여러 원인으로 설명할 수 있겠지만, 임진왜란과 병자호란 등의 재난을 겪으며 수많은 사찰이 불탈 때 그 안에 봉안되었던 불화도 피해를 입게 되어 전통 형식을 습득할 자료가 부족해짐으로써 화가 자신의 상상력에 의한 새로운 도상이 만들어졌을 가능성을 생각해 볼 수 있다. 엄격한 형식이나 틀이 요구되는 종교적 그림에서 비교적 작가의 상상력이 많이 반영될 수 있는 공간이라는 점에서, 사회상과 시대 정신을 나타내는 자료로서의 지옥도의 의미가 더욱 크다고 생각된다. 예컨대 서울 정릉 삼각산 흥천사(興天寺)의 감로 탱화(1926년 제작) 하단의 욕계(欲界)에는, 터널을 뚫고 들어가는 기차, 종로 네거리, 근대 건축인 시청, 전차, 양복 입은 신사, 한복을 입고 재판정 피고인석에 서 있는

그림 8-16 중국에서 제작된 시왕도

조선 여인의 모습들이 근대적 회화 기법으로 그려져 있다.[24] 그리고 최근에 광주 항쟁 사건이 탱화 속에 표현된 작품이 나오기도 하였다.

지장보살은 대지의 덕을 의인화(擬人化)한 인도 바라문교의 지모신

---

24) 강우방, 『미의 순례』(예경, 1993), 179쪽.

그림 8-17 돈황에서 발굴된 시왕도

(地母神)을 불교가 받아들인 데에서 비롯되었다. 인도의 전통 신이 불교에 수용된 계기는 무엇인지 확실히 알 수 없으며, 불교에 받아들여진 처음에는 그다지 널리 신앙되지 않았다. 그러나 지장보살은 육도에서 윤회하는 중생을 모두 제도하기까지는 자신의 성불을 뒤로 미루겠다는 서원을 세우고 자비행을 행하는 보살로서, 석가모니불이 입멸한 후 미륵불이 출현할 때까지의 무불 시대, 즉 오탁악세(五濁惡世)에 번

뇌와 죄업으로 고통받는 중생들을 제도하는 일을 부처님에게 물려받은 보살로 등장하게 되었다.[25] 이러한 지장 신앙을 널리 믿게 된 것은 대체로 수나라 이후 중국에서였다. 이어 7세기 후반 중국 불교의 전환기에 당대에 유행한 정토 신앙과 더불어 지장 신앙도 널리 보급되었다. 즉, 지장보살은 현세의 행복과 내세의 안락을 함께 보장하며, 나아가 뭇 생명 있는 자들을 성불토록 하여 윤회하는 세계 자체를 없애고자 하는 〈파지옥(破地獄)〉의 보살이다. 보통 명부전에는 본존인 지장보살을 중심으로 왼쪽에 도명존자(道明尊者), 오른쪽에는 무독귀왕(無毒鬼王)을 봉안하여 삼존불을 이루게 한다.[26]

3 동서양의 비교

이상에서 우리는 서양에서의 최후의 심판도와 동양의 지옥도를 고찰하였다. 종교적 배경의 차이로 그 구성이나 등장 인물이 서로 다름에도 불구하고 전체적으로 상당한 공통점도 발견된다는 것을 알 수 있다. 서양의 최후의 심판도에는 예수 그리스도를 심판주로 삼고 한 작품 안에 천당과 지옥의 광경이 동시에 그려져 있는 경우가 많다. 이탈리아의 시성 단테 A. Dante의 『신곡(神曲)』에 나타난 천당과 지옥의 광경이 미술 작품에도 많은 영향을 미친 것으로 설명된다. 심판주 앞에는 미카엘 대천사가 칼과 저울을 들고 정의의 여신인 유스티치아 Justitia와 같은 모습으로 종종 등장한다.

---

25) 지장보살에 관해 자세히는 Louis Frédéeric, *Buddhism*(Paris, 1995), 183-190쪽; Young-Sook Pak, "Ksitigarba as Supreme Lord of the Underworld : A Korean Buddhist Painting in the Museum für Ostasiatische Kunst in Berlin," *Oriental Art*, N. S. vol. XXIII, No. 1, 1977, 96-103쪽; 박도화, 『보살상』(대원사, 1990), 64-78쪽.
26) 이기선, 앞의 책.

이에 비해 동양의 불교 미술에는 극락과 지옥의 모습이 동시에 그려지는 예는 드물다. 대웅전의 대불화에는 석가모니 부처의 모습이 크게 그려지고, 대체로 삼층 구조로서 지상의 모습에서 극락에 이르는 과정이 묘사되어 있다. 이와 별도로 지옥도 내지 감로도에는 재판받는 인간의 영혼이 갖가지 형벌과 고통을 받는 장면들이 그려지고 있다. 미카엘 천사와 같이 저주받은 인간 영혼을 대신 구원하기 위하여 지장보살이 중요한 역할을 하고 있다.

문자와 다른 매체 수단이 크게 발달되지 못한 중세와 근세 시대에는 이러한 그림을 통한 심판과 형벌의 광경이 인간의 종교 생활뿐만 아니라 법 생활에도 크게 영향을 미쳤다. 오늘날 현대인들은 그만큼 융화된 관념 세계에 살지는 않지만, 그래도 성당과 사찰에 그려진 이러한 그림들을 보면서 법 의식과 정의 관념에 영향을 받지 않는다고 말할 수는 없을 것이다. 아무튼 지상에서의 불완전한 법과 정의의 관념을 궁극적으로 완성시키는 최후의 심판도와 극락도 및 지옥도의 장르는 법상징학에서도 마지막으로 관심 두어야 할 중요한 테마라 하겠다.

제 9 장 결론—법상징학의 발전을 위하여

　이상에서 법상징학이란 이름 아래 법과 상징, 특히 조형 예술을 통한 법상징학을 여러 측면에서 조명하고 체계화 내지 이론화하려고 노력하였다. 이제 결론을 맺으면서 다시 한번 법상징학이란 어떤 학문이며, 이를 위하여 앞으로 어떻게 해야 할 것인가를 요약적으로 검토해 보고자 한다.

(1) 법상징의 필요

　여기에서 다시 상징이 무엇인가, 어떻게 상징 연구를 해야 할 것인가에 대하여는 새삼 논하지 않으려고 한다. 상징 연구는 1960년부터 ≪심볼론 *Symbolon : Jahrbuch für Symbolforschung*≫이라는 연보가 발간되어 전세계 연구자들이 참여하고 있다. 그 외에도 좋은 사전과 연구서들이 이미 많이 나와 있기도 하고 계속 간행되고 있다.[1] 그리고 종

---

1) 예를 들자면 Jean Chevalier/Alain Ghearbrant(eds.), *Dictionnaire des Symboles*, 4 vols.(Paris, 1973).

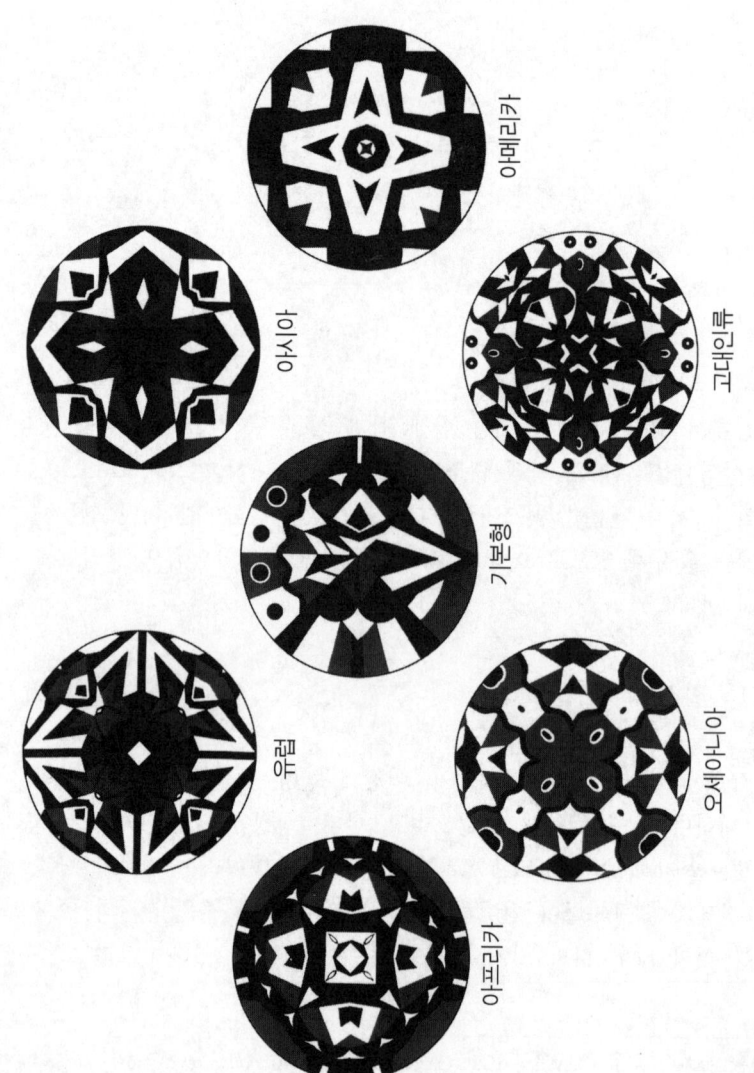

그림 9-1 H. 위그모어의 「정의의 만화경」

종 국제 심포지엄들이 개최되고 그 결과가 출간되기도 한다.[2)]

이러한 연구 결과들을 읽어 보면, 상징이란 것이 이른바 비합리성이나 전근대적 사고도 아니고, 오히려 인간의 상상력과 실존성을 표현하는 중요한 기능임을 확인하게 된다. 그래서 점점 인류학자를 비롯하여 많은 연구자들이 상징에 대한 관심을 갖고 학제적으로 연구를 하고 있다. 그런가 하면 한편으로는 마르쿠제 H. Marcuse가 〈일차원적 인간 One-dimensional man〉이라는 말로 표현하기도 했듯이 현대인들이 상징을 포기하고 일차적으로 실용적이고 합리적인 데에 급급해하는 경향도 없지 않다. 그래서 상징에 대한 연구가 더욱 중요해지고 절실해지는지도 모른다.

어쨌든 인간은 상징의 세계를 외면할 수 없으며, 상징을 통하여 사물의 의미와 맛을 진실로 체험한다고 할 수 있다. 눈에 보이고 소리로 들리는 모든 현상들이 단지 현상으로만 머물 때는 우리에게 의미로 와 닿지 않고, 크든 작든 상징성을 띠게 될 때 의미가 전달되어 오는 것

---

2) 예컨대 1954년 하버드 대학 주최 제4회 과학, 철학, 종교 심포지엄의 결과 보고서인 L. Bryson and Athers(ed.), *Symbols and Society*(N. Y., 1955); 1973년 미국 남부 인류학회에서 개최한 학회 결과인 Carole E. Hill(ed.), *Symbols and Society: Essays on Belief Systems in Action*(Univ. of Georgia Press, 1975); 1974년 슈트라스부르크 대학 신학부에서 주최한 국제 심포지엄(1974)의 결과인 Jacques-É. Menard(ed.), *Le Symbola*, Université des Science Humanics de Strasbourg(1975); 1977년 국제 종교사회학회 C.I.S.R.의 회의 결과인 *Symbolism: Religions, Secular and Social Classes*(Strasbourg, 1997); 1997년 6월 16-24일 베너-그렌 재단 Wenner-Gren Foundation에서 지원하여 오스트리아 바르텐슈타인에서 개최한 인류학자, 사회학자, 생물학자, 심리학자, 언어학자, 매스컴 학자 등의 학제적 심포지엄의 결과인 Mary Foster/Stanley Brandes, *Symbol as Sense: New Approaches to the Analysis of Meaning*(N. Y., 1980) ; 1979에 보스턴 대학과 노트르담 대학이 공동 주최한 심포지엄의 결과인 Alan M. Olson(ed.), *Myth, Symbol and Reality*(Univ. of Notre Dam Press, 1980) 등이 있다.

이다.

　법도 마찬가지이다. 아무리 법전 체계가 잘 갖추어져 있고, 사법부를 통하여 재판이 잘 이루어진다 하더라도 궁극적으로 〈나에게 법〉이 무엇이냐고 물어 보면 우리는 상당히 막연하거나 거리감이 있는 것이라고 말하지 않을 수 없을 것이다. 그것은 우리에게 법의 상징성이 아직 약하기 때문이라 하겠다. 성서가 있지만 진정한 성서는 마음 속에 있는 것이라는 말도 있듯이, 법전과 법원이 있지만 진정한 법은 내 마음에 비치는 법 그것이라고 말할 수밖에 없다. 물론 이러한 상징은 시간을 두고 차곡차곡 쌓이며 형성되어 갈 것이다. 여기서 법의 상징, 법상징학의 중요성이 다시 한번 인식된다.

(2) 법상징의 해석

　쉴트 Wolfgang Shild는 그의 『법과 정의의 그림 Bilder von Recht und Gerechtigkeit』(1995) 첫 장에서 법과 정의에 관한 미술 작품의 해석이 얼마나 어려운가를 자신의 경험을 통하여 구체적인 작품들을 예로 들어 설명하고 있다. 헤아릴 수 없이 수많은 미술품들, 과거에 창작되었거나 현재 생산되고 있는 그 많은 작품들 속에 어떤 것이 법과 정의에 관한 작품인지 레테르가 붙어 있는 것은 아무것도 없다. 예술가는 말없이 창작만 할 뿐이다. 그것을 두고 해석자들 — 평론가나 법률가 — 이 〈법상징〉이란 색안경을 쓰고 해석해야 하는 것이다. 글로 쓰여진 문학 작품의 해석도 쉽지 않은데, 조형 예술 속에 담겨진 의미와 상징을 찾아내어 설명한다는 것은 더욱 어려운 일이다. 극단적으로 말하면 예술의 해석이란 불가능한 것인지도 모른다. 그럼에도 불구하고 미술 비평 Art Criticism이란 장르가 있듯이, 예술은 각자가 마음대로 즐길 수도 있지만 어느 정도 바른 해석과 감상을 할 수 있어야 한다. 유홍준(兪弘濬)도 『우리 문화유산 답사기』에서 미술에 대해 아는 만큼 느낀다고 강조한다.

이런 면에서 법상징학이란 분야를 이루어 전문 연구가들이 연구를 축적해 나가는 일은 매우 중요하다. 작품의 해석에도 얼마든지 다른 의견이 있을 수 있고, 그렇기 때문에 결국 바른 해석이 필요한 것이다. 그 바른 해석을 찾아서 가는 한 모든 지적 논의를 주제로 하여 작품화한 것을 해석하는 것은 말할 필요도 없고, 과거 미술사에 등장하는 작품들에 대해서도 그 시대의 역사, 정치, 사회, 문화적 배경, 작가의 인생과 사상을 광범하게 파악해야만 바르게 해석할 수 있다. 우리 나라에서는 미술의 창작이나 비평이 미술가들에게만 국한되어 있고, 미술이라 하면 이해보다도 〈멋대로(?)〉하는 것이란 풍조가 있는 것 같은데, 더 착실하게 의미와 상징을 해석해 나가는 기초가 다져져야 발전을 기약할 수 있을 것이다.

(3) 법과 예술의 대화

법상징학은 절대로 법률가들만의 대변이나 논의로 이루어질 수 없고, 무엇보다도 예술가들과의 대화와 공동 작업이 필요하다. 법상징은 물론 법률가들이 머릿속으로 생각할 수도 있지만, 역시 예술가들과 공동으로 창조할 때 참신하게 나타날 수 있다. 서양에서는 원래 이러한 대화의 분위기가 이루어져 있기 때문에 훌륭한 작품들이 많이 생산되고 있다. 국민들의 생활 속에 법이 중요한 역할을 하고, 동시에 여유가 있으니 예술도 가까이 있는 것이다. 법원이나 법대 건물 등 법과 관련된 기관들이 예술적으로 격조를 갖추고 있다. 하버드 로스쿨 Harvard Law School을 예로 본다면, 법미술 Law Art을 담당하는 전문 큐레이터가 있어 250점에 이르는 법학 교수나 법률가들의 초상화를 걸어 두는 것을 비롯해 수시로 미술에 관한 전시회를 여는 등 이러한 관심을 실천해 나가고 있다. 유럽에도 이미 소개한 바와 같이 유럽 법도상학회

Europäisches Seminar für Rechtsikonographie가 있어 연구자들이 정기적으로 발표회를 갖고 답사도 함께 하고 있다.

우리 나라에서도 1995년에 근대 사법 100주년을 맞이하여 대법원을 옮기고 서울대 법대에 100주년 기념관을 건립하면서 처음으로 법률가와 미술가들의 대화가 이루어져 〈법조 미술〉이 탄생되었다. 대법원에 가는 사람들은 우선 정원에 서 있는 법과 정의의 상징 조각을 보게 되고, 벽에 걸린 법상징의 회화와 부조(浮彫)를 보고 법의 전당으로서의 권위와 격조를 마음으로 느끼게 될 것이다. 앞으로도 계속하여 사법부와 법조, 법학계에서 이 방면에 관해 관심을 갖고 작품으로 창조되도록 지원하고 참여해야 할 것이다.

(4) 세계화와 법상징

국내외를 막론하고 오늘날 세계화가 많이 논의되고 실천되고 있다. 지금까지 법은 국경의 범위를 넘어서기 힘들었고, 파스칼 B. Pascal이 『팡세』에서 얘기한 것처럼 피레네 산맥 이쪽에서의 정의가 저쪽에서는 부정의인 경우가 많았다. 그렇지만 이제 세계화의 물결과 함께 인간이 있는 곳이라면 같은 법과 정의를 추구한다는 생각이 점점 강해지고 있다. 이렇게 본다면 위에서 서양과 동양을 나누어 법상징을 논의한 것이 미래 지향적인 면에서는 다소 진부하게 느껴질 수 있을지도 모른다. 그것은 어디까지나 역사상, 그리고 현재 그러하다는 것이고 앞으로는 글로벌한 법상징 같은 것도 생각해 봄직하다. 유럽에 가면 도처에서 전에 볼 수 없던 EU 깃발이 나부끼고 있다. 법과 정의의 상징도 동서양을 초월하는, 초월하지는 못한다 하더라도 대화하는 이미지로 개발될 필요도 있을 것이다. 물론 정의를 추구하는 법학과 사법(司法)은 이런 면에서 다른 분야에 비해 속도가 결코 빠르지 못하다. 그것이 단점일 수도 있고 장점일 수도 있다. 아무튼 동서양의 뜻있는 법률가

와 예술가들이 한자리에 모여 이러한 법상징을 논의하고 모색해 볼 필요도 있을 것이다.[3]

결론적으로, 앞으로도 인간은 법에 관하여도 언어와 예술을 통하여 여러 상징을 계속 창조하면서 살아갈 것이다. 인간은 문자에 의한 간접 경험 때문에 생각의 독립성을 봉쇄당하는 경우가 많다. 우리는 언어가 인간의 생각과 판단을 잘못 전달하지 않는지 계속하여 회의해 볼 필요가 있다. 앞으로 상징에 더욱 중요하게 관심을 두어야 할 이유가 여기에 있다. 법상징 또한 어려운 영역이긴 하지만 그것을 잘 가꾸어 갈수록 법학과 법문화 자체가 건전하고 풍부해질 것이다.

---

[3] 필자는 1997년에 하와이의 Law School이나 East-West-Center 같은 곳에서 이러한 프로그램을 추진해 보라고 권한 바 있다. 우리 나라에서도 이러한 관심이 커지면 한번 주최해 볼 만하다고 생각한다.

【참고문헌】

1 한국 문헌

강우방,『미의 순례』, 예경, 1993.
강우방·김승희,『감로도』, 예경, 1996.
고광림·최종고 편,『동서양의 법문화』, 교육과학사, 1990.
공보처,「국가 상징 및 국경일에 관한 국민 의식 조사 보고서」, 현대 리서치 연구소, 1996.
구미례,『한국인의 상징 세계』, 교보문고 1994.
김경용,『기호학이란 무엇인가』, 민음사 1994.
김만희,『한국의 용』, 상미사, 1987.
김만희,『한국의 지옥도』, 상미사, 1990.
김병규,『법철학의 근본 문제』, 법문사, 1988.
김영상,『서울 6백년』, 대학당, 1994.
김영나,『서양 현대 미술의 기원』, 시공사, 1996.
김용직 편,『상징』, 문학과지성사, 1988.
김용환,『만다라 : 깨달음의 영성 세계』, 열화당, 1991.
김일수,『국기 해설』, 우리국기보양회 출판부, 1967.
김정희,『조선 시대 지장시왕도 연구』, 일지사, 1996.
김종호,『국기 해설』, 집문당, 1978.
박은정,『자연법 사상』, 민음사, 1987.
박병호,『한국의 법』, 세종대왕 기념사업회, 1974.
박병호,『한국의 전통 사회와 법』, 서울대 출판부, 1985.
손성,『외뿔양 해치의 르네상스』, 도서출판 화동, 1994.
서준식,「나의 서양 미술 순례」, 창작과 비평사, 1993.
심헌섭,『법철학』I, 법문사, 1982.

337

안경환, 『법과 문학 사이』, 까치, 1995.
안국선, 『금수회의록』, 두로출판, 1997.
안휘준, 『한국회화사』, 일지사, 1980.
유기천, 『형법학 : 총론 강의』, 일조각, 1968(개정판).
유홍준, 『문자도』, 대원사, 1993.
윤승중, 『건축되는 도시, 도시 같은 건축』, 간향미디어, 1997.
윤재근, 『동양의 미학』, 둥지 1993.
이규태, 『욕심의 한국학』, 기린원, 1987.
이규태, 『눈물의 한국학』, 기린원, 1987.
이기선, 『지옥도』, 대원사, 1992.
이영배, 「서울대학교 법과 대학 근대 법학 교육 100주년 기념 종에 관한 연구」 (보고서), 1996.
이윤기, 『뮈토스』, 고려원, 1995.
이은봉, 『종교와 상징』, 세계일보사 1992.
이동주, 『한국회화사론』, 열화당, 1987.
이항녕, 『법철학 개론』, 박영사, 1974.
이혜화, 『용 사상과 고전 문학』, 깊은샘, 1989. 전봉덕, 『한국법제시연구』, 서울대출판부, 1968.
전봉덕, 『한국 법제사 연구』, 서울대출판부, 1968.
전재경, 『복수와 형벌의 사회사』, 웅진, 1996.
한국문화상징사전편찬위원회, 『한국문화상징사전』, 동아출판사, 1992.
최승규, 『서양미술사 100장면』, 가람기획, 1996.
최종고, 『법과 종교와 인간』, 삼영사, 1981(초판), 1991(증보판).
최종고, 『서양 법제사』, 박영사, 1986.
최종고, 『사진으로 본 세계의 법학자』, 교육과학사, 1991.
최종고, 『법사상사』, 박영사, 1983(초판), 1999년판(증보신판).
최종고, 『법사(法史)와 법사상(法思想)』, 박영사, 1980.

최종고,『정의의 상을 찾아서』, 서울대출판부, 1994.
최종고 편저,『법격언집』, 교육과학사, 1989.
최종고,『법과 윤리』, 경세원, 1992, 증보판 2000.
최종고,『위대한 법사상가들』, Ⅰ, Ⅱ, Ⅲ, 학연사, 1984-1985.
최종고,「법과 정의의 상징에 관한 연구」, 《저스티스》 27권 1호, 1994.
최종고,「법과 정의의 조형물」, 《미술광장》, 1994년 6월호.
최종고,「법과 미술의 만남」, 《미술세계》, 1994년 8, 9월호.
최종고,「미술로 본 해태와 유니콘」, 《월간미술》, 1994년 11월호.
최종고,『한국 법사상사』, 서울대출판부, 1989.
최종고,「작센슈피겔의 법사상」, 《사법연구》 1집, 1992.
최종고,『법과 미술』, 시공사 1995.
최종고,『G. 라드브루흐연구』, 박영사, 1995.
최종고,『新서유견문』, 웅진출판, 1995.
최종고,「법조미술론」, 《시민과 변호사》, 1996년 12월호.
최종고,「법의 상징을 찾아서」, 《상상》(계간), 1997년 봄호, 제5권 1호, 통권 15호.
함병춘,『한국의 문화 전통과 법』, 한국학술연구원, 1993.
허균,『서울의 고궁 산책』, 효림, 1994.
허균,『뜻으로 풀어 본 우리의 옛 그림』, 대한교과서, 1997.
홍윤식,『극락도』, 현대불교신서, 1986.

A. 화이트헤드, 정연홍 옮김,『상징 작용 : 그 의미와 효과』, 서광사 1989.
C. 페를만, 심헌섭·장영민 옮김,『법과 정의의 철학』, 종로서적, 1986.
D. M. 라스무센, 장석만 옮김,『상징과 해석』, 서광사, 1991.
L. 포스피실, 이문웅 옮김,『법인류학』, 민음사 1993.
M. 엘리아데, 박국태 옮김,『상징·신성·예술』, 서광사, 1991.
P. 리쾨르, 이병수 옮김,『악의 상징』문학과 지성사, 1995.

R. 하젤턴, 정옥균 옮김,『신학과 예술』, 현대신서, 1983.
T. 토도로프, 이기우 옮김,『상징의 이론』, 한국문학사, 1995.
게라두스 반 데르 레우후, 윤이흠 옮김,『종교와 예술』, 열화당 1988.
구스타프 라드브루흐, 최종고 옮김,『도미에의 사법풍자화』, 열화당, 1994.
구스타프 라드브루흐, 최종고 옮김,『법의 지혜』, 교육과학사, 1993.
구스타프 라드브루흐, 최종고 옮김,『법철학』, 삼영사, 1975.
나카무라 하지메, 김지견 옮김,『일본인의 사유 방법』, 김영사, 1982.
데이비드 폰타나, 최승자 옮김,『상징의 비밀』, 문학동네, 1998.
라와노 히로시(川野洋), 진중권 옮김,『예술・기호・정보』, 새깔, 1992.
벤자민 로울랜드, 최민 옮김,『동서 미술론』, 열화당, 1982.
송천성, 성임 옮김,『아시아인의 심성과 신학』, 분도출판사, 1982.
수잔 K. 랭거, 박용숙 옮김,『예술이란 무엇인가』, 문예출판사, 1984.
야나기 무네요시, 박재희 옮김,『조선의 예술』, 동서문화사, 1977.
에드워드 루시-스미드, 이대일 옮김,『상징주의 미술』, 열화당, 1987.
에른스트 카시러, 최명관 옮김,『인간이란 무엇인가』, 서광사, 1988.
오경웅・서돈각 옮김,『정의의 원천』, 박영사, 1957.
제르맹 바쟁, 최병길 옮김,『세계 조각의 역사』, 미진사 1994.
조르쥬 나타프, 김정란 옮김,『상징・기호・표지』, 열화당, 1987.
조지프 캠벨, 이윤기 옮김,『신화의 힘』, 고려원, 1992.
진 쿠퍼, 이윤기 옮김,『그림으로 보는 세계문화상징사전』, 까치, 1994.
칼 융, 정영묵 옮김,『사람과 상징』, 까치, 1995.
토머스 먼로, 백기수 옮김,『동양 미학』, 열화당, 1984.
폴 틸리히, 김경수 옮김,『문화의 신학』, 대한기독교서회, 1971.
폴 틸리히, 남정길 옮김,『사랑・힘・정의』, 형설출판사, 1972.
한스 켈젠, 김영수 옮김,『정의란 무엇인가?』, 삼중당, 1982.
호르헤 루이스 보르헤스, 남진희 옮김,『상상 동물 이야기』, 까치, 1994.

2 일본 문헌

森征一, 岩谷十郎編, 『法と 正義の Iconology』, 慶應義塾大學出版會, 1997.
水上勉 外, 『地獄百景』, 平凡社, 1988.
諸川春樹, 『西洋繪畵の 主題物語』(聖書編), 美術出版社, 1997.
小寺慶昭, 『狛犬學事始』, ナカニシヤ出版, 1994.
小寺慶昭, 『京都狛犬巡』, ナカニシヤ出版, 1999.
堂本美術館監修, 『堂本印象』, 京都書院, 1980.
歷史敎育協議會 編, 『日の丸・君ガ代』, 大月書店, 1999.
T. Leggett, 『紳士道と武士道: 日英比較文化論』, サイマル出版會, 1973.

3 서양 문헌

Laurie S. Adams, *Art and Phychoanalysis*, N. Y. 1994.
Theodor Adorno, *Ästhetische Theorie*, Frankfurt, 1989.
A. Alciatus, *The Latin Emblems in Translation*, trans., by P. Daly, 1985.
Roger Ames & Baird Callicottle, *Nature in Asian Traditions of Thought*, N. Y., 1989.
Jann Assmann/Banhard Janowski(Michael Welker(hrsg.)), *Gerechtigkeit*, München, 1998.
Karl von Amira, *Der Stab in der germanischen Rechtssymbolik*, München, 1909.
　　Karl von Amira/Claus von Schwerin, *Rechtsarchäologie*, 1943.
Piane Apostolos-Cappadona(ed.), *Art, Creativity and the Sacred: An Anthology in Religion and Art*, N. Y., 1995.
Gary Bagnall, *Law as Art*, Aldershot, 1996.
Z. Bankowski/G. Mungham, *Images of Law*, London, 1976.
Sybille Bedford, *The Faces of Justice*, N. Y., 1961.
Jacques Boedels, *La Justice*, Dole, 1992.
Conrad Borchling, *Rechtssymbolik im germanischen und römischen Recht*,

Darmstadt, 1965.

Harald Borges, *Drache, Einhorn, Phönix*, Stuttgart, 1993.

Tom Campbell, *Justice*, London, 1988.

Ernst Cassirer, *Symbol, Myth and Culture*, ed. by Donald P. Verene, Yale Univ. Press, 1979.

Chongko Choi, Law, Justice and Art: Legal Aesthetics East and West, *Asian Jurisprudence in the World*, Seoul, 1997.

Clana E. Clement, *Legendary and Mythological Art*, London, 1994.

Anthony Christie, *Chinese Mythology*, London, 1968.

Morris Cohen, *Law: The Art of Justice*, Hugh Lauter Levin Associates, Inc. 1992.

Ananda K. Coomaraswamy, *Christian and Oriental Philosophy of Art*, N. Y., 1956.

Richard Cavandish, *Man, Myth and Magic*, N. Y., 1995.

Alan C. Covell, Folk Art and Magic: Shamanism in Korea, Hollym/Seoul, 1986.

R. Cover & O. Fiss, *The Structure of Procedure*, 1979.

Robert Cover, The Folktales of Justice: Tales of Jurisdiction, *Capital University Law Review*, vol. 14, 1985.

Robert Cover, Violence and the Word, *Yale Law Journal*, vol. 95, 1986.

Eliot Deutsch, *Studies in Compasative Aesthetics*, Univ. of Hawaii, 1975.

Vivian Grosswald Curran, "Metaphor is the Mother of All Law," in Roberta Kevelsonc(ed.), *Law and the Conflict of Ideologies*, Peter Lang, N. 5, 1996.

Dennie E. Curtis/Judith Resnik, Images of Justice, in: *Yale Law Journal*, vol. 96, No. 8, 1987.

D. Daube, The Scales of Justice, *Juridical Review 1109*, 1951.

Eliot Deutsch, *Studies in Comparative Aesthetics*, Univ. of Hawaii Press, 1975.

Eliot Deutsch(ed.), *Culture and Modernity: East-West Philosophic Perspectives*, Univ. of Hawaii Press, 1991.

George Dickie, *Art and the Aesthetics: An Institutional Analysis*, Itaca, 1974.

Anton Dieterich(hrsg.), *Goya: Visionen einer Nacht Zeichnungen*, Köln, 1972.

Jane Dillenberger, *Image and Spirit in Sacred and Secular Art*, N. Y., 1990.

Costas Douzinas, Whistler v. Ruskin, Law is Fear of Images, *Art History*, vol. 19, No. 3, 1996.

Costas Douzinas & Lynda Nead(ed.), *Law and the Image: The Authority of Art and the Aesthetics of Law*, Univ. of Chicago Press, 1999.

Maria Muelder Eaton, Aesthetics: of the Mother of Ethics? *Journal of Aesthetics and Art Criticism*, vol. 55, No. 4, 1997.

S. Egerton, *Pictures and Punishment: Art and Criminal Prosecution during the Florentine Renaissance*, 1985.

A. Ehrenzweig, *Psychoanalytic Jurisprudence*, 1971.

Henry W. Ehrmann, *Comparative Legal Cultures*, New Jersey, 1976.

William Eaton(ed.), *Aesthetics and Language*, Oxford, 1954.

Jürgen W. Einhorn, *Spiritalis unicornis*, München, 1998.

Nobert Elias, *The Symbol Theory*, London, 1991.

A. Erler, "Rechtssymbolik," in *Handwörterbuch der Deutschen Rechtsgeschichte*, Berlin, 1971.

Hans Fehr, *Das Recht im Bilde*, München, 1923.

Robert Fisher, *Buddhist Art and Architecture*, London, 1993.

Sally Fisher, *The Sqare Halo and other Mysteries of Western Art*, N. Y., 1995.

Rainer Frank(Hrsg.), *Recht und Kunst: Symposium aus Anlaß des 80. Gebertstages von Wolfram Müller-Freienfels*, C. F., Müller/Heidelberg, 1996.

Julia Keller-Franck, *Das Symbol in der bildenden Kunst*, Freiburg, 1998.

Louis Frédéric, *Buddhism, Flammarion Iconographic Guide*, Paris, 1995.

G. Frommhold, *Die Idee der Gerechtigkeit in der bildenden Kunst*, 1925.

Hans-Georg Gadamer, *Wahrheit und Methode: Grundzüge einer philosophischen Hermeneutik*, Tübingen, 1986.

Stephen J. Goldberg, "Chinese Aesthetics," in Eliot Deutsch and Ron Bontempo(ed.), *A Companion to World Philosophies*, Blackwell, 1997.

E. Gombrich, *Symbolic Images: Studies in the Art of the Renaissance*, 3rd ed. 1985.

Anne Suasm Goodrich, *Chinese Hells*, St. Angustine, Born, 1981.

Michael K. Green, "Images of Justice," *International Journal of the Semiotics of Law*, vol. 7, No. 21, 1994.

Bernhard Großfeld, *Zeichen und Zahlen im Recht: Zahlen im Rechtsgeschichte und Rechtsvergleichung*, Tübingen, 1993.

Fritjof Haft, *Aus der Waagschale der Justitia*, München, 1990.

Pyongchoon Hahm, *Korean Jurisprudence, Politics and Culture*, Yonsei Univ. Press, Seoul, 1986.

John Haley, *Authority without power: Law and the Japanese Paradox*, N. Y., Oxford U. P., 1991.

Charles E. Hammond, "The righteous Tiger and the grateful Lion," *Monumenta Serica*, vol. 43. 1996.

C. Harrison, *The Last Judgement in Sixteenth Century Northern Europe*, 1976.

J. Harrison, *Themis: A Study of the Social Origins of Greek Religion*, 1927.

Ildefons Herwegen, *Germanische Rechtssymbolik in der Römischen Liturgie*, Darmstadt, 1962.

Dicter Henrich, *Aesthetic Judgement and the Moral Image of the World*, Stanford, 1972.

Dieter Henrich, *Identität und Objektivität*, Heidelberg, 1976.
Ch. Hinckeldey(hrsg.), *Strafjustiz in alter Zeit*, Kriminalmuseum in Rothenburg ob der Tauber, 1980.
Bernard S. Jackson, *Semiotics and Legal Theory*, Rostleage and Keegan Paul, 1985.
Hans Jense, *Sign, Symbol and Script*, 1970.
J. Jones, *The Law and Legal Theory of the Greeks*, 1956.
Carl Jung, *Mandala Symbolics*, tr. by R. F. C. Hull, Princeton, U. P., 1959.
Heike Jung(hrsg.), *Das Recht und die schöne Küunste : Heinz Müller-Dietz zum 65. Geburtstage*, Nomos, Baden-Baden, 1998.
Iwatani Juro, "The Supreme Court as a Repository of Legal Symbols: Images of Law and Justice in Modern Japan," *Keio Law Review*, No. 8, 1995.
A. Katzenellenbogen, *Allegories of the Virtues and Vices in Mediaeval Art*, 1939.
Roberta Kevelson, *Pierce and Law*, Frankfurt & N. Y., 1991.
Roberta Kevelson(ed.), *Law and Aesthetics*, Frankfurt & N. Y., 1992.
Roberta Kevelson, "Icons of Justice/Spirit of Laws," *International Journal of the Semiotics of Law*, vol. 7, No. 21, 1994.
Guido Kisch, *Recht und Gerechtigkeit in der Medaillenkunst*, Heidelberg, 1955.
Otto Kissel, *Die Justitia : Reflexionen über Symbol der Gerechtigkeit*, Müchen, 1984.
Gerhard Köbler, *Bilder aus der Deutschen Rechtsgeschichte*, München, 1988.
Gernot Kocher, *Zeichen und Symbol des Rechts*, München, 1992.
Penny Kome & Patrick Crean(ed.), *Peace : A Dream Unfolding*, San Francisco, 1986.
Gerhard Kurz, *Metaphor, Allegorie, Symbol*, Frankfurt, 1997.
Gerhart B. Ladner, *Handbuch der frühchriistlichen Symbolik : Gott, Kosmos,*

Mensch, Wiesbaden, 1996.

Susan Langer, *Philosophy in a New Key,* N. Y., 1954.

Verena Labhart, *Zur Rechtssymbolik des Bischofsring,* Köln, 1963.

Jean A. Lefeuvre, Rhinoceros and Wild Buffaloes in North of the Yellow River at the End of the Shang Dynasty, *Monumenta Serica,* vol. 39, 1996.

Michael Loewe, "The Cult of the Dragon and the Invocation for Rain," in Charles de Blanched, *Chinese Ideas about Nature and Society,* Hongkong Univ. Press, 1987.

Catherine A. Mackinnon, *Toward a Feminist Theory of the State,* Harvard Univ. Press, 1989.

Peter M. Mäder/Günter Mattern, *Fahnen und ihre Symbole,* Schweizerisches Landermuseum, Zürich, 1993.

Joel Marko, "Emotion East and West: Introduction to a Comparative Philosophy," *Philosophy East and West,* vol. 16, No. 1, 1991.

J. A. Martin, Jr. *Beauty and Holiness,* Princeton Univ. Press, N. J. 1985.

Koichi Miyazawa, "Das Recht und die schöne Künste in Japan," in *Das Recht und die schöne Künste,* hrsg., von Heike Jung, Baden-Baden, 1998.

Charles A. Moore, "An Attempt at World Philosophical Synthesis," in Charles A. Moore(ed.), *Essays in East-West Philosophy,* Hawaii Univ. Press, 1951.

David Morgan(ed.), *Icons of American Protestantism: Art of Warner Sallman,* Yale Univ. Press, 1996.

Charles Moore(ed.), *Philosophy and Culture East and West,* Univ. of Hawaii Press, 1968.

Charles M. Morris, *Grundlagen der Zeichentheorie,* Frankfurt, 1988.

Charles M. Morris, *Symbolik und Realität,* Frankfurt, 1981.

Max Müller, *Symbols: Versuch einer genetisch-objektiven Selbstdarstellung und*

Ortbestimmung, München, 1967.

M. North, *From Myth to Icon: Reflections of Greek Ethical Doctrine in Literature and Art*, 1979.

Erwin Panowsky, *Sinn und Deutung in der Bildenden Kunst*, Köln, 1978.

Erwin Panowsky, *Studies in Iconology: Humanistic Themes in the Art of the Renaissance*, 1962.

Alexander Peczenick/M. Karlsson, *Law, Justice and the State*, Stuttgart, 1995.

Wolfgang Pleister/Wolfgang Schild, *Recht und Gerechtigkeit im Spiegel der Europäischen Kunst*, Köln, 1988.

Richard Posner, *Law and Literature*, Harvard U. P., 1988.

Walter Pollack, *Perspective und Symbol in Philosophie und Rechtswissenschaft*, Berlin, 1912.

Carl Puetifeld, *Deutsche Rechtssymbolik*, Berlin, 1936.

Gustav Radbruch, *Literatur-und Kunsthistorische Schriften*, Heidelberg, 1997.

George Richardson, *Iconology*, original 1779, London, Reprint with Introductory Notes by Stephen Orogen, London, 1979.

Sara Robbins, *Law, A Treasury of Art and Literature*, Hugh Lauter Levin Associates, Inc. New York, 1990.

Günther Röschert, *Die Kunst des Rechts: Zur Sozialästhetik des öffentlichen Lebens*, Stuttgart, 1981.

Hary Rubel, *Double Happiness Getting More from Chinese Popular Art*, Univ. of Hawaii Library, 1981.

Rubenstein, "Political Ideas in Siense Art," *Journal of Harburg & Courtyard Institutes*, vol. 21, 1958.

Bianco M. Scarfe(ed), *The Lion of Venice: Studies and Research on the Bronze Statue in the Piazzetta*, Pretzel, 1990.

Odell Shepard, *The Love of the Unicorn*, N. Y., 1993.

Wolfgang Schild, *Alte Gerichtsbarkeit*, München, 1980.

Wolfgang Schild, Gedanken zu Klimts "Jurisprudenz", in Scholler/Philipps (hrsg.), *Jenseits des Funktionalismus: Arthur Kaufmann zum 65. Geburtstag*, Heidelberg, 1989.

Wolfgang Schild, *Bilder von Recht und Gerechtigkeit*, Köln, 1995.

J. Schrader, *A Mediaval Bestiality*, 1986.

Judith Shklar, *The Faces of Injustice*, Yale Univ. Press, 1990.

Judith Shklar, *Legalism*, London, 1986.

Ando Shoch/Jeffrey Hunter, *The Animal Court: A Political Fable from old Japan*, N. Y., 1992.

Simmons, The Blindfold of Justice, *American Bar Association Journal*, vol. 63, 1977.

K. Simon, *Abendländische Gerechtigkeitsbilder*, 1948.

Paul Tillich, *Auf der Grenze*, Suttgart, Aufl. 5, 1971.

Paul Tillich, *On Art and Architecture*, New York, 1987.

Paul Tillich, *In der Tiefe ist Wahrheit*, 7. Aufl., Stuttgart, 1978.

Alice K. Turner, *The History of Hell*, San Diego, 1993.

Paul J. van Den Hoven, How do we constitute Images of Justice?, *International Journal of the Semantics of Law*, vol. 7, No. 22, 1995.

Franz-Joachim Verspohl, Der Moses des Michelangelo, *Städel-Jahrbuch*, Bd. 7, 1979.

Wilhelm Vossenkuhl, "Schönheit als Symbol der Sittlichkeit," in *Philosophisches Jahrbuch*, Bd. 99, 1972, SS. 91-105.

Marsha Widner(ed.), *Latter Days of the Law: Images of Chinese Buddhism 1850-1850*, Univ. of Hawaii Press, 1994.

C. A. S. Williams, *Encyclopedia of Chinese Symbolism and Art Motives*, The Julian Press, N. Y., 1960.

Eugen Wohlhaupter, Rechtssymbolik der Germanen, in: *Handbuch der Symbolforschung, II.* Bd. II, 1941.

Erik Wolf, *Griechisches Rechtsdenken*, Bd. I. Vorsokratiker und Frühe Dichter, Frankfurt a. M., 1950.

Richard Wollhein, *Art and its Object*, Cambridge, 1980.

Thomas Würtenberger, Recht und Gerechtigkeit in der Kunst Albrecht Dürers, *Kunst und Recht: Festschrift für Hans Fehr*, Karlsruhe, 1948.

Thomas Würtenberger, *Albrecht Dürer: Künstler, Recht, Gerechtigkeit*, Frankfurt, 1971.

ㄱ

가타야마 나오야(片山直也) 63
감로도(甘露圖) 319
개념 16
개념법학 16
개미(蟻) 204
거울 153
거해지옥(鋸解地獄) 318
게룽 Matthias Gehrung 143
겔리우스 A. Gellius 145
경고화(警告畵) 178
고드프라이 Godferey 90
고려견(高麗犬) 207
고마이누(高麗犬) 207
고야 Francisco Goya 178
고쿠분 노리코(國分典子) 7, 63, 181
고트프리트 J. Gottfried 84
고희동 287
공자 121, 217
괴테 J. von Goethe 22, 45
교회법전 Corpus juris canonici 167
국가신도(國家神道) 226
국회도서관 63, 8
권리 223
그리스도교적 80
그림 J. Grimm 45, 90
금기숙(琴基淑) 293
기르케 O. Gierke 45, 91

기린(麒麟) 197, 241
기타이 이치오(北居功) 63
기호 17
기호학 19, 36
김병로(金炳魯) 270
김홍섭(金洪燮) 270
까치 246

ㄴ

낭만주의 19, 45, 90
네메시스 73
논리학 36
논어 217
니시가와 리에코(西川聖惠子) 63
니콜로 G. Niccolo 301

ㄷ

다비드 G. David 85, 177
단 F. Dahn 48
단군 신화 77
단테 A. Dante 184
대법원 7, 255
대신덕(對神德) 147
대원군 229
도교(道敎) 213, 218
도나텔로 Donatello 86
도모토 인쇼(堂本印象) 214

찾아보기

도미에 H. Daumier 41, 188
도산지옥(刀山地獄) 317
도상(圖像, Iconographie) 32
도상학 176
독사지옥(毒蛇地獄) 318
동서 센터 East-West Center 63
뒤러 A. Dürer 56, 98, 137
뒤르켐 E. Durkheim 30
디케 Dike 145
딜렌버거 John and Jane Dillenberger 8

ㄹ

라드브루흐 G. Radbruch 6, 17, 37, 42, 50, 172, 188
라스무스 Erasmus 165
라우프스 Adolf Laufs 7
라파엘 Raphael 139, 299
랭거 S. Langer 31
레게트 T. Leggett 219
로렌체티 Ambrosio Lorenzetti 152
로마 법의 수용 90
로흐너 S. Lochner 307
루벤스 P. Rubens 308
루오 G. Roualt 41, 185, 187
루카스 Lucas van Leyden 142
르네상스 Renaissance 90, 167
리쾨르 P. Ricoeur 33

리파 Cesare Ripa 145

ㅁ

마르쿠스 아우렐리우스 Marcus Aurelius 158
마트 Ma'at 68, 145
막시무스 V. Maximus 84
만테냐 Mantegna 86
맥나일 Herman MacNeil 121
맹자(孟子) 217
메기(鯰) 202
메디나 Medina 8
메르츠바허 F. Merzbacher 48
모로 Gustave Moreau 185
모리 세이이치(森征一) 62
모세 70, 121
모어 Thomas More 141, 171
무간지옥(無間地獄) 319
무라카미 유타카(村上裕) 63
무의식 28
문신(文信) 268
문자도(文字圖) 250
문화규범 Kulturnorm 6
문화법철학 42
뮐러 M. Mller 65
미국 연방 대법원 120
미니치엘로 Sharon Minichiello 8
미첼 Henry Mitchell 198

찾아보기

미켈란젤로 Michelangelo　71, 306
미타이스 H. Mitteis　52, 123

ㅂ

바그너 R. Wagner　57
바더 K. Bader　48
바르텔스 Johann Georg Barthels　272
바사리 G. Vasari　306
바코펜 J. Bachofen　45
박병호(朴秉濠)　273
박영효(朴泳孝)　284
박충흠(朴忠欽)　266
반 다이크 Van Dyke　84
반 데르 바이덴 R. van der Weyden　305
발설지옥(拔舌地獄)　315
발틀 H. Baltl　48
밤베르크 법전 Bambergensis　98
법고고학 Rechtsarchäologie　47
법과 대학　6
법관양성소　273
법기호학　5
법기호학회　39
법도상학　39
법미학　5, 37
법민속학　48
법복상징　291
법사미술연구소　62

법사학　5, 38
법사회학　5
법상징학　5, 41
법심리학　5
법언어지리학　48
법윤리학　36
법전 Gesetzbuch　126
법제도　6
법철학　5, 36
법학식자(法學識者)　153
벤 샨 Ben Shahn　41, 190
보슈 H. Bosch　166, 303
복수(復讐)　73, 134, 183
볼프 E. Wolf　75, 128
봉황(鳳凰)　245
부르크마이어 Hans Burgkmair　143
북　253
불트만 R. Bultmann　66
뷔르텐베르거 T. Würtenberger　7, 56, 139
브란트 S. Brant　97
브렌넌 Brennan　135
블레이크 W. Blake　309
비교문화학　48
비셔 Peter Vischer　142
비신화화　67

353

찾아보기

ㅅ

사법궁전 114
사자 lion 19
삼국유사 78
상징언어학 19
상징학 Symbolik 32
석가모니 21
성 게오르그 St. George 245
세례 요한 185
소크라테스 66
솔로몬 왕 81
솔론 121
송우혜 277
쇼토쿠(聖德) 태자 214
쇼트 C. Schott 7, 62
쉐네 A. Schne 172
쉴트 Wolfgang Schild 7, 57, 61
슈뢰더 Richard Schrder 48
스즈키 게이후(鈴木敬夫) 7
스클라 Judith Shklar 134
시민법대전 Corpus Juris Civilis 140
시왕도(十王圖) 319
신문고 254
신불습합(神佛習合) 221
신석필(申石弼) 275
신의성실 Treu und Glauben 175
신의재판(神意裁判) 196
신칸트주의 50

신탁(信託) 71
신화 65

ㅇ

아낙시만드로스 73
아들러 A. Adler 45
아디키아 Adikia 73
아리스토텔레스 19, 66, 136, 147
아우구스투스 Augustus 76
아우구스티누스 Augustinus 19, 88, 149
아이게우스 Aigeus 71
아이케 폰 레프고우 Eike von Repgow 124
아테나 Athena 73
아폴론 Apollon 73
안국선(安國善) 248
안병찬(安秉贊) 254
알시아투스 A. Alciatus 52, 162
알파벳 18
암브로시우스 S. Ambrosius 147
야나기 무네요시(柳宗悅) 234
야즈 데쓰야(小寺慶昭) 209
언어철학 36
엄태정(嚴泰丁) 263
업경대(業鏡臺) 241
에라스무스 171
에를러 A. Erler 49, 55

에퀴타스 Aequitas 76
엔쓰바 가쓰오(圓鍔勝三) 220
엘리아데 M. Eliade 24
엠게 Carl August Emge 172
엠블럼 emblem 170
역사법학파 45, 90
역사학파 66
염라왕(閻羅王) 310
예수 41, 80, 158
오다 쓰야(太田達也) 63
오륜(五倫) 205
오카타 신이치(岡田新一) 210
오타네스 Otanes 판사 85
올드 베일리 Old Bailey 97
용 242
우의(寓意, Allegorie) 21
우칭슝(吳經熊, John C. H. Wu) 37
울피아누스 Ulpianus 140
위그모어 J. Wigmore 58, 80
유디스서 Book of Judith 86
유럽 법도상학회 7, 39, 61
유스티치아 Justitia 76, 95, 110, 145, 174, 219
유추(類推, Analogie) 20
윤리장전 Ethical Code 98
윤승옥 287
윤승중(尹承重) 255
율령(律令) 227
융 C. Jung 28, 45, 67

은유 metaphor 20
음양오행론(陰陽五行論) 213
이검(二劍) 이론 128
이규경(李圭景) 250
이규태(李圭泰) 231
이상혁(李相赫) 272
이세욱(李世旭) 229
이순석 287
이와타니 주로(岩谷十郎) 7, 62, 223
이종상(李鍾祥) 264
이코놀로기아 Iconologia 145
이태진(李泰鎭) 240
이현우(李賢雨) 276
인문주의 Humanismus 165
일각수(一角獸) 71

ㅈ

작센슈피겔 Sachsenspiegel 38, 40, 88, 123
장발 287
저울 waage 175
전뢰진(田雷震) 270
정도전(鄭道傳) 238
정의(正義) 19, 21, 25, 80, 230
정의의 우물 99
정의화(正義畫) 40, 133, 301
정철지옥(釘鐵地獄) 318
정치상징 290

찾아보기

제왕운기(帝王韻紀) 78
제우스 Zeus 73
젤만 Kurt Seelmann 7
조르조네 Giorgione 86
조성윤(趙聖潤) 8
조진만(趙鎭萬) 292
조토 디 본도네 Giotto di Bondone 130, 301
조효숙(趙孝淑) 293
좀 Rudolph Sohm 129
종교개혁 Reformation 90, 167
주돈이(朱頓頤) 285
주염계(朱廉溪) 285
주희(朱憙) 213
지옥도(地獄圖) 22, 241
지장보살(地藏菩薩) 312
지장시왕도(地藏十王圖) 319
진리 17

ㅊ

차지우스 U. Zasius 171
천마총(天馬塚) 241
청와대 246
체시아스 Chesias 199
최고재판소 63, 218
최만린(崔滿麟) 272
최의순(崔義順) 276
최치원(崔致遠) 233

최현배 287
최후의 심판 298
추상화(抽象畵) 22
추요덕(樞要德) 147, 159

ㅋ

카를 폰 아미라 Karl von Amira 46
카시러 E. Cassirer 23, 66
카우프만 A. Kaufmann 57
칸트 I. Kant 29
캄비세스 Kambyses 왕 84
커버 R. Cover 59, 80
케벨슨 Roberta Kevelson 60
켈젠 H. Kelsen 50, 279
코무네 Commune 149
코쇼레크 W. Koschorreck 124
코허 Gernot Kocher 7, 56, 61, 91
쾨블러 G. Kbler 91
쿤 A. Kuhn 65
퀸스베르크 Eberhard Frh. von Knßberg 47
크라머 K. Kramer 48
크리시푸스 Chrysippus 99
클라게스 Klages 45
클림트 Gustav Klimt 181
키비타스 Civitas 149
키쉬 Guido Kisch 54, 126
키케로 Cicero 140

ㅌ

탐 D. Thamm　61
태극기(太極旗)　18, 283
테미스 Themis　71
토마스 아퀴나스 Thomas Aquinas　88
틴토레토 Tintoretto　84
틸리히 P. Tillich　28, 35, 298

ㅍ

파르메니데스　73
파리스의 판결 Paris-Urteil　73
파운드 R. Pound　58
퍼스 J. Peirce　31
페르 H. Fehr　49, 91
폰타나 D. Fontana　33
프라 안젤리코 Fra Angelico　161, 298, 304
프란체스카 P. della Francesca　152
프란체스코 다 바르텔리니 Francesco da Bartellini　151
프랑크 Rainer Frank　7
프레이저 James Fraser　120
프로이트 S. Freud　30, 45, 67
플라톤 Platon　145
피데스 Fides　176

ㅎ

한국인　6
항장불살(降將不殺)　92
해태(廌)　19, 194, 228
허균(許鈞)　237
헤라클레이토스　73
헤로도투스 Herodotus　84
헹켈 A. Henkel　172
형벌도　40
형사 박물관 Kriminalmuseum　57
호머　73
호압산　239
호이징가 J. Huizinga　88
홀러바흐 Alexander Hollerbach　7
홀바인 Hans Holbein　141
홍람오각별기　290
화양절충(和洋折衷)　221
화탕지옥(火湯地獄)　316
화혼양재(和魂洋才)　221
후버 E. Huber　43
후설 E. Husserl　29
후스 J. Huss　168

최종고

서울대학교 법과대학 및 동대학원 졸업,
독일 프라이부르크 대학에서 박사학위(법학)를 취득하였다.
미국 버클리 대학 및 하버드 대학 객원교수,
독일 프라이부르크 대학 및 미국 하와이 대학 교환교수를 지냈으며,
현재 서울대학교 법과대학 교수로 있다.
주요 저서로는 『법사상사』, 『현대 법학의 이해』, 『한국 법학사』,
『법과 생활』, 『법과 미술』, 『법과 윤리』, 『정의의 상을 찾아서』
등 다수가 있다.

법상징학이란 무엇인가
대우학술총서 487 논저

1판 1쇄 찍음 2000년 10월 10일
1판 1쇄 펴냄 2000년 10월 25일

지은이 · 최종고
펴낸이 · 김정호
펴낸곳 · 아카넷

출판등록 2000년 1월 24일(제2-3009호)
100-802, 서울 중구 남대문로 5가 526 대우재단 빌딩 1층
대표전화 6366-0511 · 팩시밀리 6366-0550
www.acanet.co.kr

ⓒ 최종고, 2000
법학 KDC 360
Printed in Seoul, Korea

ISBN 89-89103-20-7 94360
ISBN 89-89103-00-2 (세트)

지성의 공간, 대우학술총서

대우학술총서는 1981년 이래 국내 학술 분야 발전에 중추적 역할을 담당해 온 우리나라의 대표적 학술총서입니다. 연구 지원에서 연구 결과의 출판에 이르기까지 모든 단계가 엄정한 심사와 평가를 통해 이루어지고 있는 본 총서는 고급 수준의 학술 연구서인 논저, 학제적 교류의 집약체인 공동연구, 학술 연구의 근간이 될 수 있는 저작물의 번역 등으로 구성되어 있습니다.

앞으로 대우학술총서는 학술 전반의 이론적 쟁점과 동향에 대해 보다 심층적이고 체계적인 연구를 담을 것이며, 이를 통해 시대의 변화를 새로운 시각에서 접할 수 있는 학문적 기회를 마련해 나갈 것입니다.

대우재단(www.dwf.or.kr) 학술 지원 사업의 결과를 담은 대우학술총서는 한국학술협의회(www.karc.or.kr)의 주관 아래 아카넷(www.acanet.co.kr)이 출판하고 있습니다.

『법상징학이란 무엇인가』는 487번째 대우학술총서 입니다.